2025年度版

静岡県・静岡市・浜松市の

音楽科

過去問

協同教育研究会 編

協同出版

本書には，静岡県・静岡市・浜松市の教員採用試験の過去問題を収録しています。各問題ごとに，以下のように5段階表記で，難易度，頻出度を示しています。

難 易 度

非常に難しい　☆☆☆☆☆
やや難しい　☆☆☆☆
普通の難易度　☆☆☆
やや易しい　☆☆
非常に易しい　☆

頻 出 度

◎　ほとんど出題されない
◎◎　あまり出題されない
◎◎◎　普通の頻出度
◎◎◎◎　よく出題される
◎◎◎◎◎　非常によく出題される

はじめに～「過去問」シリーズ利用に際して～

　教育を取り巻く環境は変化しつつあり，日本の公教育そのものも，教員免許更新制の廃止やGIGAスクール構想の実現などの改革が進められています。また，現行の学習指導要領では「主体的・対話的で深い学び」を実現するため，指導方法や指導体制の工夫改善により，「個に応じた指導」の充実を図るとともに，コンピュータや情報通信ネットワーク等の情報手段を活用するために必要な環境を整えることが示されています。

　一方で，いじめや体罰，不登校，暴力行為など，教育現場の問題もあいかわらず取り沙汰されており，教員に求められるスキルは，今後さらに高いものになっていくことが予想されます。

　本書の基本構成としては，出題傾向と対策，過去5年間の出題傾向分析表，過去問題，解答および解説を掲載しています。各自治体や教科によって掲載年数をはじめ，「チェックテスト」や「問題演習」を掲載するなど，内容が異なります。

　また原則的には一般受験を対象としております。特別選考等については対応していない場合があります。なお，実際に配布された問題の順番や構成を，編集の都合上，変更している場合があります。あらかじめご了承ください。

　最後に，この「過去問」シリーズは，「参考書」シリーズとの併用を前提に編集されております。参考書で要点整理を行い，過去問で実力試しを行う，セットでの活用をおすすめいたします。

　みなさまが，この書籍を徹底的に活用し，教員採用試験の合格を勝ち取って，教壇に立っていただければ，それはわたくしたちにとって最上の喜びです。

協同教育研究会

C O N T E N T S

第1部 静岡県・静岡市・浜松市の
音楽科　出題傾向分析 ‥‥‥‥‥‥**3**

第2部 静岡県・静岡市・浜松市の
教員採用試験実施問題 ‥‥‥‥‥**9**

第 1 部

静岡県・静岡市・
浜松市の
音楽科
出題傾向分析

静岡県・静岡市・浜松市の音楽科　傾向と対策

　過去5年の出題傾向を参照すると，静岡県の音楽科は，指導と関連付けた問題が多く，作曲・編曲に関する問題も毎年出題されている。以前はリスニング問題(楽曲名・作曲者名を答えるもの，旋律や和音やリズムの聴音，民族音楽の種類とその地域，楽曲を時代順に並べるもの等)が出題されていたが，2021年度以降は出題されていない。

　全体の構成は，学習指導要領に関連する問題，教科書教材による総合問題，作曲・編曲の問題，その他音楽の専門的な内容の問題に区分することができる。学習指導要領に関連する問題は，以前は実践的な論述問題が中心であったが，2015年度以降は目標や内容に関する語句の穴埋め問題も出題されている。日本の伝統音楽や世界の諸民族の音楽の問題(2019年度はリスニング問題として出題)，音楽史の問題，作曲問題も毎年出題されている。指導案作成問題は久しく出題されていないが，指導に関する論述問題は出題される傾向にある。

　以上の傾向からみて，次のような対策が必要であることが分かる。

　学習指導要領関連は，学習指導要領のみならず，学習指導要領解説からも出題されている。学習指導要領の文言を解釈するうえで，学習指導要領解説を参照することは重要である。しかし，解説の熟読に加えて，どのような指導を行うのかという解釈は，個人が熟考する必要がある。学習指導要領ではどのようなことが大切にされており，自分はどのような指導を行いたいのかということを十分に練っておきたい。その他民族音楽や日本伝統音楽については，音楽や楽器の特徴を起点とし，学習を進めておくとよい。可能であれば，実際に楽器に触れるなど，体験的な学習を行うことが望ましい。作曲問題については最も時間を要するので，過去問を使って学習を積み，できれば他者に添削してもらうとよい。作曲は条件を満たすことが第一条件である。移調楽器の問題もよく出題されているので，仕組みを理解し，慣れておくとよい。指導案作成や指導に関する論述問題は，学習指導要領への学習を充実させた上で，教材研

4

究等を積み重ね，自分なりの指導観を涵養しておくとよい。また，指導案の作り方(目標や時数の設定，指導の展開)も理解しておくとよい。

　新曲作曲や編曲の問題では，与えられている条件を確実に守って作曲するように留意されたい。併せて，和声の知識も必要である。教科書教材を中心として，既存の楽曲を混声三部合唱に編曲したり，リコーダー二重奏に編曲したりする練習をしておきたい。

　出題範囲は広いが，学習を積み重ねることにより，十分対応できる問題である。過去問題を中心に，実際の指導への想定を重ねておくことが有効である。記述問題や，作編曲問題が大部分を占めるため，様々な場合を想定した学習を行っておくことが重要である。

過去5年間の出題傾向分析

分類	主な出題事項	2020年度	2021年度	2022年度	2023年度	2024年度
A 音楽理論・楽典	音楽の基礎知識	●		●	●	●
	調と音階	●		●	●	●
	音楽の構造			●	●	●
B 音楽史	作曲家と作品の知識を問う問題	●		●	●	●
	音楽様式, 音楽形式の知識を問う問題			●	●	●
	文化的背景との関わりを問う問題	●			●	●
	近現代の作曲家や演奏家についての知識					●
C 総合問題	オーケストラスコアによる問題	●				
	小編成アンサンブルのスコア, 大譜表(ピアノ用楽譜)による問題					
	単旋律による問題	●		●	●	●
D 楽器奏法	リコーダー	●	●	●		
	ギター	●				●
	楽器分類					
E 日本伝統音楽	雅楽					
	能・狂言					
	文楽					
	歌舞伎				●	
	長唄等					
	楽器(箏, 尺八, 三味線)	●		●	●	●
	民謡・郷土芸能	●	●			
	総合問題					
F 民族音楽	音楽のジャンルと様式 (1)アジア(朝鮮, インド, トルコ)	●				●
	(2)アフリカ 打楽器					●
	(3)ヨーロッパ, 中南米					
	(4)ポピュラー					
	楽器 (1)楽器分類(体鳴, 気鳴, 膜鳴, 弦鳴)					
	(2)地域と楽器					

分類	主な出題事項		2020年度	2021年度	2022年度	2023年度	2024年度
G 学習指導要領	(A)中学校	目標					
		各学年の目標と内容	●		●	●	●
		指導計画と内容の取扱い	●		●		●
		指導要領と実践のつながり			●		●
	(B)高校	目標					
		各学年の目標と内容					
		指導計画と内容の取扱い					
H 教科書教材	総合問題		●	●	●	●	●
	旋律を書かせたりする問題						●
	学習指導要領と関連させた指導法を問う問題			●	●	●	●
I 作曲・編曲	旋律，対旋律を作曲		●		●	●	●
	クラスの状況をふまえた編成に編曲		●				●
	新曲を作曲		●	●	●	●	
J 学習指導案	完成学習指導案の作成						
	部分の指導案の完成						
	指導についての論述					●	

第2部

静岡県・静岡市・浜松市の教員採用試験実施問題

２０２４年度　実施問題

【中学校】

【１】共通教材の中から「花の街」を選択し，第3学年で授業を実施した。
【楽譜】，第2時の授業場面での【会話】，「中学校学習指導要領解説
音楽編　第2節」第2学年及び第3学年【２　内容　Ａ　表現(1)】を読ん
で，あとの問いに答えなさい。

【楽譜】

一、七色の谷を越えて
　流れて行く　風のリボン
　輪になって　輪になって
　駆けて行ったよ
　春よ春よと　駆けて行ったよ

二、美しい海を見たよ
　あふれていた　花の街よ
　輪になって　輪になって
　踊っていたよ
　春よ春よと　踊っていたよ

三、すみれ色してた窓で
　泣いていたよ　街の角で
　輪になって　輪になって
　春の夕暮れ
　一人寂しく　泣いていたよ

【会話】※第2時の授業場面で，A〜Cは生徒を表している。

> A：1番にある「七色」や「風のリボン」という言葉は，明る
> い感じがするな。
>
> B：そうそう，それと1番の終わりには「春よ春よと　駆けて
> 行ったよ」とあるから，もうすぐ春が来るという前向きな
> 気持ちを表しているんじゃないかなあ。
>
> 先生：歌詞の内容から，曲の雰囲気を捉えたんですね。
>
> C：Aさんが話してくれたフレーズの「七色」と「風のリボン」
> の言葉の前に，八分休符がついているよ。
>
> A：そうだね。Cさん面白いことに気が付いたね。どんな歌い
> 方をするといいのかなあ。
>
> 先生：タブレットにピアノ伴奏を入れておきました。実際に歌い
> ながら考えてみるといいですね。
>
> 〜　歌唱　〜
>
> B：八分休符を意識するだけで歌い方が変わってくるね。休符
> から始まるけれど，歌ってみると流れのある感じがしたよ。
> あともう1つ，*mp*の強さはどれくらいにしようか。
>
> A：3番まで歌詞があるから，全部同じ強さでは表現したいこ

11

とが伝わらないよね。

C ：楽譜の3段目には大きくクレシェンドがかかっているよ。「輪になって　輪になって」の歌い方は，広がりのあるように表現したいね。

B ：同じ言葉を2回繰り返しているから，作った人が一番伝えたい思いなのかもしれないね。

C ：そういえば，今までにも同じ言葉を繰り返している曲もあったよね。

A ：いつもの会話でも，強く思っていることや感じていることは，何回も繰り返すし，楽しいことや明るい話をする時は，前のめりになってしまうことがあるな。

C ：分かる，分かる。反対に，悲しい話，寂しい話は気持ちが重くて，それが無意識に話し方にも影響していることがある気がする。

B ：そうそう，この曲は終わりに向かって，だんだん詩の内容が暗い感じになるよね。感情が大きく変化しているのを感じるね。

C ：暗い感じを表現する時に，八分休符をどんな表現で生かしていけばいいのかなあ…。

A ： この曲の作詞者は，どんな状況の中で，なにを思いながらこの詩を書いているのか知りたいな。

先生：グループで大切なポイントに着目して話し合いが進んでいますね。どのように表現することができるか実際に歌いながら考えると，お互いの思いが共有できそうですよ。

C ：ここまで話し合ったことをもとにして，一度，歌いながら確認してみよう。

〜　歌唱　〜

「中学校学習指導要領解説　音楽編　第2節」第2学年及び第3学年【2
内容　A　表現　(1)】

> (1)　歌唱の活動を通して，次の事項を身に付けることができるよ
> う指導する。
> 　ア　歌唱表現に関わる知識や技能を得たり生かしたりしなが
> 　　ら，曲にふさわしい歌唱表現を創意工夫すること。
> 　イ　次の(ア)及び(イ)について理解すること。
> 　　(ア)　曲想と音楽の構造や歌詞の内容及び曲の背景との関わ
> 　　　り
> 　　(イ)　声の音色や響き及び言葉の特性と曲種に応じた発声と
> 　　　の関わり
> 　ウ　次の(ア)及び(イ)の技能を身に付けること。
> 　　(ア)　創意工夫を生かした表現で歌うために必要な発声，言
> 　　　葉の発音，身体の使い方などの技能
> 　　(イ)　創意工夫を生かし，全体の響きや各声部の声などを聴
> 　　　きながら他者と合わせて歌う技能

(1)　この曲の作詞者，作曲者について次の問いに答えなさい。
　①　作詞者の名前を答えなさい。
　②　作曲者，團伊玖磨が手掛けた童謡を1曲答えなさい。
(2)　【会話】から，生徒が着目した音楽を形づくっている要素を「旋
　律」以外に，一つ答えなさい。
(3)　「中学校学習指導要領　第2章　第5節　音楽　第3　指導計画の作
　成と内容の取扱い」では，音楽科における言語活動について次のよ
　うに示されている。次の(　①　)〜(　④　)に当てはまる言葉を⑦
　〜㋙の中から選択しなさい。

> 　イ　音楽によって(　①　)された自己のイメージや感情，音楽
> 　　表現に対する思いや意図，音楽に対する(　②　)などを伝え
> 　　合い共感するなど，音や音楽及び言葉による(　③　)を図り，

音楽科の(④)に応じた言語活動を適切に位置付けられる
よう指導を工夫すること。

 ⑦　価値　　　④　想起　　　⑦　性質　　　④　考え
 ⑦　喚起　　　⑦　特質　　　④　評価　　　⑦　交流
 ④　特性　　　⑩　コミュニケーション

(4)　【会話】の後半部分の＿＿＿は，Aさんの発言である。この曲が
作られた時代背景と作詞者の思いをそれぞれ答えなさい。

(5)　教師はこのグループの話し合いを観察し，本時において育成を目
指す資質・能力が身に付いた姿に近付いていると評価した。授業者
が育成を目指した資質・能力は何か「中学校学習指導要領解説　音
楽編　第2節」第2学年及び第3学年【2　内容　A　表現　(1)】のア，
イ(ア)，イ(イ)，ウ(ア)，ウ(イ)から当てはまるものを選択しなさい。
また，選択した資質・能力を育成するために必要な学習活動を答え
なさい。

(☆☆☆◎◎◎)

【2】日本の伝統的な楽器である「尺八」に関して，次の問いに答えなさ
い。

(1)　我が国の伝統的な和楽器の指導について「中学校学習指導要領
第5節　音楽　第3　指導計画の作成と内容の取扱い」に具体的に示
されている。次の(①)～(④)に当てはまる言葉を書きなさ
い。

> イ　生徒や学校，(①)などを考慮した上で，指導上の必要
> に応じて和楽器，弦楽器，管楽器，打楽器，鍵盤楽器，電子
> 楽器及び世界の諸民族の楽器を適宜用いること。なお，3学年
> 間を通じて(②)種類以上の和楽器を取り扱い，その(③
>)を通して，生徒が我が国や郷土の伝統音楽のよさを味わい，
> (④)をもつことができるよう工夫すること。

(2)　次に示す，各部A〜Cの名称を答えなさい。

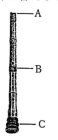

(☆☆☆◎◎◎)

【3】第2学年及び第3学年の授業で，我が国や郷土の伝統音楽及び諸外国の様々な音楽を鑑賞した。

(1)　「郷土の伝統音楽及び諸民族諸外国の音楽」の授業のねらいについて，(　　)に当てはまる言葉を選び，ア〜クの中から答えなさい。

「中学校学習指導要領解説　音楽編　第2節」第2学年及び第3学年
【2　内容　B　鑑賞　(1)イ(ウ)】

> 　この事項は，鑑賞領域における「知識」に関する資質・能力である，我が国や郷土の伝統音楽及び諸外国の様々な音楽の
> (　①　)と，その(　①　)から生まれる音楽の(　②　)を理解できるようにすることをねらいとしている。

ア　可能性　　イ　感性　　ウ　多様性　　エ　特性　　オ　特徴
カ　価値　　キ　歴史　　ク　よさ

(2)　アジア地域の諸民族の音楽と，日本の音楽を比較して，共通点や相違点を捉える展開を考えた。【諸外国の音楽，楽器】の中から1つ，【日本の音楽，楽器】の中から1つを選択し，その2つに共通する点を【共通点】の中から1つ選択し，それぞれ記号で答えなさい。

【諸外国の音楽，楽器】
A　カッワーリー　　B　ガムラン　　C　ヨーデル
D　ホーミー　　　　E　ズルナ

【日本の音楽，楽器】

ア　篳篥　　イ　江差追分　　ウ　管弦　　エ　声明

オ　ソーラン節]

【共通点】

①　拍節的リズムの民謡である

②　非拍節的リズムの民謡である

③　祝いの場面で歌われる民謡である

④　宗教的な歌である

⑤　シングルリード楽器である

⑥　ダブルリード楽器である

(☆☆☆◎◎)

【4】第3学年の授業でギターを扱い，様々な奏法と音色の関係に着目しながら表現を工夫する題材を構想した。

(1)　ギターに関して，次の(　　)に当てはまる語句を答えなさい。

> クラシックギターの弦は(　①　)弦が用いられる。弦は全部で6本あり，開放弦で第3弦はドイツ音名で(　②　)になるようにチューニングする。その際，低めの音から(　③　)を絞め，音を徐々に上げて合わせると安定する。弾く時に，左手は(　④　)のすぐ近くを押さえて手首が反らないようにし，右手で弦を弾く。

(2)　次に示した曲を，ギターを用いて学級全員で歌いたいと相談があった。生徒が授業で学習したことを生かし，どの奏法で演奏することが適切だと考えるか，A〜Cの記号を選び，その理由を答えなさい。

A　アル・アイレ奏法　　B　ストローク奏法
C　アポヤンド奏法

(3)　次のダイヤグラムで，●の位置を押さえた時に出る音を英語音名で答えなさい。

（☆☆☆◎◎◎）

【5】第1学年の題材「曲想と音楽の特徴との関わりを感じ取って聴こう」において「魔王」の鑑賞を行った。次の楽譜①〜⑭は「魔王」の旋律の一部である。あとの問いに答えなさい。

【楽譜】

⑥
かわ いい ぼう や お い で よ お

⑦
お とう さん お と うさん き こ え ない の ま
(Mein Va- ter, mein Va- ter)

⑧
な あに あれ は かれ は の ざ わ めき

⑨
ぼ う や ー いっしょに おいで よ ー ー よう いはとう に

⑩
お とう さん お と うさん そ れ そ こ に ま
(Mein Va- ter, mein Va- ter)

⑪
ぼう や ぼう や あ あ そ れ は か
(Mein Sohn, mein Sohn)

⑫
か わ いや い い こじゃのう ぼう や と
(Ich lie- be dich)

⑬
お とう さん お と うさん ま おう が い ま
(Mein Va- ter, mein Va- ter)

⑭
ち ち も こ ころ お の の き つ あ

「中学校学習指導要領　第2章　第5節　音楽」第1学年【2内容　B鑑賞(1)】

> (1)　鑑賞の活動を通して，次の事項を身に付けることができるよう指導する。
>
> ア　鑑賞に関わる知識を得たり生かしたりしながら，次の(ア)から(ウ)までについて自分なりに考え，音楽のよさや美しさを味わって聴くこと。
>
> (ア)　曲や演奏に対する評価とその根拠
>
> (イ)　生活や社会における音楽の意味や役割
>
> (ウ)　音楽表現の共通性や固有性
>
> イ　次の(ア)から(ウ)までについて理解すること。
>
> (ア)　曲想と音楽の構造との関わり
>
> (イ)　音楽の特徴とその背景となる文化や歴史，他の芸術との関わり
>
> (ウ)　我が国や郷土の伝統音楽及びアジア地域の諸民族の音楽の特徴と，その特徴から生まれる音楽の多様性

(1)　「中学校学習指導要領　第2章　第5節　音楽」第1学年【2内容　B鑑賞(1)】指導事項イ(ア)の資質・能力を育成する題材計画を立てた。「魔王」の中で着目する部分を【楽譜】①～⑭から選び，どのような曲想を扱うことを想定するか具体的に答えなさい。その際，複数の【楽譜】を扱う場合は，該当する番号を全て答えること。

(2)　「魔王」を聴いた【生徒の感想】の一部である。この生徒が感じ取った内容として適切なものを，以下の①～④から1つ選び，記号で答えなさい。

> 【生徒の感想】
>
> 　歌手は一人で4役を歌い分けていて，特に子供と魔王の歌い方が特徴的だった。魔王が甘い言葉で子供を誘っている場面では，歌手は優しくやわらかい声で子供に安心感を与えて，最後

に「さらっていくぞ！」というところでは，少し地声っぽい感じで魔王の恐ろしさを表していた。子供の時はおびえている感じを出すために細い子供っぽい声で歌っていて，一人でいろんな声を出せるのがすごいと思った。

① 歌手の声質のすばらしさ　　② 歌唱による表現の多様性

③ 歌唱表現の難しさ　　　　　④ シューベルトの作曲時の工夫

(3) シューベルトに興味を持った生徒が調べ学習を進めていく中で，シューベルトと同じ時代に活躍した作曲家が多く存在していることが分かった。次の中から，シューベルトと同じ時代に活躍した作曲家を全て選び，記号で答えなさい。

A ベートーヴェン　　　 B ビゼー　　　　　 C 八橋検校

D メンデルスゾーン　　 E 滝 廉太郎　　　 F リスト

G シューマン　　　　　 H ブラームス

(4) 【楽譜】⑧のように，曲の途中で調が変わることを何というか答えなさい。

(5) この楽曲の演奏速度に最もふさわしいものはどれか，次のア～エから1つ選び，記号で答えなさい。

ア ♩＝72　　イ ♩＝132　　ウ ♩＝152　　エ ♩＝180

(6) 音楽の授業では様々な楽曲を扱うが，これらを扱う際の配慮事項について，次の(　　)に当てはまる言葉を答えなさい。

「学習指導要領解説　音楽編　第4章」【2内容の取扱いと指導上の配慮事項　カ】

カ 自己や他者の著作物及びそれらの著作者の創造性を尊重する態度の形成を図るとともに，必要に応じて，音楽に関する(　　)について触れるようにすること。また，こうした態度の形成が，音楽文化の継承，発展，創造を支えていることへの理解につながるよう配慮すること。

(☆☆☆◎◎)

【6】第2学年の授業で「クラスのCMソングをつくろう」という題材を構想した。まずは，小グループで歌詞を考え，それぞれのグループでつくった作品のよいところをつなぎ合わせて完成した。本時では，その歌詞のよさが伝わるように，言葉の抑揚を生かして旋律を創作した。一人一台端末を使って録音したり，創作用アプリを使ったりして記すなど，自分のやりやすい方法で記録させた。次に示した【生徒の作品】は，「一生懸命考えた音楽だから，自分の手で音符にしたい」と言った生徒の作品である。

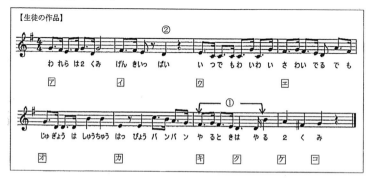

(1) ①の2音間の音程として正しいものを次の中から選び，記号で答えなさい。

A 長3度　　B 完全4度　　C 増5度　　D 完全5度

E 短6度　　F 減5度　　G 減4度　　H 増4度

(2) 【生徒の作品】の属調の平行調を次の中から選び，記号で答えなさい。

a ト長調　　b 変ロ短調　　c ニ短調　　d ロ長調

e ロ短調　　f ハ長調　　g ヘ短調　　h ト短調

(3) ②の音を根音とする属七の和音を全音符で書きなさい。

(4) 言葉の抑揚を生かした旋律にするために，生徒に一つだけアドバイスするならどのように声をかけるか，生徒が目の前にいると想定して答えなさい。

(5) 今回は記譜について細かく指導していないため，音符の書き間違いは教師が修正することにした。【生徒の作品】の音符の書き間違いをしている部分を○で囲み，次の(例)にならって正しい音符を答えなさい。

(6) 【生徒の作品】の旋律を2度高く移調し，調号を用いずにヘ音譜表で書きなさい。その際，音符の書き間違いは正しく直し，歌詞は記入しないものとする。

(7) 【生徒の作品】に伴奏をつける場合，ア～コに当てはまる和音記号としてふさわしい組み合わせを①～⑤の中から選び，番号で答えなさい。

	ア	イ	ウ	エ	オ	カ	キ	ク	ケ	コ
①	I	V	IV	V	I	II	III	I	IV	I
②	I	III	IV	III	I	IV	V	III	I	I
③	I	V	II	V	III	IV	V	I	V	I
④	I	V	IV	V	I	IV	V	I	V	I
⑤	I	III	II	IV	V	IV	III	III	VII	I

(☆☆☆◎◎◎)

【7】全校生徒60人の富士山中学校では，2か月後の文化発表会で，吹奏楽部の伴奏で全校生徒による合唱を披露することを計画している。演奏する曲は，「コロナや自然災害によって大変な思いをして来た人々に，音楽で元気になってほしい」との生徒たちの願いから「上を向いて歩こう」とした。このような状況をふまえ，以下の問いに答えなさい。

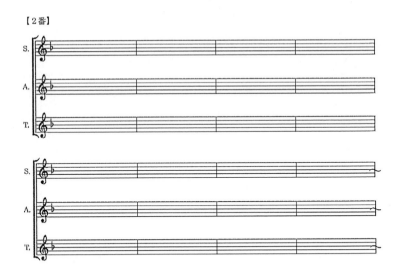

【2番】

(1)　【楽譜】の部分は，無伴奏の混声三部合唱にしたい。次の【条件】に従って編曲し，曲を完成させなさい。

> 【条件】　①原調のままで，移調や転調などはしないこと
> 　　　　　②1番と2番でテクスチュアを変えること
> 　　　　　③主旋律が1つのパートに偏らないこと
> 　　　　　④中学生が歌いやすい音域であること

(2)　【条件】②において，テクスチュアを変える際の根拠にしたことを書きなさい。

(3)　(1)で編曲した楽譜に，表現に関する記号を2つ記入し，その記号を使用した理由を書きなさい。(1番，2番は問わない)

(☆☆☆◎◎◎)

解答・解説

【中学校】

【1】(1) ① 江間章子 ② ぞうさん，おつかいありさん，かえるのうた，ひなまつり から1つ (2) 強弱または構成

(3) ① ㊺ ② ㊍ ③ ㊢ ④ ㊥ (4) 時代背景…日本は戦争の影響でいたるところ焼け跡だらけだった時代。 作詞者の思い…「花の街」は作詞者が描いた幻想の街である。戦後の瓦礫の山と焦土に覆われた中で，作詞者は平和という名から生まれた花の街を思い描いている。 (5) (当てはまるもの／学習活動の順)・イ(ア)／曲想，音楽の構造，歌詞の内容，曲の背景がそれぞれ関連していることを捉え，一体的に理解する学習活動。 ・ア／曲に対するイメージを膨らませたり他者のイメージに共感したりして，音楽を形つくっている要素の働かせ方などを試行錯誤しながら，表したい歌唱表現について考え，どんな歌唱表現にするかについて思いや意図をもつ学習活動。

〈解説〉(1) ① 歌唱共通教材の作詞者・作曲者名と歌詞，旋律は覚え，作曲された時代背景も理解しておくこと。江間章子は共通教材の「夏の思い出」も作詞している。 ② 童謡の作品を問われているが，オペラ「夕鶴」や混声合唱組曲「筑後川」などもあるので覚えておきたい。 (2) 音楽を形づくっている要素としては，音色，リズム，速度，旋律，テクスチュア，強弱，形式，構成などがある。会話の中で，強弱記号が取り上げられていることや，繰り返しの話があがっていることから，強弱または構成を解答するとよい。 (3) 内容の取扱いについての配慮事項(1)の中から出題された。内容の取扱いは全部で10項目あり，いずれも授業に直結する具体的で重要な内容なので理解しておくこと。 (4) 中学校学習指導要領解説では，「花の街」の指導のポイントを「花の街は，希望に満ちた思いを叙情豊かに歌いあげた曲である。例えば，強弱の変化と旋律の緊張や弛緩との関係，歌詞に描か

れた情景などを感じ取り，フレーズのまとまりを意識して表現を工夫することなどを指導することが考えられる。」としている。それぞれの歌唱共通教材について理解しておくこと。　(5)　イ(ア)について，「曲想と音楽の構造との関わり」，「曲想と歌詞の内容との関わり」，「曲想と曲の背景との関わり」の理解が求められている。「曲想と歌詞の内容との関わり」については，「曲想と音楽の構造との関わり」と関連付けて学習することが，「曲想と曲の背景との関わり」については，その背景が「音楽の構造」や「歌詞の内容」とも関わっていることに配慮して学習することが大切である。また，曲想，音楽の構造，歌詞の内容，曲の背景はそれぞれ関連するものであることから，これらを一体的に理解する学習をすることも考えられる。また，アについては，指導に当たっては，創意工夫する過程を大切にして，生徒の思考の流れを把握しながら，適切な手立てを講じ，その曲にふさわしい歌唱表現に対する思いや意図の質を高められるよう留意する必要がある。

【2】(1)　①　地域の実態　　②　1　　③　表現活動　　④　愛着
(2)　A　歌口(うたぐち)　　B　中継ぎ(なかつぎ)　　C　管尻(かんじり)
〈解説〉(1)　平成29年告示の学習指導要領で，歌唱や器学の指導において，我が国の伝統的な歌唱や和楽器を扱う際の配慮事項として，「生徒が我が国や郷土の伝統音楽のよさを味わい，愛着をもつことができるよう工夫すること」が新たに示されている。　(2)　「メリ」「カリ」「ムラ息」などの奏法や，歴史について問われることも多いので学習しておきたい。

【3】(1)　①　オ　　②　ウ　　(2)　(【諸外国の音楽，楽器】／【日本の音楽，楽器】／【共通点】の順)　　・C／イ／②　　・A／エ／④　　・E／ア／⑥　から1つ
〈解説〉(1)　第1学年では，我が国や郷土の伝統音楽及びアジア地域の諸

民族の音楽を扱うこととしている。第2学年及び第3学年は，我が国や郷土の伝統音楽及び諸外国の様々な音楽へと対象を広げている。また，第1学年でも音楽の多様性を理解する学習を行うが，第2学年及び第3学年では，音楽が多様であることの理解に留まらず，人々の暮らしとともに音楽文化があり，そのことによって様々な特徴をもつ音楽が存在していることを理解できるようにする。　(2)　【諸外国の音楽，楽器】の選択肢について，Aはイスラム教の宗教歌謡，Bは金属製，木製，竹製の打楽器を用いて合奏するインドネシアの伝統音楽，Cは裏声と低音域の地声を交互に組み合わせるアルプス地方などが発祥の歌唱法，Dは一定の高さの低音を発しながら，喉や口の開け方を変えて低音に含まれる自然倍音を響かせるモンゴルの歌唱法，Eは西アジア諸国における民俗楽器で，ダブルリード型の木管楽器である。世界の音楽や楽器で共通性があるものを関連付けて覚えておきたい。

【4】(1)　①　ガットまたはナイロン　　②　G　　③　ペッグ(ペグ)，ギア，糸巻　　④　フレット　　(2)　記号…B　理由…同時に何本かの弦をかきならすことで，厚い響きが生まれ歌声の中でも消されない音量を保持できるため。　　(3)　E
〈解説〉(1)　ギターに関する基礎知識について問われている。各部の名称，開放弦の音は覚えておくこと。　　(2)　ギターの奏法の問題は頻出である。選択肢にあげられている奏法は説明できるようにしておくこと。　　(3)　第④弦は，開放弦でDである。半音ごとにフレットが区切られているため，第2フレットを押さえたときに出る音はEである。主なコードのダイヤグラムも覚えておくこと。

【5】(1)　楽譜…④⑦⑩⑬　　曲想…物語が進むにつれて子供の旋律が1音ずつ高くなっている。これによって，子供のおびえた感じが増していく様子を表現している。　　(2)　②　　(3)　A，D，F，G　(4)　転調　　(5)　ウ　　(6)　知的財産権
〈解説〉(1)　すべて子供のセリフとしてかかれている楽譜である。徐々

に音程があがっていることで，緊迫している様子を表している。

(2) 【生徒の感想】では，魔王の「優しくやわらかい声」と「地声っぽい」声，さらには子供の「細い子供っぽい声」について言及し，「一人でいろんな声を出せるのがすごいと思った。」とまとめていることから，歌唱による表現の多様性について書かれていると考えられる。

(3) シューベルトの生没年は1797～1828年，選択肢の作曲家は，Aは1770～1827年，Bは1838～1875年，Cは1614～1685年，Dは1809～1847年，Eは1879～1903年，Fは1811～1886年，Gは1810～1856年，Hは1833～1897年である。　(4)　曲の途中で調が変わることを転調といい，曲自体の調を変えることを移調という。　(5)　♩＝152で，伴奏形に3連符の連打を用いることによって，馬が疾走する様子を示している。

(6)　知的財産権とは，知的な創作活動によって何かをつくり出した人に対して付与される他人に無断で利用されない権利である。この中の一つに著作権があり，著作権には，著作物を保護する著作者の権利，実演等を保護する著作隣接権がある。

【6】(1)　B　　(2)　e

(3)

(4) 「わいわい」の抑揚を考えると，「わ↑い↓わ↑い↓」になるね。「わ」が高くて「い」が低くなるように音を変えてみたら？

(5)

(6)

(7) ④

〈解説〉(1) ファ♯とシで，完全4度である。 (2) 生徒の作品はト長調である。属調はニ長調で，その平行調はロ短調である。 (3) 属七の和音は，長三和音＋短3度で構成される。 (4) 日本語の音の抑揚と，音高やリズムについてアドバイスできると良い。 (5) リズムに関する修正が必要である。時間をかけずに間違いを見つけ修正できるようにしておきたい。 (6) 2度高く移調すると調号♯3つのイ長調になる。 (7) コード付けすると，ア から順にG→D→C→D→G→C→D→G→D→Gとなる。

【７】(1)

【1番】

【2番】

(2)　1番の歌詞は「しあわせ」について歌っているので，各パートが動きのある旋律で多声的に重なるようにし，2番は「悲しみ」について歌っているので，和音を重ねて動きをなくし，静けさを表現した。

(3)　前向きな感じを出すためにcresc.をつけて，2回目の「幸せは」が盛り上がるように**f**にした。

〈解説〉すべての条件を満たせるように注意すること。それぞれのパートの声域について理解しておくこと。(2)では，テクチュアを変える際の根拠を示す必要があるが，1番と2番の違いは歌詞であるので，歌詞から連想される曲想になるように工夫したい。

2023年度　実施問題

【中学校】

【１】第2学年において，オペラ「アイーダ」を扱い，鑑賞の授業を行った。

次の「中学校学習指導要領　第2章　第5節　音楽」に示された第2学年及び第3学年の【2　内容　B　鑑賞】と【ワークシートの記述】，【楽譜】を読み，以下の問いに答えなさい。

「中学校学習指導要領　第2章　第5節　音楽」第2学年及び第3学年【2　内容　B　鑑賞】

---

(1)　鑑賞の活動を通して，次の事項を身に付けることができるよう指導する。

ア　鑑賞に関わる知識を得たり生かしたりしながら，次の(ア)から(ウ)までについて考え，音楽のよさや美しさを味わって聴くこと。

(ア)　曲や演奏に対する評価とその（　①　）

(イ)　生活や社会における音楽の意味や役割

(ウ)　音楽表現の共通性や（　②　）

イ　次の(ア)から(ウ)までについて理解すること。

(ア)　曲想と音楽の構造との関わり

(イ)　音楽の特徴とその背景となる文化や歴史，（　③　）との関わり

(ウ)　我が国や郷土の伝統音楽及び諸外国の様々な音楽の特徴と，その特徴から生まれる音楽の多様性

---

(1)　上の（　①　）から（　③　）に当てはまる言葉を書きなさい。

【ワークシートの記述】

> 第1時
>
> 　「凱旋行進曲」の途中から，サッカーの応援で聴いたことがある曲が出てきて驚いた。この行進曲は「アイーダ」の第2幕で，エジプト軍の凱旋のシーンで演奏されていた。音が上下に動いて，戦いに勝った喜びを表現しているようだと思った。
>
> 　普段，聴いたことがある音楽は，全てが新しく作曲されているものだと思っていたけど，既に作曲されている音楽も様々な場面で用いられていることを初めて知って，面白かった。

> 第2時
>
> 　オペラは，大舞台で衣装を身につけた歌い手が，登場人物になりきって役を演じながら歌唱する芸術だとわかった。音楽を中心に物語が進んでいくが，音楽以外の芸術分野で，舞踊，演劇，（　ア　）（　イ　）などの要素が関わるため，総合芸術と呼ばれていることもわかった。
>
> 　オペラ「アイーダ」は，全4幕で構成されている。自分が一番感動した場面は，第3幕で，エジプトの王様が，将軍ラダメスとアムネリスの結婚を決めてしまった時のアイーダの独唱だった。悲愴感のある美しい声で感情を込めて歌いあげていて，切なく悲しい感情が心に刺さるようだった。

(2)　上の【ワークシートの記述】は，第1時と第2時にAさんが書いたものである。

　①　この題材におけるAさんの思考・判断のよりどころとなる主な音楽を形づくっている要素を「リズム」と「構成」以外に，二つ書きなさい。

　②　第2時の（　ア　）（　イ　）に当てはまる要素を書きなさい。

　③　第2時の【ワークシートの記述】の下線部のようなオペラでの

独唱曲のことを何というか，書きなさい。

【楽譜】※次の楽譜は実音表記である。

(3) 上の【楽譜】は第2幕第2場からトランペットで演奏される「凱旋行進曲」を実音で表記した楽譜である。

　① トランペット(inB♭)で演奏できるよう記譜音に書き換えなさい。

　② この【楽譜】をアルトリコーダーで演奏できる音域のト長調に移調しなさい。

(4) この鑑賞をきっかけに，オペラに関心を持ったAさんは，作曲者や時代背景等について，一人一台端末を使用して家庭で調べ学習を行い，自分なりにまとめてみることにした。次に示した【調べ学習】は，Aさんの学習内容である。

【調べ学習】

> 「アイーダ」を作曲した(オ)はイタリアに生まれた。スエズ運河の開通を記念してエジプトの首都カイロに歌劇場が建てられ，そこで上演するために作曲されたのが「アイーダ」である。この「アイーダ」には，バレエが取り入れられている。18世紀になるとバレエは(カ)との結び付きが強くなって，登場人物の感情や，場面の状況などを踊りや身振りで表現するようになった。19世紀後半のロシアで発展し，チャイコフスキー作曲の有名な白鳥の湖や眠れる森の美女，(キ)は三大バレエと呼ばれている。

　　この頃の時代を，西洋の音楽では(ク)派といい，同じく
　19世紀になるとワーグナーやプッチーニ，ビゼーなど各国の
　特徴を生かしたオペラが作曲されるようになっていった。
　　この頃，日本は(ケ)時代である。この時代に生まれた文
　楽や(コ)は，世界に誇ることができる日本の総合芸術であ
　る。
　　お互いの文化や芸術の共通点や相違点，その芸術ならでは
　の味わいを知ることは，世界中の様々な人の思いに出会うこ
　とにつながるのだと思った。他の作品もぜひ観てみたい。

① 【調べ学習】の(オ)から(コ)に当てはまる言葉を書きな
　さい。
② 　次の枠に示した作品の全てをオペラとバレエ音楽に分類して，
　それぞれ記号を書きなさい。また，この「アイーダ」の作曲家の
　作品を選び，記号を書きなさい。

| A　蝶々夫人 | B　春の祭典 | C　タンホイザー |
| D　魔笛 | E　ボレロ | F　椿姫 |

(☆☆☆◎◎◎◎)

【2】日本の自然や四季の美しさを表現している歌曲の中から「早春賦」
　を選び，第2学年において授業を実施した。【楽譜】，「中学校学習指導
　要領解説　音楽編　第2節」第2学年及び第3学年【2　内容　A　表現
　(1)】，第2時の授業場面での【会話】を読んで，次の問いに答えなさい。
(1) 　日本の自然や四季，文化や日本語の美しさを味わえる歌曲のうち，
　「早春賦」「赤とんぼ」「夏の思い出」「花」などの歌唱教材を，「中
　学校学習指導要領解説　音楽編」では何と示しているか答えなさい。
　また，各学年において何曲以上扱うこととしているか，書きなさい。

【楽譜】

(2)　2番の歌詞に「さてはときぞと　おもうあやにく」とある。この意味として正しいものを1つ選んで記号で書きなさい。

　ア　それではそのうちと　思ったのにあいにく

　イ　さては時のせいだと　あやうく思うところだった

　ウ　今がその時だと　思ったのにあいにく

　エ　今こそその時だと　あやうく思うところだった

(3)　「曲の背景」について，次の①から③に当てはまる言葉を書きなさい。

「中学校学習指導要領解説　音楽編　第2節」第2学年及び第3学年
【2　内容　A　表現　(1)】イ(ア)

> 　曲の背景とは，歌詞や曲の成立背景，作詞者や作曲者にまつわる事柄，曲が生み出され育まれてきた(　①　)，文化や歴史などのことである。(略)

36

第2学年及び第3学年において,「曲想と曲の背景との関わり」の理解を加えることは,生徒が教材曲のよさを捉え直し,更に曲に対する捉え方を(②)に深め,自分にとっての(③)を見いだしたり,「人はなぜ歌うのか」,「歌が人々の生活や社会に果たす役割は何か」などについて考えたりすることにつながるものである。

【会話】※第2時の授業場面で,A～Dは発言した生徒を表している。

A ：僕は,まだ低い音が出せないから,うまく歌えないよ。難しい曲だなあ。

B ：そうだね。この曲は,旋律の動きにすごく幅があるよね。なぜ,こんなに歌いにくい旋律にしたのかな。でも,前に歌った『夏の思い出』と同じつくりだね。

先生：よく覚えていたわね。『夏の思い出』と同じつくりになっているのよ。では,みんなで旋律の動きの意味について,考えてみましょう。

A ：え?旋律の動きには意味があるの?

D ：(旋律?)※困ったようにつぶやく

C ：前半は,春と呼ばれる季節になっても,まだ風は冷たくて寒い冬のままだということを表現していると思う。ただ,後半は,同じ歌詞なのに旋律が違う部分があるよね。それは,なぜなんだろう。

先生：よいところに気付きました。みんなで確認しながら歌ってみましょう。(歌唱する)

A ：C君が言ったところは「ときにあらず こえもたてず」の部分だね!でも,この歌詞は,普段使う言葉ではないから,どんな意味か分からないな。

C ：教科書に「まだその時ではない」という意味だと書いてあるよ。

> B　：そうなんだ。同じ歌詞なのに，なぜ旋律を変えたんだ
> 　　　ろうね。3段目は揺れるような旋律で強くなっているけ
> 　　　ど，4段目は前半と同じような旋律に戻っているのに*pp*
> 　　　になっているよね。
>
> C　：春と聞いて嬉しくなったことを表現するために，3段目
> 　　　の旋律をあえて変えたのかな。
>
> D　：……。※うつむく
>
> A　：春とは名ばかりで，まだ風が冷たくてうぐいすも鳴く
> 　　　様子がない……と，ちょっと残念な気持ちを表現する
> 　　　ために，最初の旋律に戻して*pp*になっているのかもし
> 　　　れないね。
>
> B　：冬を表現した旋律と，春と聞いて嬉しくなった旋律と
> 　　　いうことかな。
>
> 先生：歌詞の内容を考えることで，旋律の意味を考えること
> 　　　ができたわね。では，気持ちの変化を具体的にイメー
> 　　　ジしながら，歌ってみましょう。(歌唱する)
>
> C　：歌詞の内容と曲想の関わりを考えて歌うのは大切なん
> 　　　だね。暖かい春が待ち遠しいという気持ちを表現した
> 　　　曲だということがわかったよ。

(4)　【会話】から生徒が着目した音楽を形づくっている要素を「旋律」
　　　以外に，二つ書きなさい。

(5)　【会話】の生徒Aの状況を見取り，授業者は次時に変声期及び変声
　　　前後の声の変化について，変声期の生徒を含む全ての生徒へ配慮す
　　　る必要があると考えた。生徒への心理面と技術面について，どのよ
　　　うな点に配慮し指導するか具体的に書きなさい。

(6)　【会話】生徒Dの様子から，この生徒の考えられる学習状況を2つ
　　　想定して書きなさい。また，それぞれの状況に対し，必要な支援方
　　　法を具体的に書きなさい。

「中学校学習指導要領解説　音楽編　第2節」第2学年及び第3学年
【2　内容　A　表現　(1)】

> (1)　歌唱の活動を通して，次の事項を身に付けることができ
> るよう指導する。
> 　ア　歌唱表現に関わる知識や技能を得たり生かしたりしな
> 　　　がら，曲にふさわしい歌唱表現を創意工夫すること。
> 　イ　次の(ア)及び(イ)について理解すること。
> 　　(ア)　曲想と音楽の構造や歌詞の内容及び曲の背景との
> 　　　　関わり
> 　　(イ)　声の音色や響き及び言葉の特性と曲種に応じた発
> 　　　　声との関わり
> 　ウ　次の(ア)及び(イ)の技能を身に付けること。
> 　　(ア)　創意工夫を生かした表現で歌うために必要な発声，
> 　　　　言葉の発音，身体の使い方などの技能
> 　　(イ)　創意工夫を生かし，全体の響きや各声部の声など
> 　　　　を聴きながら他者と合わせて歌う技能

(7)　【会話】の授業内で扱った資質・能力は何か，【2　内容　A　表現
　(1)】の事項のア，イ(ア)，イ(イ)，ウ(ア)，ウ(イ)から選んで，全て
　書きなさい。

（☆☆☆○○○○○）

【3】「日本の伝統音楽に親しもう」の題材において，地域の方をゲスト
　ティーチャーとして招き，実際に三味線を演奏することを通して，日
　本の伝統音楽に愛着がもてるような授業を構想した。次の問いに答え
　なさい。

(1)　三味線のかまえについて，次の(　①　)から(　④　)に当てはま
　る言葉を書きなさい。
　・(　①　)の間隔を握りこぶし一つ分くらい開けて，上体を少し前
　　に倒して腰を伸ばして座る。

・膝ゴムを右足の付け根と膝頭の中間に置き，その中心に三味線の
（　②　）をのせる。

・棹は，二の糸の先端が，頬から（　③　）の高さになるようにかま
える。

・右手に（　④　）を持ち，糸に打ちおろして音を出す。

(2)　全員で一斉に三味線を演奏するような展開を考えたが，一学級の
半分の人数分しか楽器を用意できなかった。そのため，二人一組で
1棹の三味線を使用し，ペアで活動することを通して，三味線の音
色や響き，奏法の特徴を感じ取れるようにしたいと考えた。このよ
うな場合の学習活動を2つ書きなさい。

(☆☆☆◎◎◎◎)

【４】市内のＡ中学校とＢ中学校は統合し，新しくＣ中学校として開校す
る予定である。どちらの学校の文化や歴史も残したいと考え，Ａ中学
校とＢ中学校の校歌の旋律から一部を使用して，Ｃ中学校の校歌を新し
く創作してもらいたいと音楽科に依頼があった。【条件】を読み，Ｃ中
学校の校歌の旋律を創作しなさい。

【条件】

ア　調性はＤ－durまたはＢ－durとし，Ａ中学校とＢ中学校の旋
律は，移調して両方使用する。

イ　弱起で開始し，小節番号21〜24内で終わるように創作する。
必ず終止線を書くこと。

ウ　次に示す4組の記号を全て正しく使用する。

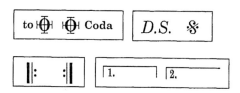

エ　臨時記号は必ず1回以上使用する。

オ　校歌として，音楽的にまとまりがある曲に仕上げる。

(☆☆☆○○○○○)

【5】第1学年の授業において，鑑賞と創作で題材を構想し，沖縄県の中学校と静岡県の中学校をオンラインでつないで，それぞれの郷土に伝わる民謡を紹介しあう授業を行った。まず，それぞれの県の特徴や魅力等を紹介し，その後に沖縄県の中学校は「谷茶前」を，静岡県の中学校は「ちゃっきり節」を歌で披露した。次に示したのは，静岡県の生徒Aの感想である。

【感想】

> 　私は沖縄に行ったことがありません。でも，目を閉じて「谷茶前」の音楽を聴いていると，実際に沖縄の真っ青な美しい海を目の前にしている気分になりました。また，映像からも沖縄に残る素晴らしい自然を知ることができました。そんな思いにさせてくれた沖縄音階は，私にとって大変魅力的な旋律でした。私もこの沖縄音階を使って，旋律をつくってみたいです。

　この交流後，沖縄(琉球)音階の独特な雰囲気に興味をもった静岡県の中学校の生徒たちは，静岡県と違った沖縄県の海の青さや美しさ，海に囲まれた自然等を表現するために，沖縄(琉球)音階で創作活動を行い，完成した曲を沖縄県の中学校に送ることにした。次に示したのは，生徒Aが考えた【タイトル】【歌詞】【歌詞に込めた思い】である。

> 【タイトル】　　　　　　たからの島
> 【歌詞】　　すきとおるうみ　どこまでも　ひろがるあおいそら
> 　　　　　　どこまでも
> 　　　　　　おきなわのたから　ひとびとのたから　いつまでもい
> 　　　　　　つまでも　たからもの
> 　　　　　　(透き通る海どこまでも　広がる青い空どこまでも
> 　　　　　　沖縄の宝　人々の宝　いつまでもいつまでも宝物)
> 【歌詞に込めた思い】
> 　　映像にあったどこまでも広がる透き通る海と，突き抜ける青
> い空は，静岡県で見る海と空の色とは違うものでした。沖縄の
> 方々が大切にしてきたからこそ今に残る自然であり，これは
> 人々の宝物でもあります。いつまでもこの自然が守られるよう
> にという願いを込めて曲を作りました。

(1)　次に示した【条件】に従って旋律を創作しなさい。

　　【条件】

> ア　使用する音は次に示す沖縄音階の5音のみとする(音の高
> さは問わない)。
>
>
>
> イ　拍子は四分の四拍子とし，12小節で創作する。
> ウ　上に示す【歌詞】は全て使用することとし，【歌詞】の一
> 　　部を変えたり言葉を付け加えたりしない。なお，音高を変
> 　　えて言葉を伸ばしたい時は，音符の下に「─」で示す。
> エ　中学1年生が歌える音域で創作し，ト音記号で記譜する
> 　　(変声している生徒は1オクターブ下げて歌うこととする)。
> オ　各小節の上に旋律にふさわしいコードネームを1～2種類
> 　　を付け，教師が伴奏できるようにする。
> カ　【歌詞に込めた思い】を基に表現を工夫するために必要な

演奏記号を2〜4種類までの中で使用する。

キ　曲全体のまとまりを意識する。

(2)　曲を創作するにあたり，【条件カ】における【歌詞に込めた思い】の表現を工夫するために，どのような意図でその記号を使用したのか，演奏記号と意図とのつながりについて二つ書きなさい。

(☆☆☆○○○○)

解答・解説

【中学校】

【1】(1)　①　根拠　　②　固有性　　③　他の芸術　　(2)　①　旋律，音色　　②　ア　文学，文芸　　イ　美術，衣装　(※ア，イ順不同)　③　アリア

(3)

①

②

(4)　①　オ　ヴェルディ　　カ　演劇　　キ　くるみ割り人形　ク　ロマン　　ケ　江戸　　コ　歌舞伎　　②　オペラ…A, C, D, F　　バレエ…B, E　　作品名…F

〈解説〉(1)　中学校学習指導要領における目標や内容は，学年の違いを整理したうえで文言は必ず覚えること。　(2)　①　音楽を形づくっている要素は，音色，リズム，速度，旋律，テクスチュア，強弱，形式，

構成などである。各教材についてどの要素を指導すべきか，日頃から意識して学習したい。　　②　音楽を伴う劇は，オペラに限らず，世界の様々な地域に存在する。世界の民族の総合芸術の，特徴や背景を学習しておきたい。　　③　アリアに対して，語りのような独唱はレチタティーヴォという。　　(3)　①　トランペットのB♭管は，実音が記譜音より長2度低いので，in B♭に書き換えるには，長2度高く，変イ長調から調号♭2つの変ロ長調で記譜する。　　②　変イ長調からト長調への書き換えなので，短2度低く記譜する。　　(4)　①　オペラだけでなく，様々な音楽のジャンル，時代の特徴など，年表などを確認し時系列でも整理し学習しておきたい。　　②　Aはプッチーニ作曲のオペラ，Cはワーグナー作曲のオペラ，Dはモーツァルト作曲のオペラ，Fはヴェルディ作曲のオペラである。Bはストラヴィンスキー作曲のバレエ，Eはラヴェル作曲のバレエである。

【２】(1)　共通教材，1曲以上　　(2)　ウ　　(3)　①　風土　　②　質的　　③　意味　　(4)　形式(構成)，強弱　　(5)　心理面…変声に伴う不安や羞恥心をもつことがないように，性別によらず誰もが体験すること(健全な成長の一過程)であることに気付かせる。　　技能面…無理のない声域や声量で歌わせるようにする。　　(6)　(学習状況／支援方法)　・音楽に対する苦手意識による心理的不安／友達と一緒に学習できるような温かな雰囲気づくりをする。　　　・聞こえにくさがある(身体的困難さ)／ICTなども活用し，音のつながりをわかりやすく示した拡大楽譜や，色をつけた楽譜等を使用する。　　(7)　ア，イ(ア)

〈解説〉(1)　中学校の歌唱共通教材には，「早春賦」「赤とんぼ」「夏の思い出」「花」「荒城の月」「浜辺の歌」「花の街」の7曲がある。

(2)　共通教材には，文語調で書かれたものもあるので，意味を確認し，曲調との関連を感受できるようにしておく必要がある。　　(3)　学習指導要領の文言を覚えるのはもちろん，解説により理解を深め，それぞれの文言について説明できる程度に理解しておきたい。　　(4)　音楽を形づくっている要素，具体的には，音色，リズム，速度，旋律，テク

スチュア，強弱，形式，構成などのうち，それぞれの歌唱共通教材でどの要素を指導すべきか，中学校学習指導要領解説に示されている。(5) 変声期についての配慮は，中学校学習指導要領の内容に関する配慮事項にあげられており，「変声期及び変声前後の声の変化について気付かせ，変声期の生徒を含む全ての生徒の心理的な面についても配慮するとともに，変声期の生徒については適切な声域と声量によって歌わせるようにすること。」としている。これについて中学校学習指導要領解説で詳しく説明されている。(6) 中学校学習指導要領の指導に関する配慮事項の(5)に障害のある生徒についての項目がある。これについて学習指導要領解説に「個々の生徒によって，見えにくさ，聞こえにくさ，道具の操作の困難さ，移動上の制約，健康面や安全面での制約，発音のしにくさ，心理的な不安定，人間関係形成の困難さ，読み書きや計算等の困難さ，注意の集中を持続することが苦手であることなど，学習活動を行う場合に生じる困難さが異なることに留意し，個々の生徒の困難さに応じた指導内容や指導方法を工夫すること」が具体的に示されている。(7) アは「思考力，判断力，表現力等」，イは「知識」，ウは「技能」に関する資質・能力について示されている。歌唱共通教材それぞれについて，どの項目を指導するのか確認しておきたい。

【3】(1) ① 両膝(両足) ② 胴 ③ 耳 ④ ばち
(2) ・一人が三味線を弾いている間に，もう一人は口三味線(唱歌)で旋律を歌う。 ・友達が演奏している様子を端末で録音・録画し，奏法を確認したり互いにアドバイスしたりする。
〈解説〉(1) 三味線だけでなく，箏や尺八などの和楽器については，できれば実際に演奏し，奏法や各部の名称など理解しておくこと。
(2) 活動のねらいは，音色や響き，奏法の特徴を感じとることである。人の演奏を聴き知覚すること，それを言語活動で伝えることにより，自分の演奏に効果が得られる。学習指導要領に示されているような手段を取り入れて，活動内容が充実するように工夫することを普段から

意識して指導案など作成するとよい。

【４】略

「Ｃ中学校　校歌」

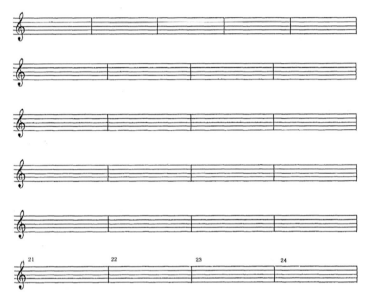

〈解説〉静岡県では，毎年，歌唱や器楽について編曲や作曲の問題が1問
ずつ計2問出題されている。正しく作曲することだけでなく，時間を
取られることなく解答することも大切になってくる。今回は，繰り返
しに関する記号4つの使用が求められている。すべての条件を満たす
よう，気をつけること。過去問を参考にして様々なパターン，条件で
練習を重ねよう。

【5】(1) 略

たからの島

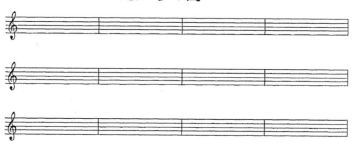

(2) (解答例) ・タイトルにも登場する「たから」という歌詞は，特に大切な言葉であると考えた。そのため，テヌートとフェルマータを用いることで，たっぷりと歌い，強調したいと考えた。 ・海が沖縄の宝であることを強調するため，「たからもの」の旋律の強弱はフォルテとし，他の旋律よりも強く歌う。

〈解説〉沖縄音階を使用した歌の旋律を作曲する問題である。珍しい出題であるが，使用する音は限られているので，条件をすべて満たすように気をつけて作曲する。生徒の考えた歌詞とその思いを配慮して作曲し，それを言葉で説明できるようにすること。過去問を参考にして様々な条件で作曲や編曲の練習を重ねよう。

2022年度　実施問題

【中学校】

【１】第2学年において，ベートーヴェン作曲「交響曲第5番ハ短調作品67」を扱い，鑑賞の授業を行った。次の「中学校学習指導要領　第2章　第5節　音楽」に示された第2学年及び第3学年の【2　内容　B　鑑賞】と【楽譜】，【ワークシートの記述】を読み，以下の問いに答えなさい。

【2　内容　B　鑑賞】

> (1)　鑑賞の活動を通して，次の事項を身に付けることができるよう指導する。
>
> 　ア　鑑賞に関わる知識を得たり生かしたりしながら，次の(ア)から(ウ)までについて考え，音楽のよさや美しさを味わって聴くこと。
>
> 　　(ア)　曲や演奏に対する評価とその根拠
>
> 　　(イ)　生活や社会における音楽の意味や役割
>
> 　　(ウ)　音楽表現の共通性や固有性
>
> 　イ　次の(ア)から(ウ)までについて理解すること。
>
> 　　(ア)　曲想と音楽の構造との関わり
>
> 　　(イ)　音楽の特徴とその背景となる文化や歴史，他の芸術との関わり
>
> 　　(ウ)　我が国や郷土の伝統音楽及び諸外国の様々な音楽の特徴と，その特徴から生まれる音楽の多様性

【楽譜】第1楽章　　　　　　※以下の楽譜は実音表記である

【ワークシートの記述】

> 第2時
>
> 　aのリズムが何度も出てくるので，危機が迫っているようだった。第2主題はヴァイオリンやクラリネットで優しく，穏やかな感じだったが，合間に低めの弦楽器が出てきて不気味だった。第1楽章の後半は全ての楽器が出てきて音が上がったり下がったり動きが激しくなる。全体的に救いを求めて必死にもがいているような雰囲気だった。

> 第3時
>
> 　この曲は，全楽章を通して統一感がある。第1楽章ではaのリズムがいろいろなところに登場する。二つの主題は，繰り返しながらリズムや調，楽器の種類などを変えてソナタ形式でまとめられ，第1楽章は苦悩や葛藤を表現しているようである。
> 　aのリズムは，第2楽章～第4楽章にも形を変えて出てくるので，どこに隠れているか探したくなる。作曲者の一貫したこだわりや思いが，曲全体から感じられる曲である。

(1)　【2　内容　B　鑑賞】の(1)ア，(1)イに関する資質・能力を，次の①～④の中から一つずつ選び，記号を書きなさい。

① 学びに向かう力，人間性等　　② 知識　　③ 技能
④ 思考力，判断力，表現力等

(2) 【楽譜】aのリズムのような音楽を構成する単位として最も小さなまとまりのことを何というか，書きなさい。

(3) 【楽譜】第1楽章の第1主題をヴィオラの楽譜に書き換えなさい。また，【楽譜】第2主題のbは，第1ヴァイオリンの後にクラリネットで演奏される。第2主題のbをクラリネット(inB♭)の楽譜に書き換えなさい。

第1主題　ヴィオラ

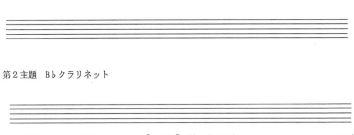

第2主題　B♭クラリネット

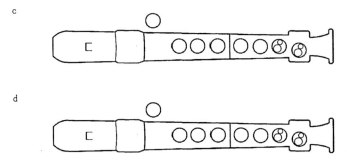

(4) 曲想を感じ取るために【楽譜】第2主題をアルトリコーダーで吹く活動を取り入れた。
　① アーティキュレーションの工夫をしてbを演奏する際，どのような吹き方をしたらよいか，その工夫を二つ書きなさい。
　② cとdの音をアルトリコーダーで演奏する時にふさぐ穴を黒く塗りつぶしなさい。(リコーダーはバロック式とする。)

c

d

(5) 【楽譜】第2主題のeを演奏する楽器名を二つ書きなさい。

(6) 【ワークシートの記述】は，第2時と第3時に花子さんが書いたものである。

① この題材における花子さんの思考・判断のよりどころとなる主な音楽を形づくっている要素を「リズム」と「形式」以外に，二つ書きなさい。

② この題材で指導した学習指導要領の内容を【2 内容 B 鑑賞】にある(1)ア，(1)イにある(ア)～(ウ)の中から，それぞれ一つずつ選び，記号を書きなさい。

(7) 次の楽譜は，「交響曲第5番ハ短調作品67」の第2楽章，第3楽章，第4楽章の一部を順不同に示したものである。

① 第2楽章，第3楽章，第4楽章の順に楽譜を並び替え，記号を書きなさい。

② 【楽譜】第1主題のaの変容したリズムが現れる楽譜をすべて選び，記号を書きなさい。

③ 第1楽章と同じソナタ形式で作曲されている楽章の楽譜を選び，記号を書きなさい。

(☆☆☆○○○○)

【２】第3学年が，音楽鑑賞教室で聴いた和太鼓の演奏に興味をもったことから，地元の和太鼓保存会の方を講師に招き指導を受けた。次の問いに答えなさい。

(1)　次に示したアとイの和太鼓名を書きなさい。

(2)　講師から，和太鼓を演奏する際の打ち方とばちの持ち方について，次のような説明があった。(　①　)と(　②　)に入る言葉を以下のア〜オの中から選び，記号で書きなさい。

> 　最も基本的な打ち方は，ばちの(　①　)で打面の中心を打ちます。太いばちを使うときは，端を少し余らせて(　②　)で握り込みます。

ア　ふち　　　　　　イ　親指と人さし指　　ウ　中心
エ　てのひら全体　　オ　先端

(3)　次に示した【楽譜】のように，低い音を「ドン」「ドコ」や高い音を「天」などと唱え，リズムや音の感じなどを言葉で表現することを何と言うか，書きなさい。

【楽譜】

ドンドコドンドコドンドコドンドコ　　ドンドコドンドコドンドコドンドコ
天　テケ天　テケ天　テケ天　テケ　　天　テケ天　テケ天　テケ天　テケ

(☆☆◎◎◎)

【３】第1学年において，共通教材「赤とんぼ」を扱った授業を行った。次の「中学校学習指導要領　第2章　第5節　音楽」に示された第1学年の【2　内容　A　表現　(1)】と【楽譜】【歌詞】【第1時　会話】【第2時　会話】を読み，以下の問いに答えなさい。

【2 内容 A 表現 (1)】

> (1) 歌唱の活動を通して，次の事項を身に付けることができる
> よう指導する。
> ア 歌唱表現に関わる知識や技能を得たり生かしたりしなが
> ら，歌唱表現を創意工夫すること。
> イ 次の(ア)及び(イ)について理解すること。
> (ア) 曲想と音楽の構造や歌詞の内容との関わり
> (イ) 声の音色や響き及び言葉の特性と曲種に応じた発声と
> の関わり
> ウ 次の(ア)及び(イ)の技能を身に付けること。
> (ア) 創意工夫を生かした表現で歌うために必要な発声，言
> 葉の発音，身体の使い方などの技能
> (イ) 創意工夫を生かし，全体の響きや各声部の声などを聴
> きながら他者と合わせて歌う技能

【第1時 会話】 ※A〜Eは生徒，全は生徒全員，Tは先生を表している。

T	(一番を歌っていた生徒の様子を見て) Aさん，どこか歌いづらいところがあったの？
A	「みたのーはー」の伸ばす部分が変な感じになってしまいました。
B	私も同じです。言葉は一つなのに，わざわざ違う音で音を伸ばすようになっているし…。
C	だから歌いにくかったのか。一つの言葉を違う音にしないで，一つの音にすればいいのに…。
T	一つの音にするとは，こんな感じかな？ (教師が実際に歌詞の「ー」の音を省いて弾いてみる)
全	(教師のピアノに合わせて「みたのは　いつのひか」を歌う。)
C	なんだか一音にすると，雰囲気が違って聞こえてくるな。
D	やっぱり，音を変えて言葉を伸ばすから，曲の雰囲気が出るんじゃないの？
T	CさんとDさんから「雰囲気」という言葉がありましたね。例えばどのような雰囲気だと思いますか？みんなでもう一度歌ってみましょう。(※全員で四番まで歌う)
B	音を変えて伸ばすことで懐かしさみたいな，温もりのような雰囲気が出ると思いました。歌詞の「負われて」は，姉や母に「背負われている」ということなんだね。
A	私は，伸ばしながら音を変えると心も動く感じがして，作詞者の幼かった頃のいろいろな場面が蘇る感じだと思いました。
D	ゆっくりな曲だから，音が心に染みこんでいく感じなんだよね。
E	歌詞と音が自然と合う感じがする。それから，この楽譜には強弱がたくさん付いているから，強弱の影響もあるような気がするな。
C	そうかもしれないね。曲の最後が（　ア　）で終わっていることも雰囲気を出しているね。
A	この曲には「p」が3回も出てくるよ！それに必ず次が ◁ になっている！
B	本当だ。「p」だから，弱く始めればいいんじゃない？
E	でも，それぞれ情景が違うから「弱く」と言っても，いろいろな歌い方があるんじゃないかな。
T	みなさん，強弱がたくさん書かれていることに気付いたようですね。次回は，それぞれの情景にふさわしい歌い方を考えて工夫してみましょう。

T	前回の授業で、この曲の雰囲気や強弱についていろいろな意見が出ましたね。それでは、この曲をどのように歌いたいか、考えてみましょう。
D	（ *p* の部分を実際に口ずさみながら）私は、3回出てくる「 *p* 」には、それぞれ違う意味があると思う。歌詞の内容も違うし。例えば1番の歌詞の1小節目は、広い夕焼け空を飛んでいる一匹の赤とんぼの様子を、優しい *p* で表現したい。その後にある <img_crop> は、夕焼けの色の濃い空と薄い空の色を強弱で表現してみたい。
B	私は、懐かしさや温もりが伝わるようにしたいな。どうやって表現したらいいのかな。
E	ぼくは、作詞作曲者の気持ちになって、昔を思い出しながら静かに歌い出したいな。

～生徒の会話は続く～

※表現の工夫をしながら、子音や母音の使い方、呼吸の仕方などの指導も行った。

(1) この曲の作詞者と作曲者を書きなさい。また，【歌詞】の（ ① ）と（ ② ）に当てはまる歌詞を書きなさい。

(2) 【第1時　会話】から，生徒が着目した音楽を形づくっている要素を「強弱」以外に二つ書きなさい。

(3) 【第1時　会話】内の(ア)及び【楽譜】に示した ア に入る強弱記号を書きなさい。

(4) 生徒Dは，【第1時　会話】【第2時　会話】から，一番の5小節目にある「 *p* 」と「 ＜ 」をどのように表現しようと考えるか，次の楽譜の上に，生徒Dの思考を予想して書きなさい。

54

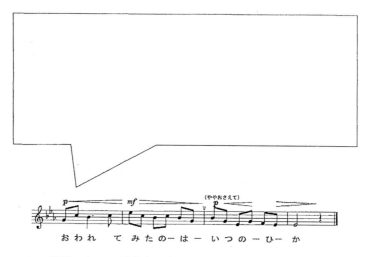

おわれ　てみたのー　はー　いつのー　ひー　か

(5) この題材において授業者が育成したい資質・能力は何か。【2　内容　A　表現　(1)】のア，イ(ア)，イ(イ)，ウ(ア)，ウ(イ)から当てはまるものをすべて選び，書きなさい。

(6) 授業者は「赤とんぼ」を指導するにあたり，次に示した「中学校学習指導要領解説　第4章「内容の取扱いと指導上の配慮事項」を確認し，次の配慮事項を意識した指導を心掛けた。文中の空欄①と②に当てはまる言葉を選び，ア～カの記号で書きなさい。

> 　我が国の(　①　)や(　②　)のもつ美しさを味わえる歌唱教材を扱うことによって，生徒は我が国の(　①　)のよさを味わい，(　②　)の響きを感じ取ることができる。このことがひいては，我が国の(　①　)を尊重したり，(　②　)を大切にしたりする態度を養うことにつながると考えられる。

ア　文化　　　　イ　芸術　　　ウ　言葉　　　エ　日本語
オ　伝統音楽　　カ　音色

(☆☆◎◎◎◎)

【４】国語科で学習した「おくのほそ道」の中から二つの俳句を選び，俳句が表す情景に合う旋律を創作する授業を構想したいと考えた。次の問いに答えなさい。

(1)　次に示したア〜ウの，日本の音階の名称をそれぞれ書きなさい。

(2)　教師が手本として提示する曲を，次の条件を踏まえて創作しなさい。

> 【条件】
> ①　次の二つの俳句を表現するために，創意工夫して旋律を創作する。
> 　　ア　「夏草や　兵どもが　夢の跡」(なつくさや　つわものどもが　ゆめのあと)
> 　　イ　「閑かさや　岩にしみ入る　蝉の声」(しずかさや　いわにしみいる　せみのこえ)
> ②　どちらの俳句も4分の4拍子とし，アの音階を用いて4小節で創作する。
> ③　中学校3年生が無理なく歌える音域にする。(なお，記譜はト音譜表とし，男子は1オクターブ下げて歌うことができる範囲とする)
> ④　旋律の下に俳句をひらがなで書き，一つの文字の途中で音が変わる場合には，「あ－」のように，音符の下に「－」を書く。
> ⑤　「夢の跡」と「岩にしみ入る」のイメージを表現するための工夫を簡潔に説明する。

(☆☆☆☆○○○)

【5】1人1台ICT端末が導入されていることを受け，J.S.バッハ作曲「小フーガト短調」の学習を生かした創作の授業を構想した。次の「中学校学習指導要領　第2章　第5節　音楽」に示された第2学年及び第3学年の【2　内容　A　表現　(3)】を読み，以下の問いに答えなさい。

【2　内容　A　表現　(3)】

> (3)　創作の活動を通して，次の事項を身に付けることができるよう指導する。
>
> 　ア　創作表現に関わる知識や技能を得たり生かしたりしながら，まとまりのある創作表現を創意工夫すること。
>
> 　イ　次の(ア)及び(イ)について，（　①　）と関わらせて理解すること。
>
> 　(ア)　音階や言葉などの特徴及び音のつながり方の特徴
>
> 　(イ)　音（　②　）の特徴及び音の（　③　）や反復，変化，対照などの構成上の特徴
>
> 　ウ　創意工夫を生かした表現で旋律や音楽をつくるために必要な，課題や条件に沿った音の選択や組合せなどの技能を身に付けること。

(1)　（　①　）～（　③　）に当てはまる言葉を書きなさい。

(2)　教師が手本として提示する曲を，次の主題を用いて条件に従って
　　アルトリコーダーの二重奏曲を創作しなさい。

【主題】

【条件】

①　4分の4拍子で，16小節の曲を創作する。

②　アルトリコーダーで演奏することができる音域にする。

③　上記に示したハ長調の【主題】を，対位法(フーガ)のよう
　　に同じ主題を他の声部に順次現れるように反復して，まと
　　まりのある音楽にする。

④　途中で対位法を用いながら，属調か下属調に転調した主
　　題を入れる。

⑤　最後に，ハ長調の主題をどちらかのパートで反復してか
　　ら終わる。

⑥　どちらのパートにも，転調による調性を表すもの以外の
　　臨時記号を1回以上入れる。

(☆☆☆☆☆○○○○)

解答・解説

【中学校】

【１】(1)　(1)ア　④　　　(1)イ　②　　　(2)　動機(モチーフ)

(3)

第１主題　ヴィオラ

第２主題　B♭クラリネット

(4)　①　・スラーの最初の音だけタンギングをする。　・スラーがかかっている音は，息の流れを切らずにレガート奏法で演奏する。

②

c

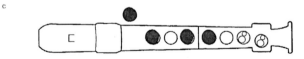

d

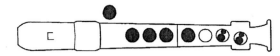

(5)　チェロ・コントラバス　　(6)　①　旋律・音色・構成から二つ

②　(1)ア　(ア)　　(1)イ　(ア)　　(7)　①　ウ→ア→イ

②　ア・ウ　　③　イ

〈解説〉(1)　関連する資質・能力については，学習指導要領解説を用いて理解を深めよう。ア及びイの(ア)(イ)(ウ)に関するねらいも，学習指導要領解説に詳しく説明されている。使用する教材とそれぞれの項目

について，関連付けて指導案を考えることは常に意識しておこう。

(2) aの動機(モチーフ)は，「運命の動機(モチーフ)」として知られている。繰り返し登場するaの動機(モチーフ)が楽曲の特徴の1つである。

(3) ヴィオラはハ音記号であらわされること，またハ音の位置を理解していないと正答できない。in Cからin B♭への書き換えは，実音が記譜音より長2度低いので，長2度高く記譜する必要がある。移調楽器の書き換えは練習しておこう。 (4) ① 管楽器でスラーを演奏する際には，スラーのはじめの音をタンギングし，後の音はノータンギングで演奏するのが一般的である。 ② アルトリコーダーと同様に，ソプラノリコーダーの運指も確認しておこう。 (5) ヘ音譜表であることから，演奏する楽器を予想することはできるが，スコアをあわせた楽曲への理解が必要である。 (6) ① 音楽を形づくっている要素は，中学校学習指導要領や中学校学習指導要領解説を用いて確認しておこう。音色，リズム，速度，旋律，テクスチュア，強弱，形式，構成が挙げられている。 ② 学習指導要領の内容について確認する際に，それぞれのねらいに応じた授業を可能な限り多く考案しておくことが望ましい。実際に授業計画を立てることにより，それぞれの事項に関する具体的な理解が深まる。 (7) 楽曲の構成及び形式の知識に関する問題である。教材として取り上げられている楽曲については，曲全体の理解が必要なので，スコアを読み込んでおきたい。ベートーヴェンの交響曲第5番は頻出問題で，動機やソナタ形式についての問いをあわせてされることが多い。

【2】(1) ア 締(しめ)太鼓 イ 長胴(ながどう)太鼓 (2) ① オ
② エ (3) 唱歌(しょうが)(口唱歌)

〈解説〉(1) 締(しめ)太鼓は長胴(ながどう)太鼓に比べ，高い音が特徴である。それぞれの太鼓の用いられる場面や役割を確認しておこう。
(2) 和太鼓のばちの基本的な握り方は，親指と人さし指でしっかりと握り，残りの指は添える。しかし，太いばちを使うときはてのひら全体で握りこむ。 (3) 篠笛，箏，三味線などにも唱歌(口唱歌)がある。

【３】(1)　作詞者…三木露風(みきろふう)　作曲者…山田耕筰(やまだこうさく)　①まぼろしか(幻か)　②　とまっているよ　(2)　旋律・速度　(3)　＞(decrescendo・diminuend・decresc.・dim.)

(4)　姐やの温かいぬくもりを感じながら背負われていることから，どこか母親への思いが重なって寂しさもある複雑な気持ちを「p」で柔らかく表現し，その切ない感情があふれている様子を，その後のクレッシェンドにつなげていきたい。　(5)　ア・イ(ア)・ウ(ア)

(6)　①　ア　②　エ

〈解説〉(1)　「赤とんぼ」は歌唱共通教材の1つである。他の歌唱共通教材に関しても，作詞者，作曲者，歌詞及びその意味を確認しておくことが望ましい。「赤とんぼ」の歌詞は作詞者の幼少期をもとに書かれたと言われている。　(2)　音楽を形づくっている要素は，中学校学習指導要領で，音色，リズム，速度，旋律，テクスチュア，強弱，形式，構成が挙げられている。中学校学習指導要領解説で詳細に説明されているので確認しておこう。会話は，旋律に着目した上で，音程や歌い方や雰囲気について展開されている。会話の後半では，雰囲気の根拠として強弱も着目された。　(3)　「赤とんぼ」に限らず，歌唱共通教材については，構成や形式や強弱も確認しておこう。また，ピアノ伴奏との関連にも着目し，楽曲全体への理解を深めたい。　(4)　生徒Dは会話より，歌詞に着目し，表現の工夫を考えている様子がわかる。そのため，一番の5小節目では，「負われて見た」の歌詞の意味を踏まえて表現の工夫を行うのが妥当である。「負われて見た」は「(作詞者が幼い頃，子守をしていたお姐さんに)背負われて(赤とんぼを)見た」という意味である。　(5)　アは歌唱分野における「思考力，判断力，表現力等」に関する資質・能力，イは歌唱分野における「知識」に関する資質・能力，ウは歌唱分野における「技能」に関する資質・能力である。それぞれの項目について学習指導要領解説を参照し，確認しておこう。教材とそこで指導すべきポイントを関連付けて把握しておこう。　(6)　内容の取扱いと指導上の配慮事項は，(1)から(10)の事項で示されている。これらは単独で取り扱うのではなく，内容の指導と

適切に関連付けて取り扱う。

【4】(1) ア 都節(みやこぶし)音階 イ 民謡(みんよう)音階
ウ 沖縄(おきなわ)音階・琉球(りゅうきゅう)音階
(2) ア「夏草や 兵どもが 夢の跡」
略

「夢の跡」を表現するための工夫…「夢の跡」を表現するために，他の旋律部分より音の高さを低くし長い四分音符を使い，戦い後の風景を見ながら，過ぎ去った時間に思いを馳せている様子を出した。
イ「閑かさや 岩にしみ入る 蝉の声」
略

「岩にしみ入る」を表現するための工夫…「岩にしみいる」を表現するために，言葉の抑揚に合わせながら高音から低音への八分音符を用いて動きを感じさせる旋律にした。また，他の部分に四分音符等の長い音価の音符にして，「岩にしみいる」部分の動きを強調した。

〈解説〉(1) その他，日本の音楽には律音階などがある。それぞれの音階の構成及び用いられる場面やその歴史的背景を確認しておこう。
(2) 条件を十分に確認したうえで，旋律の創作を行う。特に注意したいのは，③の音域である。中学生の実態を知り，男子の音域について把握しておく必要がある。指定された旋律は4小節であるため，時間をかけたり，複雑にすることなく作曲し，創作の工夫点を説明できれば良い。普段から旋律づくりの経験を積むことで，このような問題には十分に対応することができる。

【５】(1)　①　表したいイメージ　　②　素材　　③　重なり方
　　(2)　略

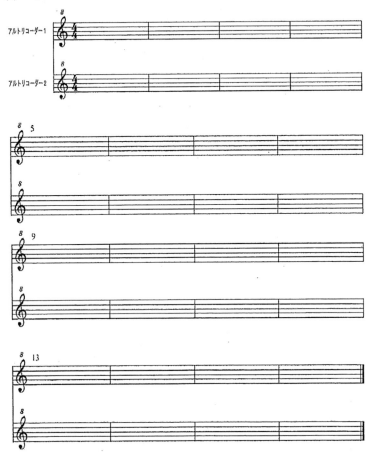

〈解説〉(1)　アは創作分野における「思考力，判断力，表現力等」に関
　する資質・能力，イは創作分野における「知識」に関する資質・能力，
　ウは創作分野における「技能」に関する資質・能力である。どこを問
　われても解答できるように，十分読み込んでおこう。学習指導要領解
　説などを参照し，それぞれのねらいを確認しておくこと。そのうえで，

どのような授業が実践可能なのか具体的に考えることにより，理解が深まる。「音素材」は楽器や声だけではなく，身の回りのあらゆる音が含まれる。創作は楽器や五線譜を用いてなされることが多いが，音素材及び記録方法を柔軟に捉えることにより，可能性が拡がる。

(2) 対位法と転調に慣れておくことで対応できる問題である。教員採用試験では，実際に音を出して確認することができないため，普段から様々な場面を想定した作曲や編曲を行い，感覚を養うことが望ましい。過去問で傾向をみて練習を重ねよう。

2021年度　実施問題

【中学校】

【1】第3学年「歌詞が表す情景や心情を思い浮かべて歌おう」の題材において，「荒城の月」を扱った。第1時は，歌詞の内容を把握し，音読したり，歌ったりした。この第2時では，どのように歌うかについて思いや意図をもつことを目標にして授業を行った。【歌詞】，1班の【会話】，終末でまとめた1班の生徒の【ワークシート】の記述を読み，あとの問いに答えなさい。

【歌詞】

一
春高楼の花の宴
めぐる盃影さして
千代の松が枝わけ出でし
（　①　）

二
秋陣営の霜の色
鳴き行く雁の数見せて
植うるつるぎに照りそいし
（　①　）

三
今荒城の夜半の月
変わらぬ光たがためぞ
垣に残るはただかずら
松に歌うはただあらし

四
天上影は変わらねど
栄枯は移る世の姿
写さんとてか今もなお
ああ荒城の夜半の月

【会話】1班の前半

生徒A	暗くて、重苦しい曲だよね。暗いのは短調だからかなぁ？
生徒B	歌詞のせいもあるのかな？いつの世も栄えたり、衰えたりするみたいなことを言っているよね？国語で学んだ『平家物語』冒頭の「諸行無常」に似ているかも！
生徒C	歌詞をよく読むと、この曲は歌詞の区切れるところがわかりやすいよね。
生徒A	あっ、歌詞の文字数に規則性がある！
生徒C	何だったかな？（　②　）調って言ったよね。前に歌った（　③　）と同じだね。
生徒B	じゃあ、（　②　）調の歌詞を生かして、2小節のまとまりを意識して歌いたいね。 （この後も話し合ったり、歌って試したりしながら歌い方を考えた。）

【ワークシート】終末でまとめた1班の生徒の記述

(1) （ ① ）〜（ ③ ）に当てはまる語句を書きなさい。ただし，③はこの楽曲と同じ作曲者による中学校歌唱共通教材の曲名を入れること。

(2) 【会話】の下線部を表している歌詞を抜き出しなさい。

(3) 【会話】と【ワークシート】から1班が着目した音楽を形づくっている要素を「リズム」以外に二つ書きなさい。

(4) 【歌詞】一番について【ワークシート】のような考えをもった生徒に，【歌詞】四番についても表現を工夫させたい。【歌詞】四番の終わりの2小節について，生徒はどのような思いや意図をもつか予想して書きなさい。

(5) 第3時に次の【楽譜】を生徒に示し，【ワークシート】に載せた楽譜と比較した。

山田耕筰　補作編曲

【楽譜】 Lento doloroso e cantabile

ア　【楽譜】と【ワークシート】に載せた楽譜を比較し，違いを二つ書きなさい。

イ　【ワークシート】のAと【楽譜】のBを比較し，生徒はAの部分についてどんなことを知覚し，その働きが生み出す特質や雰囲気などのように感受するか，一番から四番までの歌詞の内容を踏まえて予想して書きなさい。

(6)　第3時で表現を工夫して歌う練習をしていた時に，生徒が「最近低い音が出しにくい」と相談にきた。このような生徒に対して，「中学校学習指導要領(平成29年3月告示)　第2章　第5節　音楽」に示された「第3　指導計画の作成と内容の取扱い」を参考に指導した。(　　)に当てはまる語句を書きなさい。

> 2　(2)　イ　変声期及び変声前後の声の変化について気付かせ，変声期の生徒を含む全ての生徒の心理的な面についても配慮するとともに，変声期の生徒については適切な(　①　)と(　②　)によって歌わせるようにすること。

(☆☆☆◎◎◎)

【2】「日本の伝統音楽を親しもう」の題材において，地元の祭典で演奏されている「篠笛」を取り上げ，実際に吹く授業を構想した。以下の問いに答えなさい。

(1)　教師は，生徒たちが地元の夏祭りで演奏している篠笛をより身近

な楽器として感じてほしいと願い,「中学校学習指導要領(平成29年3月告示) 第2章 第5節 音楽」に示された「第3 指導計画の作成と内容の取扱い」を参考に授業を行いたいと考えた。(①)と(②)に当てはまる語句を書きなさい。

> 2 (1) ア 音楽活動を通して,それぞれの教材等に応じ,音や音楽が(①)に果たす役割を考えさせるなどして,生徒が音や音楽と(①)や(②)との関わりを実感できるよう指導を工夫すること。なお,適宜,自然音や環境音などについても取り扱い,音環境への関心を高めることができるよう指導を工夫すること。

(2) 次の「たこたこあがれ」の【楽譜】で,初めのラの音の運指を黒く塗りつぶしなさい。

「たこたこあがれ」

【楽譜】

音の高さは八本調子の場合

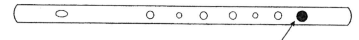

※笛を支えるために押さえる

(3) 篠笛の演奏において,同じ指を一瞬離してすぐにふさぐ奏法を何というか,書きなさい。

(☆☆☆☆◎◎◎◎)

【3】文化祭で吹奏楽部が演奏した『星に願いを』を聴いた生徒から,「アルトリコーダーで旋律を吹いてみたい」と申し出があった。生徒から渡された楽譜はB♭ Clarinet のパート譜で,次の楽譜はその一部である。この生徒が,吹奏楽の演奏に合わせてアルトリコーダーを吹け

るように1～4小節を移調しなさい。

　また，生徒から演奏するに当たってのアドバイスを求められた。次の【楽譜】においてどのようなアドバイスをしますか。「フレーズ」と「ブレス」に着目して書きなさい。

星に願いを　　　　　　　　　　　B♭ Clarinet
【楽譜】

(☆☆☆◎◎)

【4】第3学年で，連作交響詩「我が祖国」から「ブルタバ(モルダウ)」を扱い，鑑賞の授業を行った。

　次の，【中学校学習指導要領】，【楽譜】，【会話】を参考に，あとの問いに答えなさい。

　なお，会話中に出てくる楽譜A～Gは【楽譜】に示されているアルファベットである。

【中学校学習指導要領】

> 中学校学習指導要領(平成29年3月告示)　第2章　第5節　音楽
> 　「第2　各学年の目標及び内容」における「第2学年及び第3学年　2内容　B鑑賞」
> (1)　鑑賞の活動を通して，次の事項を身に付けることができるよう指導する。
> 　ア　鑑賞に関わる知識を得たり生かしたりしながら，次の(ア)から(ウ)までについて考え，音楽のよさや美しさを味

　　　わって聴くこと。
　　　（ア）　曲や演奏に対する評価とその根拠
　　　（イ）　生活や社会における音楽の意味や役割
　　　（ウ）　音楽表現の共通性や固有性
　イ　次の(ア)から(ウ)までについて理解すること。
　　　（ア）　曲想と音楽の構造との関わり
　　　（イ）　音楽の特徴とその背景となる文化や歴史，他の芸
　　　　　術との関わり
　　　（ウ）　我が国や郷土の伝統音楽及び諸外国の様々な音楽
　　　　　の特徴と，その特徴から生まれる音楽の多様性

【楽譜】

E 聖ヨハネの急流

金管楽器, チェロ, コントラバス

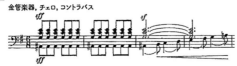

F 幅広く流れるブルタバ

木管楽器, ヴァイオリン

G ビシェフラトの動機

フルート, ピッコロ

(実際は1オクターヴ上)

【会話】

①	先　生	今日は、音楽の特徴について考えてみましょう。まずは、鑑賞してどのようなことを感じましたか。また、その理由を聞かせてください。
②	生徒A	楽譜Aは「*p*」が多くて、水がチョロチョロ流れている感じだね。
③	生徒B	そうだね。使っている楽器もフルートと（　①　）で、二つの小さな川の流れを表現しているようだな。
④	生徒C	その後のところは、水が集まってきて一つの川になったみたい。
⑤	生徒B	主旋律はヴァイオリンとオーボエになったね。
⑥	生徒D	その場面は旋律が「*p*」でメロディーが上がったり、下がったりしているよ。
⑦	生徒C	なんだか暗くて悲しいメロディーだね。それが何回も繰り返されているよ。
⑧	先　生	そのメロディーはチェコの（　②　）を変形させて使っているのです。
⑨	生徒A	チェコの（　②　）を使って川や情景を表したなんて、スメタナの祖国への思いを感じるよな。
⑩	生徒B	楽譜Dの最初は、フルートの柔らかく細かい音と、弦楽の中で一番高い音が出る（　③　）の長い音が聞こえてくるよ。
⑪	生徒C	2種類の楽器で「月の光」と「水の精」を表していたんだね。
⑫	生徒A	楽譜Eは急流って書いてあるだけあって、水しぶきが上がる様子などを色々な（　④　）を使って表していて、とても力強かった。
⑬	生徒D	Aさんの言っている（　④　）は例えば、シンバルやティンパニ、重厚感のある大太鼓などのことだよね。
⑭	生徒C	楽譜Fは最初と同じようなメロディーが出てくるよ。
⑮	生徒A	でも、「*ff*」になっているから、最初よりも明るい感じがするんだよね。

⑯	生徒D	そうだよね。楽譜Gもたくさんの楽器を使っていて、メロディーもすごく堂々としている。曲の後半は明るくなったね。
⑰	生徒B	楽譜Gに「ビシェフラト」って書いてあるけど、これって何だろう？
⑱	先 生	実は、スメタナが活躍していた時代のチェコは現在のような独立国家でなく、オーストリアの強い支配を受けていました。チェコの人々は母国語さえ話すことを禁じられていたそうです。だから、チェコの人々は「自分たちの言葉を話そう」「独立した国家を作ろう」と強く願っていたのです。 今、みんなが気付いた音楽の特徴やスメタナの祖国への思いをまとめてみましょう。

(1) 曲名に示されている「交響詩」についての説明文としてふさわしいものを、次の①〜④より選び、記号を書きなさい。また、この曲以外の交響詩の曲名と、その作曲者名を書きなさい。

① オーケストラのための大規模な器楽曲である。複数の楽章からなり、多くはソナタ形式の楽章を含んでいる楽曲のこと。

② 楽曲の柱となる旋律の部分で、全員で演奏する楽曲のこと。

③ 音楽で物語を進めていく舞台芸術である。音楽の他に、演劇、舞踊、文学、美術などの要素も関わり、総合芸術と呼ばれている音楽のこと。

④ 19世紀の中頃に成立した、自然や文学的な内容などを、オーケストラを用いて自由な形で描く音楽のこと。

(2) 【会話】の内容について、次のア〜エの問いに答えなさい。

ア （ ① ）〜（ ④ ）に当てはまる語句を書きなさい。

イ 生徒が着目している音楽を形づくっている要素を、旋律以外に二つ書きなさい。

ウ 会話⑰生徒Bの発言「ビシェフラト」とは何を指しているか、次の①〜④から選び記号を書きなさい。

① スメタナが住んでいた街に流れている川の名前

② ブルタバ川に架かる橋の名前

③ プラハにある丘の城跡

④ 楽譜Dに出てくる水の精の名前

エ 次の時間では、本時で学んだことを各自がまとめ、仲間と論じ

合い，最後にもう一度鑑賞する時間を設定した。次の【資料】は，生徒Dがこの時間にまとめたものである。

　この題材において，主にどの内容を指導したかについて，前に示した【中学校学習指導要領】にある内容アとイに示された(ア)～(ウ)の中から二つずつ選び，記号を書きなさい。

【資料】

> スメタナはチェコの人々を代表して祖国への思いをこの曲に託し作曲したのだろう。つらく苦しいことばかりに目を向けるのではなく、チェコのこれからに対する"希望"を表現したかったのではないか。私がそう感じた理由は曲の後半が前半に比べてグッと明るく力強くなったことや♯が多く使われ音1つ1つがハッキリ聴こえたからだ。その音こそが独立への人々の思いを表現していると思う。

(3)　この曲の作曲者スメタナが活躍した時代では，スメタナ同様に民族色の豊かな音楽がしだいに多くなり，その流れの中でのちに「国民楽派」と呼ばれる作曲家たちが現れた。次の作曲者名と曲名の組み合わせの中から国民楽派に当てはまるものを二つ選び，記号を書きなさい。

①　ストラヴィンスキー：「ペトルーシュカ」

②　ホルスト：組曲「惑星」

③　バルトーク：「ルーマニア民族舞曲」

④　グリーグ：「ペールギュント第1組曲」

⑤　リムスキー＝コルサコフ：交響組曲「シェエラザード」

(☆☆◎◎◎)

【5】次の「中学校学習指導要領(平成29年3月告示)　第2章　第5節　音楽」に示された「第2　各学年の目標及び内容」における「第2学年及び第3学年　2内容　A表現」を読み，あとの問いに答えなさい。

(3)　創作の活動を通して，次の事項を身に付けることができる
　　よう指導する。

　　ア　創作表現に関わる知識や技能を得たり生かしたりしなが
　　　ら，まとまりのある創作表現を(　①　)すること。

　　イ　次の(ア)及び(イ)について，表したいイメージと関わらせ
　　　て(　②　)すること。

　　　(ア)　音階や言葉などの特徴及び音のつながり方の特徴

　　　(イ)　音素材の特徴及び音の重なり方や反復，変化，対照
　　　　などの構成上の特徴

　　ウ　(　①　)を生かした表現で旋律や音楽をつくるために必要
　　　な，課題や条件に沿った音の選択や組合せなどの(　③　)
　　　を身に付けること。

(1)　(　①　)～(　③　)に当てはまる語句を書きなさい。

(2)　学習指導要領のア，イ(ア)(イ)，ウを組み合わせ，第3学年で合唱
　　祭のスローガンに旋律を付けて簡単な合唱曲を創作する指導計画を
　　作成した。

> 合唱祭スローガン「Beautiful Harmony
> 　　　　　　　　～心をひとつに　想いを込めて～　」
> 【条件1】ハ長調　4分の4拍子　8～12小節の旋律にすること。
> 【条件2】女声と男声の混声二部合唱にすること。(第1学年か
> 　　　　ら第3学年の全校生徒が歌える音域を使う)

　ア　第1時に創作する合唱曲の例を生徒に提示したい。条件に従っ
　　て各パートの旋律をつくりなさい。

　〔留意点〕　・スローガン(副題を含める)を歌詞として，各旋律の
　　　　　　　下にカタカナで記入する。

　　　　　　・一文字で音の高さを変える場合は音符の下に「―」
　　　　　　　を入れる。

　　　　　　・スローガンの言葉は何度も使うことができる。ただ

しスローガンの言葉以外は使わない。

・主旋律以外のパートに「Ah―」「Uh―」「La―」やハ
ミング等を入れてもよい。

イ　アでつくった合唱曲について，表したいイメージと下線部(ア)
及び(イ)との関わりをそれぞれ書きなさい。

(☆☆☆◎◎◎◎)

【６】次の楽譜のコード進行と条件に従って，中学校2年生用のリコーダ
ー三重奏曲(ソプラノリコーダー，アルトリコーダー1・2)をつくりな
さい。

【条件1】ソプラノリコーダーとアルトリコーダー1は，三連符と16分
音符を入れて動きのある旋律にする。また，どちらかのパー
トに#または♭を1回以上入れる。

【条件2】アルトリコーダー2は，左手だけで出せる音と4分音符や2分
音符，付点2分音符を使い，動きが少ない旋律にする。

【条件3】すべてのパートに主旋律を2小節以上入れる。(主旋律の始ま
りに↘または↗を入れる)

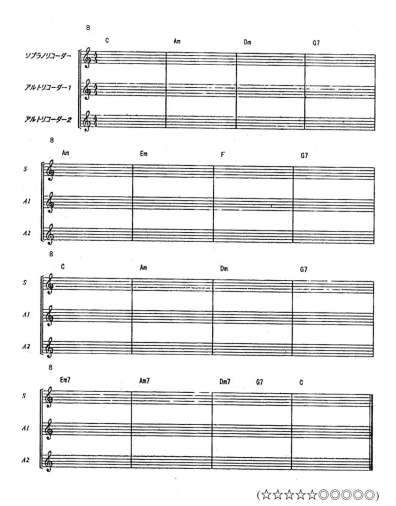

(☆☆☆☆☆○○○○○)

解答・解説

【中学校】

【1】(1)　①　昔の光今いずこ　　②　七五　　③　花　　(2)　栄枯は移る世の姿　　(3)　旋律，強弱(順不同)

(4)　(解答例)「ああ」という感嘆詞から「荒城の」にかけてクレシェンドをかけ，しっかり歌いあげておき，「夜半の月」でpにし，儚さを表現したい。　　(5)　ア(解答例)・【楽譜】はLento doloroso e cantabileという発想用語が示されているのに対し，【ワークシート】には速度記号であるAndanteのみが示されている。　・【楽譜】は四分音符が基本の音価であるのに対し，【ワークシート】は八分音符が基本の音価となっている。　　イ　(解答例)【楽譜】のBの部分は全音下がっているが，【ワークシート】のAの部分は半音のみ下がっている。これは調から逸脱した不安定な音であるため，世の無常感を表しているように感じる。　　(6)　①　声域　　②　声量

〈解説〉(1)　①　中学校歌唱共通教材の曲については，実際指導することを想定し，歌詞を覚えるのは勿論，現代語訳も併せて理解しておこう。　②　七五調とは，七音・五音の順番で繰り返す形式のことである。　③「荒城の月」は滝廉太郎による作曲である。共通教材の作曲者と作詞者は覚えておくこと。　(2)　この歌詞は，変わらない自然と，人の世の栄枯盛衰について歌っている。　(3)　ワークシートのスラーや矢印の書き込みから旋律について，ワークシート最後から2小節の記述等から強弱について着目していると読み取れる。中学校学習指導要領にあげられている音楽を形づくっている要素は，音色，リズム，速度，旋律，テクスチュア，強弱，形式，構成の8要素である。

(4)　ワークシートの記述と，4番の歌詞とを関連させて書くとよい。

(5)　【楽譜】は山田耕筰が補作編曲したものである。原曲との違いについての問題は頻出であるので，確認しておこう。　(6)　従前は，主に変声期の生徒に対する配慮について示されていたが，新中学校学習指

導要領解説では，変声前後の生徒に対する配慮も含めて示されており，より丁寧な配慮と指導が求められている。

【2】(1) ① 生活　② 社会

(2)

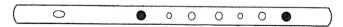

(3) 指打ち(さし指)

〈解説〉(1) 学習指導要領に記載されている文言について覚えるのは勿論，指導することを想定し，理解を深めておこう。　(2) ドからシはそれぞれ一から七で示されており，また，算用数字は漢数字の音より1オクターブ高い音を示すときに用いられる。篠笛の運指や記譜法だけでなく，他の和楽器についても覚えておこう。　(3) 指打ちは，同じ音が続くときに，そのつど吹き直さずに，押さえている指を指孔から一瞬離してすぐにふさぐ奏法である。尺八でも同様の技法を用いる。

【3】移調…

アドバイス…　(解答例) 1～2小節目，3～4小節目，5～8小節目のフレーズのまとまりを大切に演奏することがポイントである。オクターブの跳躍があるところで，高音が極端に大きくなってしまうとフレーズを感じにくくなるので，息のスピードをコントロールする必要がある。また，5～8小節目は長いフレーズであるので，5小節目前ではたっぷりとしたブレスをすることが重要である。

〈解説〉in B♭からin Cに書き直すには，長2度低くする必要がある。D durの楽譜をC durにする。さらに，音部記号の上に「8」がついていることにも留意して，オクターブの間違いがないよう気を付ける。

【４】(1)　記号…④　曲名…　(解答例) フィンランディア　作曲者名…　(解答例) シベリウス　(2)　ア　①　クラリネット　②　民謡　③　バイオリン(ヴァイオリン)　④　打楽器(パーカッション)　イ　強弱，音色(順不同)　ウ　③　エ　内容ア…(ア)，(イ)　イ…(ア)，(イ)

(3)　④・⑤(順不同)

〈解説〉(1)　交響詩についての問題は頻出である。その概念(標題音楽と絶対音楽)と歴史，主な作曲家と楽曲は学習しておこう。リストが最初に交響詩という名を使った。他には，スメタナ「我が祖国」，R.シュトラウス「ドン・ファン」，ドビュッシー「牧神の午後への前奏曲」など。(2)　ア　標題と楽譜を照らし合わせて聴いておこう。フルートとクラリネットで始まり，森の狩猟の場面ではホルンが使われていることも押さえておくとよい。もともとホルンは狩猟のために使われていた歴史をもつ。　イ　音楽を形づくっている要素としては，音色，リズム，速度，旋律，テクスチュア，強弱，形式，構成などがある。　ウ　ビシェフラトとは，プラハにある城壁で，かつてこの地の王の居城であったところである。　エ　生徒が記述した資料から，音楽表現の共通性や固有性，我が国の伝統音楽については触れられていないので除かれる。　(3)　国民楽派とは，民族固有の音楽語法や題材を用いて，民族に根差した音楽をつくりあげた人々のことである。国民楽派についての問題は頻出なので，ロシア，東欧，フランスの国民楽派の作曲家は書けるようにしておきたい。バルトークは民族主義の作曲家である。

【５】(1)　①　創意工夫　②　理解　③　技能

(2)　ア　(解答例)

イ （解答例）（ア）英語のアクセントが小節の強拍と一致するように
した。また，2拍3連符のリズムを反復させている。　　（イ）前半の4
小節は2声が同じリズムであるのに対し，後半の4小節は女声の旋律を
男声が追いかけるという対照的な構成にした。

〈解説〉(1)　創作に関する各学年の目標及び内容についての出題であっ
た。中学校学習指導要領解説を併せて学習しておこう。　　(2)　細かく
指示があるので，すべてを満たすように，条件に合った作曲をする必
要がある。本自治体では作曲の問題は毎年出題されているので，しっ
かり時間をとって様々な条件で練習しておきたい。

【6】(解答例)

〈解説〉アルトリコーダー2は「左手だけで出せる音」という指示がある
ので，ド・レ・ミ・ファ・ソのうち，コードの構成音や進行の都合を
考慮してベース音を配置する。その後，和声等を考えてソプラノリコ
ーダーとアルトリコーダー1を考えるとよい。作曲の問題は毎年出題
されているので，過去問をチェックし傾向を理解した上で練習を重ね
よう。

2020年度　実施問題

【中学校】

【1】〈放送による問題〉聴き取った音符・休符を書き，楽譜を完成させなさい。

(1)

(2)

(☆☆☆◎◎◎)

【2】〈放送による問題〉次の二重奏の楽譜が完成するように，聴き取った音符を書きなさい。

(☆☆☆◎◎◎)

【3】　ア　の会話と，使用した　イ　の楽譜を読み，問いに答えなさい。

ア		
第2時	教　師	「前時に学習したこの曲の形式を意識しながら、曲に合った歌い方を工夫しよう。」
		・・・・・・・・・・中略・・・・・・・・・・
	生徒A	「1、2、4段目は似ているけど、3段目だけ雰囲気が違うよね。そういえば、『主人は冷たい土の中に』もそうだったよね。」
	生徒B	「3段目は『くものさまよ』の『く』に向かって一気に歌いたくなるね。」
	生徒C	「そうだね。だから、3段目の『く』に f がついているんだね。」
	生徒B	「3段目は『く』に向かって、長いクレシェンドがついているよ。デクレシェンドも長くなっている。」
	生徒A	「1、2、4段目のクレシェンドとデクレシェンドは短いね。」
	生徒B	「1、2、4段目は、段の途中で音楽が切れていて、小さなまとまりが二つある感じがするよ。」
	生徒A	「3段目はまとまりも違う感じがする。」
	生徒C	「まとまりが大きいんじゃないかなあ。」
	生徒B	「最初は細かな動きで波を表していたけれど、3段目は雲や風で、もっと大きな動きを表したいんじゃないかな。」
	生徒C	「どのように歌えば、そんな情景を歌で表せるのだろう。」
		・・・・中略（対話と音楽活動を交互に繰り返していく）・・・・

(1) この曲の作曲者名を書きなさい。

(2) この曲の調性を書きなさい。

(3) この曲と同じ拍子の曲を，次から選び，番号を書きなさい。

　①　「赤とんぼ」　　②　「夢の世界を」　　③　「花」

④ 「サンタルチア」

(4) ア の会話から，子どもが着目した音楽を形づくっている要素を二つ書きなさい。

(5) ┊┄┄┄┄┊の部分の歌詞をすべて書きなさい。

(6) この曲をアルトリコーダーで演奏するため，次の運指表を準備した。

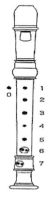

A	B	C	D	E
0	2	0	Ø	Ø
1	3	1	1	1
2	4	2	2	2
3	5	3	3	3
4	6	6	4	
		5	6	

ア 運指表D，Eの“Ø”のように，高音を出す時に，親指で裏穴(サムホール)にわずかな隙間をつくり，開き具合を操作することを何と言うか。カタカナで書きなさい。

イ イ の楽譜中aの音をアルトリコーダーで演奏する時の運指番号を運指表から選び，記号を書きなさい。

(7) 次の文は，「中学校学習指導要領(平成29年3月告示) 第2章 第5節 音楽」に示された第2 各学年の目標及び内容〔第2学年及び第3学年〕2内容 A表現の一部である。( )に当てはまる語句を書きなさい。

---

(1) 歌唱の活動を通して，次の事項を身に付けることができるよう指導する。

ア 歌唱表現に関わる知識や技能を得たり生かしたりしながら，曲に(①)歌唱表現を創意工夫すること。

イ 次の(ア)及び(イ)について理解すること。

```
（ア）（　②　）と音楽の構造や歌詞の内容及び曲の背景と
　　　の関わり
（イ）　声の音色や響き及び言葉の特性と曲種に応じた発声
　　　との関わり
ウ　次の(ア)及び(イ)の技能を身に付けること。
　（ア）　創意工夫を生かした表現で歌うために必要な発声，
　　（　③　）の発音，身体の使い方などの技能
　（イ）　創意工夫を生かし，全体の響きや各声部の声などを
　　　聴きながら他者と合わせて歌う技能
```

（☆☆☆◎◎◎）

【４】「和声と創意の試み」第1集「四季」から「春」の第1楽章について，
　　次の〈楽譜〉及び〈指導と評価の計画〉を読み，問いに答えなさい。
　　ただし，〈楽譜〉BからEは順序を入れ替えている。

〈楽譜〉
　A　春がやって来た。

　B　嵐がやむと、小鳥はまた歌い始める。

　C　黒雲と稲妻が空を走り、雷鳴は春が来たことを告げる。

86

D　小鳥は楽しい歌で、春を歓迎する。

E　泉はそよ風に誘われ、ささやき流れていく。

〈指導と評価の計画〉

時間	◆ねらい　○学習内容	評価規準・評価方法
1	◆音楽の雰囲気を感じ取りながら、楽曲の内容や構造を知り、「春」を形づくっている要素を知覚・感受する学習に主体的に取り組む。 ○短い詩を読みながら楽曲全体を聴き、音楽の雰囲気を感じ取るとともに、楽曲の内容や構造を意識する。	「春」の音楽を形づくっている要素と曲想との関わりに関心をもち、鑑賞する学習に主体的に取り組もうとしている。 【　①　】観察・ワークシート
2	◆各場面について音楽を形づくっている要素を知覚し、それらの働きが生み出す特質や雰囲気を感受する。 ○音楽を形づくっている要素を知覚し、それらの働きが生み出す特質や雰囲気を感受しながら各場面について話し合う。	「春」の音楽を形づくっている要素を知覚し、それらの働きが生み出す特質や雰囲気を感受している。 【鑑賞の能力】観察・ワークシート

時間	◆ねらい　○学習内容	評価規準・評価方法
3	◆第2楽章、第3楽章の音楽の特徴を捉えるとともに、学習を振り返りながら「春」の紹介文を書き、よさや美しさを味わって聴く。 ○第1楽章と比較しながら第2楽章、第3楽章を聴き、それぞれの音楽の特徴を捉える。 ○学習を振り返りながら紹介文を書き、よさや美しさを味わって聴く。	知覚・感受しながら、「春」の音楽を形づくっている要素と構造と曲想との関わりを感じ取って、解釈したり、価値を考えたりし、言葉で説明するなどして音楽のよさや美しさを味わって聴いている。　【　②　】ワークシート

(1)　この曲の作曲者名と作曲者が生まれた国名を書きなさい。

(2)　〈楽譜〉AからEには，短い詩が付けられている。この詩を何という かカタカナ4文字で書きなさい。また，〈楽譜〉BからEを正しい順 番に並べ替えなさい。

(3)　【　①　】と【　②　】に当てはまる評価の観点を次から選び，記 号を書きなさい。

　　ア　鑑賞の能力　　　　　　イ　音楽表現の技能

　　ウ　音楽表現の創意工夫　　エ　音楽への関心・意欲・態度
(4)　第1時と第2時の授業では，以下のような子どもの表れが見られた。
　　ワークシートの記述と授業中の会話を読んで，問いに答えなさい。

【第1時】ワークシートの記述
　　Aのメロディーが，B～Eにも何回も出てきて，とても楽し
そうな感じがした。CとEにもAの後半の部分が出てきたけど，
Aより音の高さが全体的に少し低くなっていた。B～Eの各メ
ロディーの終わりに必ずAが入ることで，曲全体にまとまりが
出ると思う。春が来た喜びを曲全体で表しているようだ。

【第2時】授業中の会話
生徒a　「音が細かく動いているけれど，穏やかな感じになっ
　　　　たね。」
生徒b　「楽譜を見ると，となり同士の音が行ったり来たりし
　　　　ているね。」
生徒c　「音符にはスラーが付いているから，滑らかな感じが
　　　　するね。」
生徒b　「最初のところは同じ動きを繰り返しているけれど，
　　　　音の高さが少し上がっていくね。」
生徒a　「細かい動きをしているけれど，やわらかさを感じる
　　　　よ。」

ア　第1時のワークシートと第2時の会話の中で子どもが着目した音
　　楽を形づくっている要素の組み合わせをそれぞれ次から選び，番
　　号を書きなさい。
　　①　音色・リズム　　②　音色・旋律
　　③　リズム・旋律　　④　音色・テクスチュア
　　⑤　強弱・構成　　　⑥　速度・強弱
　　⑦　旋律・形式　　　⑧　速度・形式
イ　第2時は曲のどの部分について会話をしているか，楽譜B～Eの

中から1つ選び，記号を書きなさい。

(☆☆☆◎◎)

【5】次の楽器と楽譜について，問いに答えなさい。

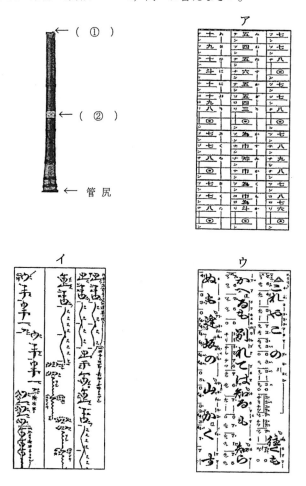

(「教育芸術社」「教育出版」の教科用図書から引用)

(1) （ ① ），（ ② ）の名称を書きなさい。①は，斜めに切り落と

されている部分を指す。

(2)　この楽譜をア～ウから選び，記号を書きなさい。

(3)　この楽器の1尺八寸管を吹くときの基本となる6音のうち，残りの4音をト音譜表に書きなさい。

(4)　(3)の6音以外を出すときに用いる奏法で，顎を引いて音高を下げる奏法名を書きなさい。

(5)　次の奏法のうち，この楽器の奏法に当てはまらないものを一つ選び，番号を書きなさい。

①　スリ上げ　　②　タマネ　　③　サワリ　　④　コロコロ

(6)　この楽器を扱う授業を鑑賞と器楽で構想する。

ア　鑑賞曲として最もふさわしいものを次から選び，番号を書きなさい。

①　六段の調　　②　五段砧　　③　巣鶴鈴慕　　④　越後獅子

⑤　小鍛冶

イ　息づかいや指づかい，首の動きを組み合わせて楽曲を吹く器楽の授業を展開する。そのために，アの鑑賞曲では，音楽を形づくっている要素のうち，「旋律」ともう一つの要素に子どもが着目できるようにしたい。もう一つの要素としてふさわしいものを書きなさい。

(7)　次の文は，「中学校学習指導要領(平成29年3月告示)第2章　第5節　音楽」に示された「第3　指導計画の作成と内容の取扱い　2　(6)」である。(　)に当てはまる語句を書きなさい。

> 我が国の伝統的な歌唱や(　①　)の指導に当たっては，言葉と音楽との関係，(　②　)や身体の使い方についても配慮するとともに，適宜，(　③　)を用いること。

(☆☆☆◎◎)

【6】次の楽譜は，ベートーヴェン作曲「交響曲第5番　ハ短調」の一部
を実音で書いたものである。この曲を鑑賞した吹奏楽部に所属する生
徒から「自分の楽器で演奏してみたいので楽譜を書いてほしい」と頼
まれた。第1主題をクラリネット(in B♭)で，第2主題をホルン(in　F)
で演奏できるように移調し，調号，音符，休符，記号を書きなさい。
実音が同じになるように移調して書きなさい。

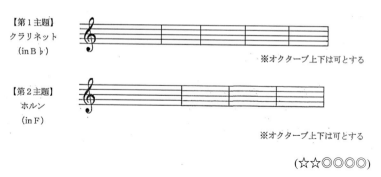

【第1主題】
クラリネット
　(in B♭)

　　　　　　　　　　　　　　　　※オクターブ上下は可とする

【第2主題】
　ホルン
　(in F)

　　　　　　　　　　　　　　　　※オクターブ上下は可とする

（☆☆◎◎◎◎）

【7】国語科で学習した和歌に合う旋律をつくる授業を構想した。
　(1)　次の条件を踏まえて，教師が手本を提示する曲をつくりなさい。
　　【条件】
　　①　次の和歌(百人一首)に合う旋律をつくる。
　　　「あしび(ひ)きの　山鳥(やまどり)の尾の　しだり尾の
　　　　　　　　　　　　長々し夜の　ひとりかも寝む」
　　②　次の音階を使い，8～12小節でつくる

③　中学生が無理なく歌える音域にする(記譜は，ト音譜表・ヘ音譜表どちらも可)

④　「長い夜」「一人の寂しさ」が感じられるような旋律になるように工夫する

⑤　歌詞はひらがなで書くこと。一つの文字の途中で音が変わる場合には，「あーー」のように音符の下に「－」を書くこと

(2)　条件④について，それぞれどのような工夫をしたか簡潔に説明しなさい

　　ア　「長い夜」を表現するための工夫

　　イ　「一人の寂しさ」を表現するための工夫

(3)　次の文は，「中学校学習指導要領(平成29年3月告示)第2章　第5節　音楽」に示された第2　各学年の目標及び内容〔第2学年及び第3学年〕2内容　A表現の一部である。(　　)に当てはまる語句を書きなさい。

(3)　創作の活動を通して，次の事項を身に付けることができ
るよう指導する。

ア　創作表現に関わる知識や技能を得たり生かしたりしな
がら，まとまりのある創作表現を創意工夫すること。

イ　次の(ア)及び(イ)について，表したいイメージと関わら
せて理解すること。

(ア)　音階や言葉などの特徴及び音の(　①　)方の特徴

(イ)　音素材の特徴及び音の重なり方や反復，変化，対照
などの構成上の特徴

ウ　創意工夫を生かした表現で旋律や音楽をつくるために
必要な，(　②　)や条件に沿った音の選択や組合せなどの
技能を身に付けること。

(☆☆☆☆◎◎)

【8】次に示した動機を用い，条件に従って，中学校2年生が演奏するた
めのアルトリコーダーの旋律をつくりなさい。また，その旋律に合わ
せて教師が演奏するピアノ伴奏もつくりなさい。

【動機】

【条件】

①　ヘ長調16小節の曲を創作する

②　動機を反復及び変化させる

③　アルトリコーダーの旋律に臨時記号を1回以上入れる

④　アルトリコーダーの旋律に合わせた変化のあるピアノ伴奏にす
る

(☆☆☆☆☆◎◎◎)

【高等学校】

【1】 放送による問題に答えなさい。

問1　8小節の単旋律を通しで6回演奏する。以下に書き取りなさい。

問2　4小節の4声を通しで5回演奏する。以下に書き取りなさい。

問3　ある作品の中の2曲を再生します。再生される曲を聴いて，次の
問いに答えなさい。なお，1曲につき1回の再生とします。

(1)　ホモフォニーと呼ばれる音楽形態の曲はア，イのどちらか。い
ずれか1つを選んで，記号で答えなさい。

(2)　この作品の作曲者名をカタカナで答えなさい。

(☆☆☆☆◎◎◎)

【２】【楽譜1】に示した作品について，あとの問いに答えなさい。

【楽譜１】

(1) 【楽譜1】中のアの音楽用語の意味を答えなさい。

(2) 【楽譜1】中のイ，ウの楽器名をカタカナで答えなさい。

(3) 【楽譜1】中の①～③の音程を答えなさい。

(4) 【楽譜1】中のエの和音の種類を答えなさい。

(5) 【楽譜1】の作曲者名をカタカナで答えなさい。

(6) 前記(5)の作曲家が活躍した時期に起こった事柄について，次のア

〜エの中から正しいものを全て選びなさい。

ア　ゲーテの小説「若きヴェルテルの悩み」が刊行された。

イ　フランスのロシア遠征，ナポレオンがモスクワのベルジナ川で敗れた。

ウ　世阿弥，観阿弥親子によって，能の基本的な形が整えられた。

エ　モネの絵「印象・日の出」が制作され，印象派という言葉が生まれた。

(☆☆☆○○○)

【3】【楽譜2】に示した作品について，あとの問いに答えなさい。

【楽譜2】

なない ろのたに をこえて　　ながれ ていく　かぜの リボン

(1)　【楽譜2】の作詞者，作曲者の正しい組み合わせを，次のア〜ウから1つ選んで，記号で答えなさい。

ア　作詞：江間章子　　作曲：中田喜直

イ　作詞：吉丸一昌　　作曲：中田章

ウ　作詞：江間章子　　作曲：團伊玖磨

(2)　授業中に【楽譜2】を見ていた生徒が「この曲は八分休符が多いね」と言った。この曲の八分休符がフレーズの流れに与えている効果について，50字以上80字以内で生徒に説明しなさい。

(3)　この曲を歌唱するために適した速度を次のア〜ウから1つ選んで，記号で答えなさい。

ア　♩=58 〜 60　　　イ　♩=72 〜 84　　　ウ　♩=110

(4)　この曲に込められた作者の願いや想いについて，曲が作られた時代背景と社会にとっての音楽の意味や価値を関連付けて，50字以上80字以内で説明しなさい。

(☆☆☆☆○○○)

97

【4】【楽譜3】と【楽譜4】に示した作品について，あとの問いに答えなさい。

【楽譜3】

【楽譜4】

(1) 【楽譜3】と【楽譜4】の曲名を次のア～エからそれぞれ1つずつ選んで，記号で答えなさい。

　ア　谷茶前　　イ　北国の春　　ウ　函館の女

　エ　茉莉花

(2) 【楽譜4】は男女の愛を花の美しさに託して歌った民謡である。どの国の民謡か答えなさい。

(3) 【楽譜3】のようなジャンルの曲を歌う際に用いられる，特徴的な歌唱法を具体的に書きなさい。

(4) 【楽譜3】【楽譜4】に共通する音階を，1点ハを第1音として全音符で書きなさい。

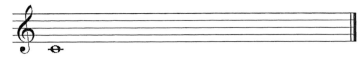

(5) 上記(4)の音階を用いて，生徒が創作の授業で変奏を学ぶための主題を4小節で作りなさい。

(☆☆☆☆☆◎◎)

【5】日本の伝統音楽について，あとの問いに答えなさい。

問1　尺八について，次の問いに答えなさい。

(1)　次の文章の（　①　）～（　⑤　）に当てはまる言葉を下の語群から選び，ア～ケの記号で答えなさい。

> 　近世の尺八は（　①　）宗の法器として発展した。虚無僧の（　②　）が，伝承されてきた曲を整理し，芸術音楽としての尺八音楽が広まった。明治時代になると，（　③　）が新作を次々と創作した。尺八のために作られた曲を（　④　）といい，尺八音楽でない曲を尺八で奏するものを（　⑤　）という。

語群

ア　黒沢琴古　　イ　八橋検校　　ウ　本曲

エ　内曲　　　　オ　外曲　　　　カ　初世中尾都山

キ　竹田出雲　　ク　普化　　　　ケ　真言

(2)　次のア～ウの中から尺八の曲をすべて選び，記号で答えなさい。

ア　鶴の巣籠　　イ　みだれ(乱輪舌)　　ウ　船弁慶

問2　篠笛について，次の問いに答えなさい。

(1)　篠笛の特徴的な奏法である「指打ち(打ち指)」について，説明しなさい。

(2)　篠笛で，ある音を1オクターヴ高く出す場合，どのように演奏するか説明しなさい。

問3　次に挙げる【楽譜5】から【楽譜8】と関連の深い楽器を下の語群から選び，ア～エの記号で答えなさい。

【楽譜５】

【楽譜６】

【楽譜７】

【楽譜8】

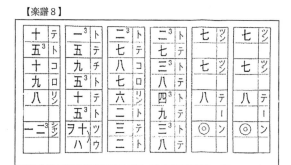

語群

ア　箏　　イ　尺八　　ウ　篠笛　　エ　三味線

(☆☆☆☆◎◎)

【6】【図1】は，ギターの種類や各部の名称をまとめたものである。あと
の問いに答えなさい。

【図1】

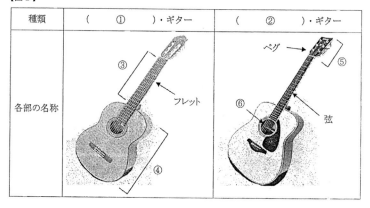

(1)【図1】(①)と(②)に当てはまる，それぞれのギターの名称
をカタカナで答えなさい。

(2)【図1】③〜⑥の示す各部の名称を次の語群から選び，ア〜カの記
号を答えなさい。

語群
ア　ヘッド　　　　　　　イ　ナット　　　ウ　ボディー
エ　サウンド・ホール　　オ　ブリッジ　　カ　ネック

(3)　【図1】①の楽譜には，弦をはじく指を示す指記号が記されている
　　ことがある。【図2】ア～オの指記号をアルファベットの小文字を用
　　いて，それぞれ答えなさい。

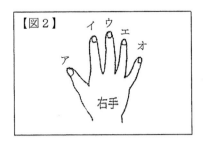

(4)　上の表①のギターの演奏には，主にアル・アイレ奏法とアポヤン
　　ド奏法の2種類がある。それぞれの奏法について説明をしなさい。

(5)　【楽譜9】をタブ譜に書き換えなさい。ただし，使用するフレット
　　は3フレットまでとする。

【楽譜9】

(☆☆☆◎◎◎)

解答・解説

【中学校】

【1】(1)

(2)

〈解説〉旋律聴音である。演奏される回数は大体4回なので，1回目で拍の頭の音を書きとり，2回目から間に正確な音とリズムを入れていく必要がある。最初の2回で音高とリズムは聴き取るように心掛け，残り2回で複雑なリズムや臨時記号を確認するとよい。シンコペーション，タイなどで拍の頭に音がないところは早めにチェックしておくこと。

【2】

〈解説〉二声聴音である。8分の6拍子なので，1拍目と4拍目の頭の音を上声部との重なりを確認しながらとっていく。2回目以降にその間の音とリズムをうめていく。臨時記号がもとに戻ったときの♮を書き忘れないようにする。

【3】(1)　成田為三　　(2)　ヘ長調　　(3)　②　　(4)　旋律，強弱

(5)　よするなみも　かいのいろも　　(6)　ア　サミング　　イ　B

(7)　①　ふさわしい　　②　曲想　　③　言葉

〈解説〉(1)　楽譜より，成田為三作曲，林古溪作詞の「浜辺の歌」と判断できる。　(2)　♭1つの調号をもつ調はヘ長調かニ短調だが，旋律最後の音がヘ音で終わっていることと短調の導音の半音上がりが見られないことから，ヘ長調と判断できる。　(3)　楽譜からも判断できるように拍子は8分の6拍子である。①「赤とんぼ」は，山田耕筰作曲，三木露風作詞，4分の3拍子。②「夢の世界を」が正答で，橋本祥路作曲，芙龍明子作詞，8分の6拍子。③「花」は瀧廉太郎作曲，武島羽衣作詞，4分の2拍子。④「サンタルチア」はナポリ民謡でバルカローレ(舟歌)のゆったりした4分の3拍子である。　(4)　「フォルテ」や「クレシェンド」など音の強弱について，音型を形づくる旋律の特徴について意見をだしている。　(5)　1番の歌詞は，朝浜辺を歩くと，昔のこと，風や雲の様子，そして波と浜辺の様子などを懐かしむ気持ちが沸き起こってくる，という内容である。　(6)　ア　英語で親指を指す「thumb」に由来する言葉で，リコーダーの裏側に1つだけある穴を全部押さえるのではなく，少しずらして押さえる親指の使い方のことである。　イ　運指表のAは変ロ音，Bが正答の嬰ト音，C(012356)(編集部註：設問では012365となっているが左記ではないかと思われる)はロ音，Dは変ロ音，Eはハ音である。　(7)　①　第1学年では，音楽を自分なりに評価しながらよさや美しさを味わって聴くことができるようにする，と自分なりの感じ方や表現について重視しているが，第2学年及び第3学年は多くの人が共通に感じるような曲固有の良さや特徴などを理解し，曲にふさわしい表現について工夫することが求められる。　②　歌唱分野における知識についての事項である。曲想，音楽の構造，歌詞の内容，曲の背景はそれぞれ関連するものであるので，一体的に理解を深め，音楽固有の雰囲気や表情，味わいなどがどのように生み出されているのかを捉えていく。　③　歌唱分野における技能に関する事項である。創意工夫を生かした表現をするために必要な，

発声，言葉の発音，身体の使い方などの技能を身に付けられるようにする。

【4】(1) 作曲者名…ヴィヴァルディ　国名…イタリア　(2) 詩…ソネット　順番…A→D→E→C→B　(3) ① エ　② ア
(4) ア　第1時…⑦　第2時…③　イ　E
〈解説〉(1)　ヴィヴァルディはヴェネツィア出身のヴァイオリニスト，作曲家であり，カトリック教会の司祭でもある。　(2)　「ソネット」は小さな歌という意味のイタリア語が由来である。第1楽章で8行分のソネットが使われており，2行ずつの詩で4つに分け，起承転結をなしている。「起」で春の訪れを喜んでいる小鳥たちが陽気に歌い，「承」で泉からあふれ流れる水の流れ，「転」で稲妻と雷鳴が激しく襲ってきて嵐が春の訪れを告げ，「結」では嵐が過ぎ去り，再び小鳥たちが春を謳歌して歌い始める様子を表わしている。　(3)　①　ソネットを読むなどして，曲の雰囲気を感じることをねらいとしている「音楽への関心・意欲・態度」になる。　②　1楽章を理解したうえで他の楽章と比較する，またはそれを言語化することで味わいが深まったりすることを促しているので，「鑑賞の能力」といえる。　(4)　ア　第1時の会話は旋律の動きとその効果，また旋律の現われ方とそのまとまりによる効果について話している。第2時は，音そのものの長さや特徴とその音の動き，旋律について話している。　イ　「となり同士の音が行ったり来たり」「音の高さが少し上がっていく」「穏やかな感じ」といった表現から水の流れを表わすEと判断できる。

【5】(1)　①　歌口　②　中継ぎ　(2)　イ
(3)

(4)　メリ　(5)　③　(6)　ア　③　イ　音色　(7)　①　和楽

　　器　　②　姿勢　　③　口唱歌

〈解説〉(1)　尺八の問題である。　①　尺八の歌口はフルートと同様，奏者が息の入れ方を調節しなければならないので，初心者が音を鳴らすのは難しい。　②　古くは1本の竹を切断せずに延管を作っていたが，現在は1本の竹を中間部分で上下に切断してジョイントできるように加工されている。　(2)　アは箏，ウは三味線の楽譜である。

(3)　手孔(指孔)が5つしかなく，基本音階は「ロ・ツ・レ・チ・リ」で「レ・ファ・ソ・ラ・ド」となる。　(4)　歌口に吹き込む角度が変わることによって音程を下げる。逆に顎を上げて音程を上げることをカリという。　(5)　①は指をするようにして指孔をあけることで，次の音とのつなぎをなめらかにする奏法。②はのどや舌を震わせて息を吹き込む奏法。③は三味線の奏法である。④は1孔と2孔を交互に素早く動かす奏法。　(6)　ア　①②は箏曲，④⑤は三味線の曲である。③は「そうかくれいぼ」と読む。流派により鶴の巣籠とも言われる，尺八の代表曲。鶴の親が子に対する愛情を表現した曲で，親鳥が雛を育てる巣籠り，雛が巣立つときの親子の別れが表わされている。

イ　音楽を形づくっている要素は「音色，リズム，速度，旋律，テクスチュア，強弱，形式，構成など」である。この中から楽器の奏法に興味，創意工夫を持たせるためには「音色」に注目させるのが適切である。　(7)　①　伝統的な楽器の指導なので，「和楽器」となる。②　和楽器は正座で演奏するものが多く，西洋の楽器とは違うので，姿勢や呼吸法などに十分な配慮が必要となる。　③　今回の改訂で新たに示された部分である。口唱歌は旋律やリズムだけでなく，奏法なども表わすことができる。我が国固有の旋律，間などの知覚・感受を促し鑑賞の学習や創作の学習にも有効である。

【6】

【第1主題】
クラリネット
(in B♭)

※オクターブ上下は可とする

【第2主題】
ホルン
(in F)

※オクターブ上下は可とする

〈解説〉B♭管のクラリネットは実音が長2度低いので，記譜は長2度上げて書く。元々の調がハ短調なので，これも長2度上げてニ短調となり調号は♭1つとなる。F管のホルンは実音より完全5度低いので，記譜は完全5度上げて書く。調も完全5度上のト短調となり調号は♭2つとなる。

【7】(1)(2)　解答略　　(3)　①　つながり　　②　課題
〈解説〉(1)　日本語のイントネーションに合わせて，音の跳躍が少なく，複雑なリズムではないが，和歌にはふさわしい旋律をつくる。中学生の音域は，平均で女子はへ音から二点ト音，男子はほ音から変ホ音。男女とも変声期があり，学年によっても変化するので，平均の中から，中域の音で作ることが好ましい。　(2)　半音階を上手く使う，音価が長いものを使うなど，工夫するとよい。　(3)　①　学習指導要領解説で，第1学年で「音のつながり方の特徴」を表わしたいイメージと関わらせて理解できるようにするとしているが，第2・3学年では「音階や言葉などの特徴」を加えている。　②　創作分野における「技能」に関する資質・能力に関する事項である。課題や条件にあった音の素材を選ぶ能力を身に付けることが求められる。

【8】解答略
〈解説〉アルトリコーダーの旋律にピアノ伴奏を作曲する問題である。アルトリコーダーの音域(一点へ音から三点ト音)に注意して，動機を主

題として展開，形式(T→S→D→Tなど)を意識して旋律をつくる。ピア
ノ伴奏はまずコード進行を作りその構成音を基に作っていく。4小節
ごとに，伴奏の音型を変えると変化がだしやすい(アルペジオ，音価を
変えるなど)。和声の禁止事項に気をつける。

【高等学校】

【1】問1

問2

問3 (1) イ (2) モーツァルト

〈解説〉問1 単旋律の聴音問題である。解答の楽譜で難易度を確認して
聴き取り練習をしておく。全体で6回演奏されるので，1回目で強拍の
頭の音は書き取り，次からその間をうめていく。拍の頭に音がない箇
所，臨時記号のついた音は早めにチェックする。音に動きのないとこ
ろは，長い音ののばしなのか，休符なのかの区別をしっかりとするこ
と。 問2 四声の聴音問題である。1回目にバス，2回目にソプラノ
を聴き取り，その間の音をうめていく。和声構造も考えると，最高音
と最低音がわかれば中間の音はある程度限られてくる。

問3 (1) ホモフォニーは一つの旋律に対して伴奏が加えられた音楽
である。モノフォニーは音楽歴史的に一番古いもので，グレゴリオ聖
歌など，単旋律の音楽。そこから，通奏低音が加わることにより，ホ
モフォニーへと進化していった。これに対して，独立した旋律が同時

に進行する，対位法的音楽をポリフォニーという。　(2)　モーツァルトはホモフォニーが主流だった時代に活躍した。ポリフォニーの代表的作曲家はバッハなどがあげられる。

【2】(1)　速く　甚だしくなく　そして　非常に　荘厳に
(2)　イ　ホルン　　ウ　ヴィオラ　　(3)　①　完全4度　　②　長6度
③　短2度　　(4)　長三和音　　(5)　チャイコフスキー
(6)　エ

〈解説〉(1)　速度標語と曲想に関する用語である。速度標語には意味を弱める語(non)が付いており，曲想用語には意味を強める語(molto)も付いているので書き落とさないように注意する。　(2)　イ　楽譜より金管楽器の一番上であることと，調号がないことで，トランペットと同じF管のホルンと判断できる。　ウ　楽譜より弦楽器のヴァイオリンとチェロの間，ハ音記号で記譜されているので，ヴィオラと判断できる。　(3)　①　ティンパニはin A♭・D♭・E♭でAsとDesの完全4度音程である。　②　ハ音記号でDesとBの長6度。　③　AsとGの短2度。
(4)　Des，F，Asで構成された長三和音と判断できる。　(5)　チャイコフスキー作曲「ピアノ協奏曲第1番」変ロ短調である。　(6)　チャイコフスキーが活躍したのは19世紀後半である。アは1774年，イは1812年，ウは14〜15世紀，エは1872である。

【3】(1)　ウ　　(2)　八分休符が出だしにあることで，旋律に流れが生まれる。そして，同じ構造を持つフレーズを繰り返すことで，音楽の推進力が高まる。(61字)　　(3)　イ　　(4)　戦争で荒廃した中にいる人々が，「なないろ」などの美しいものを表す歌詞と明るい旋律で，傷ついた心を癒したり，生きる希望を持ってほしいという願いが込められている。(79字)
〈解説〉(1)　江間章子作詞，團伊玖磨作曲の「花の街」である。アの組み合わせは「夏の思い出」，イの組み合わせは「早春賦」。　(2)　休符から始まることによって，アウフタクトのような効果があり，次の小

節への推進力が高まっている。それが何度も出てくるので，構造的な
リズムが生まれ，動的な印象になる。　(3)　楽譜を確認しておくこと。
アでは落ち着きすぎてしまうし，ウでは，八分音符が多いので歌いづ
らい。　(4)　戦後の昭和21年に作詞を依頼された江間章子は当時の焼
け野原の東京ではなく，あこがれの神戸の街を想像し，日本全土が花
の咲き乱れた美しい街になってほしいという願いを込めて書いた詩で
ある。

【4】(1)　楽譜3…イ　　楽譜4…エ　　(2)　中国　　(3)　・こぶしをま
わす。　　・装飾的な細かい節回しで歌う。　　・かすれ声やうなり
声などの特殊な発声で歌う。

(4)

(5)

〈解説〉(1)　楽譜3は，いではく作詞，遠藤実作曲の「北国の春」。千昌
夫の歌でレコード化された。楽譜4は，中国民謡の「茉莉花」である。
(2)　茉莉花の真っ白な花の美しさ，はかなさに思いをよせて歌ってい
る。　(3)　演歌や民謡の歌い方の最大の特徴は「こぶし」である。ま
たヴィブラートを用いた歌い方や「しゃくり」といった楽譜の音より
少し下の音をだしながら楽譜の音に持ち上げていくといった歌い方な
どもある。　(4)　どちらの旋律も音階の第4・7番目の音が抜けている
ので「ヨナ抜き」音階と判断できる。　(5)　変奏を学ぶための主題な
ので，旋律もリズムも単純なものにすること。変奏しやすいよう和声
の進行は考えること。主音で終わること。

【5】問1　(1)　①　ク　　②　ア　　③　カ　　④　ウ　　⑤　オ

(2)　ア　　問2　(1)　同音が続く場合に，タンギングによって音を切らずに，押さえている指で指孔をたたくように演奏する。　　(2)　指使いはそのままで，息を鋭く吹き込む。　　問3　楽譜5…エ

楽譜6…ウ　　楽譜7…イ　　楽譜8…ア

〈解説〉問1　(1)　①　尺八は奈良時代に中国から伝わり，雅楽の楽器として使用されるが後に雅楽では使われなくなり，江戸時代に普化宗の虚無僧が法器として使用した。　　②　黒沢琴古は江戸時代中期の尺八奏者で各地に伝わる普化宗尺八曲を集め，これをもとに「本曲三六番」を制定した。　　③　初代中尾都山(1876〜1956)は虚無僧として修行した後，1896(明治29)年に都山流を創始し，従来の古典尺八曲にはない新しい曲を作曲し，また合奏曲という新しい分野も開拓した。

④⑤　その楽器のみによる楽器本来の楽曲を本曲，それ以外の，他楽器との合奏のために尺八用に編曲したもの外曲と呼ぶ。　　(2)　琴古流本曲名は「巣鶴鈴慕（そうかくれいぼ）」。イは箏曲，ウは三味線の曲である。

問2　(1)　篠笛では同じ音を出す場合，西洋の楽器のようにタンギングを使わず，指で孔を打って音を切るのが特徴である。　　(2)　篠笛の音域は2オクターブ程度。低音域を呂音（りょおん）といい，そのオクターブ上の甲音（かんおん）を出す時は指使いはそのままで息を細く，速くして，オクターブ音をあげる。　　問3　楽譜5…口唱歌に「ツン・テン」があることから三味線と判断できる。　楽譜6…口唱歌と数字の横に書いてある線で篠笛と判断できる。　楽譜7…口唱歌の「ロ・レ」などから尺八と判断できる。　楽譜8…漢数字と口唱歌から箏と判断できる。

【6】(1)　①　クラシック・ギター　　②　フォーク・ギター

(2)　③　カ　④　ウ　⑤　ア　⑥　エ　　(3)　ア　p　イ　i

ウ　m　エ　a　オ　ch　　(4)　アル・アイレ奏法…弦をはじいた指が，隣の弦に触れないで，手のひらに向かって止まる奏法。

アポヤンド奏法…弦をはじいた指を，隣の弦に当てて止める奏法。

(5)

〈解説〉(1)　クラシック・ギターは19フレット，12フレットのところで
ボディーに接合されている。また弦はガット弦やナイロン弦が使われ
ている。糸巻が後ろ側に付いている。フォーク・ギターは21フレット，
14フレットでボディーと接合されている。弦はスチール弦が用いられ，
ピック弾きによる傷を防ぐためのピックガードがサウンドホールに沿
って張り付けられているものが多い。糸巻が横側に付いている。

(2)　③　ボディーからヘッドの間の部分。　④　ギターの共鳴本体部
分。　⑤　ネックの先端で，ペグや糸巻がある。　⑥　音をボディー
に響かせるための穴。　(3)　スペイン語で親指は「pulgar」，人差し指
は「indice」，中指は「medio」，薬指は「anular」，小指は「chico」とな
り，これらの頭文字が指使いとして用いられている。　(4)　アル・ア
イレはスペイン語「al aire」となり空気・空中という意味で，弦を弾
いた指は空中へという意味になる。アポヤンドはスペイン語で
「apoyando」となりもたれかかるという意味で，弦を弾いた指がとなり
の弦に止まる奏法になる。　(5)　タブ譜は横線がギターの弦を表わし，
一番上が1弦，一番下が6弦を表わす。縦線はフレットを表わし，弦上
の数字は押さえるフレット数を表わし，「0」は開放弦を意味する。一
つのフレットで半音ずつ上がっていく。リズム，音価は音符と同じよ
うに表わす。開放弦の音は下からEADGHEであるので，おぼえておく。

2019年度 実施問題

【中学校】

【1】〈放送による問題〉聴き取った音符・休符を書き，楽譜を完成させなさい。

1曲目

2曲目

(☆☆☆☆○○○○)

【2】〈放送による問題〉次のリコーダー四重奏の楽譜が完成するように，聴き取ったアルトリコーダーの音符・休符を書きなさい。

(☆☆☆○○○○)

【３】〈放送による問題〉演奏された伴奏を聴き取り，ア → クの順に
コードネームを書きなさい。

(☆☆○○○○)

【４】〈放送による問題〉聴き取った音楽に関連する曲名をⅠ群，作曲者
名をⅡ群，ミュージカルの作品名をⅢ群からそれぞれ選び，記号を書
きなさい。

― Ⅰ群 ―

A　エーデルワイス (Edelweiss)

B　トゥモロー (Tomorrow)

C　虹の彼方に (Over the Rainbow)

D　雨に唄えば (Singing in the Rain)

E　トゥナイト (Tonight)

F　チム チム チェリー (Chim Chim Cher-ee)

G　踊り明かそう (I Could Have Danced All Night)

H　メモリー (Memory)

― Ⅱ群 ―

A　フレデリック　ロウ (Frederick Loewe)

B　リチャード ロジャーズ (Richard Rodgers)

C　シャーマン兄弟 (The Sherman Brothers)

D　チャールズ ストラウス (Charles Strouse)

E　アーサー フリード (Arthur Freed)

F　ハロルド アーレン (Harold Arlen)

G　レナード バーンスタイン (Leonard Bernstein)

H　アンドリュー ロイド＝ウェバー (Andrew Lloyd Webber)

―Ⅲ群―

A　マイ フェア レディ (My Fair Lady)

B　メリーポピンズ (Mary Poppins)

C　オズの魔法使い (The Wonderful Wizard of Oz)

D　アニー (ANNIE)

E　サウンド オブ ミュージック (Sound of Music)

F　キャッツ (CATS)

G　ウエストサイド物語 (West Side Story)

H　ラ マンチャの男 (Man of La Mancha)

(☆☆☆☆○○○)

【5】次の文章と絵は「箏」についての説明です。それぞれの問いに答えなさい。

> 　箏は，奈良時代に唐から伝来しました。当初は主に雅楽で用いられていましたが，しだいに箏だけを伴奏楽器とする歌が生まれました。江戸時代になると，（　ア　）など目の不自由な音楽家たちが箏を演奏するようになり，数多くの曲をつくりました。これが現在「箏曲」と呼ばれている音楽の基本になっています。似ている楽器として「琴」がありますが，「琴」では（　イ　）を用いません。

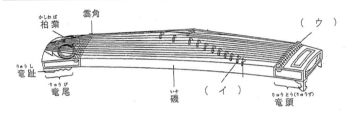

(1)　（　ア　）～（　ウ　）に適切な語句を書きなさい。

(2)　右手で弾いたあと，左手で糸を（　イ　）の方に引き寄せて糸の張力を緩め，音高を半音程度下げたあと，元に戻す「奏法名」を書きなさい。

(3)　一の糸を「ホ音」にした場合の平調子を，全音符で五線譜に書きなさい。また，（　）にあてはまる糸の名称を書きなさい。

(4)　(3)の平調子内には「都節音階」が用いられています。連続する6音の糸の名称を書きなさい。

(☆☆☆◎◎◎)

【6】歌舞伎について，それぞれの問いに答えなさい。

(1) 加賀の国，安宅の関所を舞台とした演目名を書きなさい。

(2) 演目の見せ場で役者がポーズを決めて静止し，首を回したり目玉を中央に寄せたりする動作を書きなさい。

(3) 次にあるように，紅や墨などの色彩で，一定の型に顔面を彩る特殊な化粧法を書きなさい。

(4) 次の文は，「中学校学習指導要領(平成20年3月)　第2章　第5節音楽」に示された第2学年及び第3学年の2　内容の一部である。（　　）にあてはまる語句を書きなさい。

B　鑑賞

(1) 鑑賞の活動を通して，次の事項を指導する。

ア　音楽を形づくっている要素や構造と曲想とのかかわりを理解して聴き，根拠をもって（　①　）するなどして，音楽のよさや美しさを味わうこと。

イ　音楽の特徴をその背景となる（　②　）・歴史や他の芸術と関連付けて理解して，鑑賞すること。

ウ　我が国や郷土の伝統音楽及び諸外国の様々な音楽の特徴から音楽の多様性を理解して，鑑賞すること。

(☆☆☆◎◎◎)

【7】次の創作に関する問題について，それぞれの問いに答えなさい。

(1) 次の文は，「中学校学習指導要領(平成20年3月)　第2章　第5節音楽」に示された第2学年及び第3学年の2　内容　A　表現の一部である。（　　）にあてはまる語句を書きなさい。

(3)　創作の活動を通して，次の事項を指導する。

　ア　言葉や(　①　)などの特徴を生かし，表現を工夫して旋律をつくること。

　イ　表現したい(　②　)をもち，音素材の特徴を生かし，反復，変化，対照などの構成や全体の(　③　)を工夫しながら音楽をつくること。

(2)　静岡県の名物や名所を紹介する混声三部合唱曲を創りなさい。歌詞に入れる名物や名所は，一つでも複数でも構わないが，下記の条件を満たすこと。

条件　1　Cdur，$\frac{4}{4}$拍子，16小節の曲にする。

　　　2　主旋律は，歌詞の言葉のリズムや抑揚を生かして創る。ただし，半終止，終止の部分はこの限りではない。

　　　3　反復・変化・対照の中から必ず一つを入れて旋律を構成する。

　　　4　複数のパートによるユニゾンは，4小節までとする。

　　　5　男声パートが主旋律になる部分を2小節以上創る。

　　　6　中学校3年生が無理なく発声できる音域で創る。

　　　※　主旋律が明確になるように，主旋律の始めの音に↗または↘を記入する。

　　　※　旋律の下または上に歌詞を記入する。歌詞・リズムが複数のパートで共通する場合は，すべてのパートに歌詞を書かなくてもよい。

　　　※　弱起で始める場合は，小節線を加えること。

(☆☆☆○○○)

【8】⑦の会話は, ⑦の楽譜を使って授業をしている場面である。それ
　ぞれの問いに答えなさい。

ア

	導入	教師	「３段目の音符を線でつないで１本の線にして、線の動きについて考えよう。」
			・・・・・・・・・中略・・・・・・・・・
		生徒A	「『咲いている』のところはなぜ *pp* なの。僕は *mp* で歌いたい。」
第２時			「なぜここだけとても弱く歌うのかな。導入でやったことを考えると、ここは変な感じがする。」
		生徒C	「そうだね。線が大きく下がっているわけでもないね。」
		教師	「では、『咲いている』の歌い方について考えてみよう。」
		生徒B	「とても弱く歌うだけでいいのかな。小さい花かもしれないね。」
		教師	「水芭蕉はどんな場所で咲いているの？どんな情景だろう。」
			・・・中略（対話と音楽活動を繰り返す）・・・
	終末	生徒A	「シュッとまっすぐ上に伸びて、芯の強い感じにしたいな。そのために、*pp* だけど言葉をはっきり発音して、『咲いている』の『る』が短くなり過ぎないように余韻を残して歌おう。」

(1) 曲名を書きなさい。また、この曲の舞台である「尾瀬」とは、３つの県の境にある尾瀬ヶ原のことである。県名を3つ書きなさい。

(2) 作曲者が、イ を作曲した背景について正しいものを次から選び記号を書きなさい。

> ア　尾瀬に旅行した時，一面に咲き誇る水芭蕉の美しさに感
> 動して作曲した
> イ　幼い頃に住んでいた尾瀬を懐かしむ気持ちを曲に表した
> ウ　当時は一度も尾瀬に行ったことがなかったが，詩の内容
> をイメージして作曲した
> エ　母の故郷である尾瀬に咲いている水芭蕉のことを聞き，
> 想像しながら作曲した

(3)　次の作品のうち，この作曲者の作品を選び，記号を書きなさい。
　　ア　赤とんぼ　　イ　めだかのがっこう　　ウ　ぞうさん
　　エ　この道

(4)　楽譜中〈Ⅰ〉の部分の2番の歌詞を書きなさい。

(5)　楽譜中〈Ⅱ〉の2番のリズムを書きなさい。

(6)　楽譜中〈Ⅲ〉の部分の音符と音楽記号を入れ，楽譜を完成させな
さい。

(7)　第2時で教師が着目させた音楽を形づくっている要素を2つ答えな
さい。

(8)　第2時の授業で，教師が指導した内容としてあてはまる内容を次
から選び，記号を書きなさい。

> ア　音符をつないだ線の動きを考えることで，音符の長さの
> 関係を意識して歌う
> イ　*pp*と*mf*を試すことで，きちんと楽譜通りの強弱で歌うこ
> とができるようにする
> ウ　希望に満ちた思いを叙情豊かに歌い上げるために，歌詞
> の内容を考えながら歌う
> エ　音楽を形づくっている要素をとらえ，情景を想像しなが
> ら表現を工夫する

(9)　点線部分の伴奏形としてふさわしいものを次から選び，記号を書
きなさい。

(☆☆☆◎◎◎)

【9】次の楽譜は，チャイコフスキー作曲「交響曲第5番　ホ短調　作品64　第2楽章」の一部分です。それぞれの問いに答えなさい。

(1)　作曲者の出身国名を書きなさい。

(2)　次の条件に従い，Sax.四重奏(Sop. Sax.　Alt. Sax.　Ten. Sax.　Bar. Sax.)の楽譜に書き換えなさい。

条件1　各楽器の演奏可能な記譜上の音域（　　　　　）とする。
条件2　1オクターブの上下移動はよい。

Sop.Sax.

Alt.Sax.

Ten.Sax.

Bar.Sax.

(☆☆☆☆☆○○○)

解答・解説

【中学校】

【1】1曲目…

2曲目…

〈解説〉聴音を苦手とする人も多いと思う。日頃から市販のCD付き問題集等を使って調性や拍を取る練習をしておくことが必要である。例えば，1題につき4回の放送があった場合，まず1回目の聴き取りで，その曲の調性と拍子と，できれば拍の頭の音を書き取る。この時，左手の指を動かしながら聴き取ると，拍節感がよく分かる。2回目に，1小節目と2小節目の聴き取りを行い記譜する。3回目に，3小節目と4小節目の聴き取りを行い記譜する。4回目に，今までに聴き損なった部分の聴き直しと全体の見直しをする，などの方法がある。

【2】

〈解説〉まず提示されている楽譜から読み取れる部分を確認する。ソプラノパートから，提示されている楽譜はホルストの組曲「惑星」の「ジュピター」であることがわかる。テナーとバスのリズムに動きが少ないことから，おそらくアルトもそうであろうと推測する。アルトの音だけを集中して聴き取る力が求められる問題である。

【3】ア　G　　イ　D　　ウ　Em　　エ　C　　オ　G　　カ　D
　　　キ　C　　ク　G
〈解説〉メロディー譜からコードネームを書き起こす問題である。コードネームは音楽科の教員として授業をするにあたって，とても重要なものであるので，試験対策だけでなく日頃からメロディー譜とコードネームだけで伴奏を付けられるように練習しておきたい。提示されている楽譜は小・中学校でよく演奏される「カントリーロード」である。

アとクはト長調(G dur)の楽譜ということから，コードネームはGだと
わかるはずである。後はそれぞれの音を基準にして，コードネームを
書き起こしていけばよい。

【4】(1) Ⅰ群…H　　Ⅱ群…H　　Ⅲ群…F　　(2) Ⅰ群…E
　　Ⅱ群…G　　Ⅲ群…G　　(3) Ⅰ群…A　　Ⅱ群…B　　Ⅲ群…E
　　(4) Ⅰ群…C　　Ⅱ群…F　　Ⅲ群…C

〈解説〉ミュージカルの作品名と作曲者と曲名を合致させる問題である。
　　選択肢にあるのは，高等学校で使用されている音楽の教科書に掲載さ
　　れているものが多い。一般的にも知られている有名なミュージカルも
　　多く含まれているので，日頃から積極的にミュージカルに親しんでお
　　く必要がある。その際には，曲中で流れている曲名と作曲者をメモし
　　ておき，作品名・作曲者名・曲名が紐付くように学習しておかなけれ
　　ばならない。

【5】(1) ア　八橋検校(「検校」も可)　　イ　柱(「箏柱」も可)
　　ウ　竜角(「りゅうかく」平仮名も可)　　(2) 引き色
　　(3)

一を「ホ音」にした場合
(ホ) 一 二 三 四 五 六 七 八 九 十 (斗) (為) (巾)

　　(4) 五　六　七　八　九　十

〈解説〉日本の音楽に関する問題で，箏は非常に出題率が高い。それは学
　　習指導要領で和楽器の指導について言及されており，その中で箏は親
　　しみやすい楽器だからである。　(1) 箏柱は，胴の上に立てて弦を支
　　えその位置によって音の高低を調節するもの。箏の各部分の名前は，
　　箏全体を竜の姿になぞらえて付けられている。演奏する側の先端部分
　　を竜の頭に見立てて「竜頭」，弦を支えている部分を「竜角」，弦を通
　　している穴の部分を「竜眼」という。記述式なので，名前は分かって
　　いるが漢字が分からないと得点できない。楽器名・作曲家名・曲名を

漢字で正確に書けるようにしておく必要がある。　(2)　箏には様々な奏法がある。以下のように，言葉から奏法がイメージしにくいものもある。　あと押し…左手の技法。ある弦を弾いた後でその弦を押し，余韻の高音を挙げる奏法。　すり爪…右手の技法。2指と3指の爪の裏側で隣り合った2本の弦を摺る。　(3)　箏の弦は全部で13本あり，一〜十まではそのままだが，最後の3つの弦は，斗・為・巾と名付けられている。ここでは最初の音をホ音(E)から始める通常の平調子を聞かれているので，それほど難しくないが，最初の音をニ音(D)にして書きなさいという出題がされる可能性もあるので，平調子の移調についてもあわせて学習しておくこと。　(4)　日本の音楽の場合，よく問われる音階は「民謡音階」「律音階」「都節音階」「琉球音階」である。この4つについては最低限，内容を理解しておくこと。移調したものを問われることもあるので，例えば都節音階なら短2度＋長2度＋長3度などというように，音程の度数としても覚えておくこと。

【6】(1)　勧進帳(平仮名も可)　　(2)　見得(平仮名も可)　　(3)　隈取り(平仮名も可)　　(4)　①　批評　　②　文化
〈解説〉(1)　歌舞伎の勧進帳は，中学校の鑑賞教材に挙げられている。「加賀の国」「安宅の関所」といったキーワードから，演目を答えられるようにしておくこと。日頃馴染みのないものが多いので，積極的に学習しておくべき分野である。　(2)　「見得を切る」という言葉は今でもよく用いられている。　(3)　隈取りは，顔の血管や筋を遠くからでもよく見えるように工夫した歌舞伎独特の化粧法である。　(4)　本問の同部分について，新学習指導要領(平成29年3月)　第2章　第5節音楽を見ると，「(1)　鑑賞の活動を通して，次の事項を身に付けることができるよう指導する。　ア　鑑賞に関わる知識を得たり生かしたりしながら，次の(ア)から(ウ)までについて考え，音楽のよさや美しさを味わって聴くこと。　(ア)　曲や演奏に対する評価とその根拠　(イ)　生活や社会における音楽の意味や役割　(ウ)　音楽表現の共通性や固有性」　イ　次のアからウまでについて理解すること。　(ア)　曲想

と音楽の構造との関わり　（イ）　音楽の特徴とその背景となる文化や歴史，他の芸術との関わり　（ウ）　我が国や郷土の伝統音楽及び諸外国の様々な音楽の特徴と，その特徴から生まれる音楽の多様性」と示されている。違いを確認しておくこと。

【7】(1)　①　音階　　②　イメージ　　③　まとまり　　(2)　解答略
〈解説〉(1)　本問の同部分について，新学習指導要領(平成29年3月)　第2章　第5節　音楽を見ると，「(3)　創作の活動を通して，次の事項を身に付けることができるよう指導する。　ア　創作表現に関わる知識や技能を得たり生かしたりしながら，まとまりの ある創作表現を創意工夫すること。　イ　次の(ア)及び(イ)について，表したいイメージと関わらせて理解すること。　（ア）　音階や言葉などの特徴及び音のつながり方の特徴　（イ）　音素材の特徴及び音の重なり方や反復，変化，対照などの構成上の特徴　（ウ）　創意工夫を生かした表現で旋律や音楽をつくるために必要な，課題や条件に沿った音の選択や組合せなどの技能を身に付けること。」と示されている。　(2)　条件が複数設定されているので，それらをすべて満たさなければならない。C durなので，基本のコードとして，C・F・G・G7が使われていれば不足はないだろう。先に主旋律を書いてしまい，その後で各々の条件を満たすように調整していく方が効率がよい。最後に主旋律に合った，条件に合致する歌詞を書けば完成である。歌詞づくりに時間を要しすぎないようにする。

【8】(1)　曲名…夏の思い出　　県名…群馬県，新潟県，福島県
(2)　ウ　(3)　イ　(4)　ゆれゆれる浮島よ
(5)

(6)

(7)　旋律，強弱　　(8)　エ　　(9)　ウ

〈解説〉(1)　イ に提示されている楽譜は，中学校の歌唱共通教材「夏の
思い出」である。尾瀬は福島県，新潟県，群馬県の3県にまたがる湿
原で，尾瀬国立公園に指定され，日本百景に選定されている。作詞者
である江間章子が尾瀬に咲き乱れる水芭蕉の美しさに感動して作詞
し，中田喜直が曲を付けた有名な歌曲である。　(2)　作曲者の中田喜
直は，作曲する時点では尾瀬に行ったことがなく，また江間章子との
面識もなかった。中田が尾瀬を初めて訪ねたのは，作曲してから約40
年後だったと言われている。　(3)　アの「赤とんぼ」は山田耕筰，ウ
の「ぞうさん」は團伊玖磨，エの「この道」は山田耕筰，従って正答
はイの「めだかのがっこう」である。　(4)　有節歌曲形式(1番や2番
がある曲)ではよく問われる問題である。特に歌唱共通教材については
頻出である。歌詞を確実に覚えておくこと。　(5)　1番と2番で微妙に
リズムが違う場合に出題されやすい問題である。歌詞が分かればリズ
ムを書くことは難しくない。2番の同部分は，「ゆめみて『におって』
いる水のほとり」である。　(6)　ソプラノパートの音符(主旋律)とフ
ェルマータを書けばよい。　(7)　ア で，教師の「～音符を線でつない
で1本の線にして～」の発問から旋律について着目させていることが
分かる。生徒Aの「～なぜ*pp*なの。僕は*mp*で歌いたい。」の発言から
強弱に着目している(させている)様子が読み取れる。　(8)　教師の
「水芭蕉はどんな場所で咲いているの？どんな情景だろう。」の発問か
ら，要素と情景を結びつかせようとしていることが分かる。

(9)　一段目とメロディーラインは同じだが，2段目の伴奏はスタッカ
ートが付いたものになることがこの曲の特徴である。歌唱共通教材に
ついては，こういう細かいところまで楽譜を読み込んでおく必要があ
る。

【9】(1)　国名…ロシア

(2)

〈解説〉(1)　チャイコフスキーはロシアの出身である。ロマン派の代表
　的な作曲家の1人である。　　(2)　まず，提示されている楽譜の中で移
　調楽器を探し，元の高さに戻さなければならない。ホルンは完全5度
　下に戻すので出だしの音はレ(D)となる。他のビオラ，チェロ，コント
　ラバスについては移調楽器ではないのでそのままでよい。そこからソ
　プラノサックスは長2度上に，アルトサックスは長6度上に，テナーサ
　ックスは長2度上に，バリトンサックスは長6度上に記譜をする。そう
　すると，ソプラノサックスの出だしの音はミ(E)となり，調性はE
　dur(#×4)となる(詳しく言うと，まずA durだったものを5度下げてD
　durにし，そこから2度上げるとE durになるということ)。アルトサック
　スは長6度上に記譜するわけだが，元の楽譜はハ音記号であることに
　注意する。つまり出だしの音はソ(G)ということになる。そこから6度

上に上げると，出だしの音はミ(E)となり，調性は先ほどと同じ要領で
やるとH dur(#×5)。テナーサックスも同様にD durから2度上げてE dur,
バリトンサックスも同様に6度上に記譜するとD durからH durとなる。
後はそれぞれの楽器の音域を確認して，最終的な記譜をすればよい。
移調楽器に慣れていないと，大変に手間のかかる問題である。

2018年度　実施問題

【中学校】

【1】〈放送による問題〉聴き取った音符・休符を書き，楽譜を完成させなさい。

(☆☆☆○○○)

【2】〈放送による問題〉聴き取った民族音楽に関連する名称をⅠ群，伝承されてきた国や地域をⅡ群，説明をⅢ群からそれぞれ選び，記号で答えなさい。

> －Ⅰ群－
> A　メヘテルハーネ　　B　ロマの音楽　　　C　ガムラン
> D　マリアチ　　　　　E　バラフォンの合奏　F　ケチャ

> －Ⅱ群－
> A　ハンガリー　　B　トルコ　　　C　西アフリカ
> D　メキシコ　　　E　インドネシア　F　ペルー

> －Ⅲ群－
> A　古くから伝わる軍楽隊。ズルナなどの管楽器や数種類の打楽器によって，大音量で演奏される。この軍楽隊の影響を受けて，ヨーロッパにブラスバンドが生まれたといわれている。
> B　この国に伝わる木琴による合奏。並べた板の下には，音を共鳴させるためのヒョウタンが取り付けられている。合奏では，太鼓などが加わることもある。拍子の異なるリズムを同時に演奏するのが特徴。
> C　ヴァイオリンやツィンバロムなどで演奏される。ツィンバロ

131

ムは，金属製の弦を2本の細いばちでたたいて鳴らす楽器。緩やかな部分と速い部分から構成される踊りの音楽がよく演奏される。

D　大衆的な楽団で，通常ヴァイオリンやトランペット，大小さまざまなギターで編成される。踊りの伴奏をしたり，歌を伴って演奏したりすることもある。

E　集団舞踏とその音楽。口で唱える短いリズムパターンを組み合わせて，複雑な音楽をつくり上げるのが特徴。

F　合奏の中心となるのは青銅製の打楽器で，地域によって楽器編成や様式が異なる。宮廷の音楽として発達し，現在も儀式などで演奏されているものもある。

(☆☆☆◎◎)

【3】次の文は，「中学校学習指導要領（平成20年3月告示）第2章　第5節　音楽」に示された，第1学年の内容の一部である。（　①　）〜（　⑦　）の空欄にあてはまる語句を書きなさい。ただし，同じ番号には同じ語句が入ります。

A 表現	(1) 歌唱の活動を通して，次の事項を指導する。	
	ア	歌詞の内容や（　①　）を感じ取り，表現を工夫して歌うこと。
	イ	（　②　）発声により，言葉の特性を生かして歌うこと。
	ウ	（　③　）や全体の響きを感じ取り，表現を工夫しながら合わせて歌うこと。
	(2) 器楽の活動を通して，次の事項を指導する。	
	ア	（　①　）を感じ取り，表現を工夫して演奏すること。
	イ	楽器の特徴をとらえ，（　④　）を身に付けて演奏すること。
	ウ	（　③　）や全体の響きを感じ取り，表現を工夫しながら合わせて演奏すること。
	(3) 創作の活動を通して，次の事項を指導する。	
	ア	言葉や音階などの特徴を感じ取り，表現を工夫して簡単な旋律をつくること。
	イ	表現したいイメージをもち，音素材の特徴を感じ取り，反復，変化，対照などの構成を工夫しながら音楽をつくること。

B 鑑賞	(1) 鑑賞の活動を通して，次の事項を指導する。
	ア　音楽を形づくっている要素や構造と曲想とのかかわりを感じ取って聴き，言葉で説明するなどして，音楽の（　⑤　）を味わうこと。
	イ　音楽の特徴をその背景となる文化・歴史や他の芸術と（　⑥　），鑑賞すること。
	ウ　我が国や郷土の伝統音楽及びアジア地域の諸民族の音楽の特徴から音楽の（　⑦　）を感じ取り，鑑賞すること。

（☆☆☆◎◎◎）

【4】次の文章は，「中学校学習指導要領解説　音楽編　（平成20年9月）第4章　指導計画の作成と内容の取扱い　2内容の取扱いと指導上の配慮事項」に示された〔共通事項〕の解説の一部である。（　①　）～（　③　）にあてはまる語句を下から選び，記号を書きなさい。

　　指導に当たっては，単にそれぞれの名称などを知るだけではなく，音楽活動を通してそれらの働きを（　①　）し，表現や鑑賞の学習に生かすことができるように配慮することが大切である。

　　（中略）

　「拍」は，音楽を時間の流れの中でとらえる際の基本的な単位である。小学校の音楽科における「（　②　）」の学習の上に立ち，例えば，拍が一定の時間的間隔をもって刻まれると拍節的なリズムが感じられることや，拍を意識することによってリズムや速度などの特徴を生かして表現を工夫することなどが考えられる。

　　（中略）

　「（　③　）」は，我が国の伝統音楽におけるリズムや速度に関する特徴的なものの一つである。例えば，（　③　）によって醸し出される雰囲気や味わいなどを表現や鑑賞の活動を通して感じ取ることなどが考えられる。

ア　節回し　　　イ　体感　　　ウ　問いと答え　　　エ　間
オ　縦と横の関係　カ　実感　　キ　知覚　　　　　ク　拍の流れ
ケ　コブシ

（☆☆☆◎◎◎）

133

【5】次の 資料1 と 資料2 は，中学校歌唱共通教材「花の街」の歌詞と楽譜の一部である。この楽曲について，各問いに答えなさい。

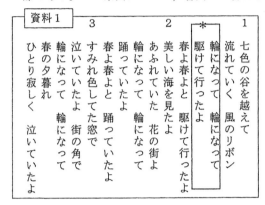

資料1

1
七色の谷を越えて
流れていく　風のリボン
＊輪になって　輪になって
駆けて行ったよ
春よ春よと　駆けて行ったよ

2
美しい海を見たよ
あふれていた　花の街よ
輪になって　輪になって
踊っていたよ
春よ春よと　踊っていたよ

3
すみれ色してた窓で
泣いていたよ　街の角で
輪になって　輪になって
春の夕暮れ
ひとり寂しく　泣いていたよ

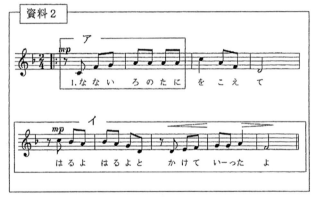

資料2

ア
mp
1. な ない　ろ の た に　を こ え て

イ
mp
は る よ　は る よ と　か け て　い一った　よ

(1) 中学校歌唱共通教材の中で，この楽曲の作詞者による楽曲名(「花の街」を除く)を書きなさい。

(2) この楽曲の作曲者による作品を次から選び，記号を書きなさい。
ア　歌劇「羅生門」　　イ　歌劇「金閣寺」　　ウ　歌劇「黒船」
エ　歌劇「夕鶴」

(3) 資料1 の1・2番の歌詞が表していることを次から選び，記号を書きなさい。
ア　幼い日に旅先で見た花に満たされた美しい風景や，楽しかった

思い出。

イ　今，目の前にある花に満たされた美しい風景や平和が，永遠に
　続くようにという願い。

ウ　春になり，光輝く木々や海を見て，希望に満ち溢れている様子。

エ　美しい花が中空に浮かんでいる，平和な幻想の街を思い描いて
　いる様子。

(4)　実際の授業の場面で，資料1 の□の部分を指しながら「ここを
　歌っていると，風が輪のように駆け抜けていく感じがする」と生徒
　が発言した。授業者としてこの発言を生かし，音楽を形づくってい
　るどの要素を取り上げ，授業を展開するか次から選び，記号を書き
　なさい。

ア　音色・構成　　イ　旋律・強弱　　ウ　和声・テクスチュア
エ　速度・形式

(5)　ギターで，資料2 のア部分を演奏する場合のコードダイヤグラ
　ムを次から選び，記号を書きなさい。

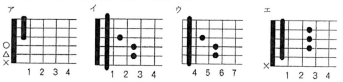

(6)　資料2 のイの部分の階名(移動ド唱法)を，片仮名で書きなさい。

(7)　この曲の下属調の導音を第3音とする調の完全5度上の音を主音と
　する調性を書きなさい。

(8)　知的な創作活動によって，何かを創り出した人に対して付与され
　る，「他人に無断で利用されない」権利であり，著作権や産業財産
　権等が含まれる権利を書きなさい。

(☆☆☆○○○)

【6】雅楽について，次の各問いに答えなさい。

(1)　雅楽について，次の①～②にあてはまる語句を書きなさい。

雅楽は，約1300年の歴史をもち，唐楽と高麗楽を伴奏とする舞踏

である(①)と，吹きもの，打ちもの，弾きものによって演奏される(②)がある。

(2) 次の平調「越天楽」を演奏する楽器の楽譜と，その楽器の特徴について話し合っている生徒の会話文を読み，問いに答えなさい。

生徒A　この楽器の音は，音が高くて「ウィー」っていう独特の音だね。

生徒B　そうだね。音に張りがあって力強い感じがする。

生徒A　それに，音を伸ばしていて，次の音に変わる時に音が少し下がる感じがするよ。

生徒C　音に飾りをつけている感じがするね。

生徒B　音が波打っている感じもするよ。

① 楽器名を答えなさい。

② 生徒たちは，音楽を形づくっているどの要素に着目したか，要素を2つ書きなさい。

(3) 平調「越天楽」の旋律をもとにつくられた，日本の民謡を書きなさい。

(4) 我が国の伝統音楽において，速度がしだいに速くなる構成や形式上の三つの区分を表すものとして用いられているものを書きなさ

い。

(5) 次の語句のうち，雅楽に関係しないものを次から選び，記号を書きなさい。

ア　塩梅　　イ　千秋楽　　ウ　やたら　　エ　打ち合わせ

オ　二枚目

(☆☆☆◎◎◎)

【7】次の楽譜はある楽曲の一部分です。この曲について，下の問いに答えなさい。

(1)　楽曲名を書きなさい。

(2)　オーボエパートとクラリネットパートを，次の条件に合うように男声四部合唱譜に書き換えなさい。

条件1　音高は，TenorⅠ→TenorⅡ→Baritone→Bassの順とする。ただし，同じ音高は可とする。

条件2　実音は変えないこととする。

(☆☆☆◎◎)

【8】中学校1年生2人でアルトリコーダー二重奏(アルトリコーダーⅠ・アルトリコーダーⅡ)をする。次の条件を踏まえて，8小節の二重奏曲をつくりなさい。また，その二重奏の旋律に合ったピアノ伴奏もつくりなさい。

137

条件1　次の動機を，反復及び変化させる。

動機

条件2　次の生徒の実態に基づき，条件①～③を満たすこと。

パート	生徒の実態	条 件
アルトリコーダー I	アルトリコーダーの演奏技能が高く、読譜や細かいリズムの旋律にも対応することができる。	① 臨時記号を1つ以上入れること。 ② 付点音符を2種類以上と三連符を1回以上うこと。
アルトリコーダー II	楽譜を読むことが不得手で、運指につまずきがある。	③ 左手だけの運指とすること。

条件3　ピアノ伴奏は，八分音符，付点音符を用いて，アルトリコーダー I・IIの旋律を生かしたピアノ伴奏とする。

(☆☆☆☆◎◎)

解答・解説

【中学校】

【1】1曲目…

2曲目…

138

3曲目…

〈解説〉聴音は限られた回数の中で正しくメロディーを聴き取ることが大切で，そのためには正しい拍感と音程感覚が必要である。日頃から聴音問題のメロディーを実際に歌うなどして，調と音程感覚をしっかり身に付け，流れてくるメロディーを聴いて拍を取る練習をしておく必要がある。また和音進行の知識も学んでおけば役立つ。大抵1問題につき4回の繰り返しがあるので，1回目で拍と調を感じ取りながら，各小節の1・2拍目の音ぐらいを書き取っておこう。2回目で大体の音とリズムを取り，3回目で臨時記号の音や複雑なリズムの箇所を仕上げ，4回目に全体の見直しができればよい。

【2】(1)　Ⅰ群　F　　Ⅱ群　E　　Ⅲ群　E　　(2)　Ⅰ群　A　　Ⅱ群　B　　Ⅲ群　A　　(3)　Ⅰ群　D　　Ⅱ群　D　　Ⅲ群　D　　(4)　Ⅰ群　E　　Ⅱ群　C　　Ⅲ群　B

〈解説〉民族音楽の聴き取り問題は，その伝統楽器や音楽形式を音で聴いていなければ判別がつきにくい。そのため知識として各地の伝統音楽の特徴を知るだけでなく，その音源と共に学ぶべきである。楽器や音楽の成り立ちはその地域の歴史や気候風土などに関係することが多いので，音楽以外の角度からも伝統音楽について学ぶ機会があると忘れにくく特徴をつかむことができる。

【3】①　曲想　　②　曲種に応じた　　③　声部の役割　　④　基礎的な奏法　　⑤　よさや美しさ（「良さ」漢字も可）　　⑥　関連付けて（「づけて」平仮名も可）　　⑦　多様性

〈解説〉①　直感で感じ取った内容について音楽を形づくっている要素や

構造とのかかわりにおいて再度とらえなおし，内容を深めていくことが必要である。　②　自国の伝統的な歌唱や諸外国の様々な音楽の特徴を表現できるような発声のこと。　③　それぞれの声部が音楽の構造においてどのような役割をもっているかということを考え，表現を工夫して歌うことがねらいになっている。　④　対象となる教材曲の表現に必要とされる楽器の基礎的な演奏方法のこと。　⑤　音楽によって喚起された自己のイメージや感情を意識し，確認する過程で音楽に対する感性が働き，より深く音楽を鑑賞できるようになること。　⑥　音楽は，その背景となる文化・歴史や他の芸術からの影響を受けており，それが音楽の特徴となって表れるので，これらのものとの関連性を大切にする。　⑦　様々な音楽の特徴を比較して聴き，共通点や相違点，あるいは固有性などから音楽の多様性を感じ取ることが大切である。

【4】①　カ　②　ク　③　エ

〈解説〉①　中学校3年間で取り扱う用語や記号の名称だけでなく働きを実感し，学習に生かすことが大切である。　②　小学校の共通事項で挙げられている高学年で取り扱う音楽を特徴付けている要素の1つである。　③　日本の伝統音楽における時間概念の用語である。何も音が鳴っていなくても，無音が奏でられていて意味があり，それを楽しむ日本独特の文化でもある。

【5】(1)　夏の思い出　　(2)　エ　　(3)　エ　　(4)　イ　　(5)　イ

(6)　ソファミファミレラ　ラシドレレミド　　(7)　ハ長調(Cdurも可)

(8)　知的財産権(知的所有権・無体財産権も可)

〈解説〉(1)　本問の「花の街」は江間章子作詞の作品である。　(2)　本問の作曲者，團伊玖磨作曲の作品を選ぶ。　(3)　「花の街」は戦後の混乱がまだ残る中で作曲された作品で，江間章子が「たくさんの人に夢をあたえるような詩を」という依頼を受け，あこがれだった神戸の街のイメージを基に日本全体の復興を願って書いた詩である。

(4) この歌詞の部分はクレッシェンドや同じ音型の繰りかえしなどが特徴的な部分である。 (5) アの部分はコードFである。 (6) 原調はヘ長調なので固定ドの読み方から4度下げる。 (7) 原調のヘ長調の下属調の導音イ音を第3音にする長調はハ長調である。 (8) 知的財産権は知的価値を守るための権利である。その中で，著作権には，複製権，上演権，演奏権などがある。

【6】(1) ① 舞楽 ② 管絃 (2) ① ひちりき ② 音色，旋律 (3) 黒田節 (4) 序破急 (5) オ

〈解説〉(1) 雅楽の演奏形態は舞に器楽演奏が伴う舞楽，器楽演奏の管絃，声楽を主にする歌謡に分けられる。 (2) ① 楽譜より，工尺譜で唱歌があり，メロディーライン上，ある音からある音が移る際，一旦音を下げてから目的の音へ移行する奏法の「塩梅」があるので，ひちりきと判断できる。 ② 音楽を形づくっている要素は，音色・リズム・速度・旋律・テクスチュア・強弱・形式・構成などである(中学校学習指導要領解説 音楽編 第2章 第2節 2の(2)の②参照)。生徒たちの会話より，どの要素に関係するか判断する。 (3) 酒盛りの歌としても有名な福岡県の民謡「黒田節」は，黒田藩の武士が七五調四句の今様形式の歌詞を作り，「越天楽」の節で歌ったものである。

(4) 「序破急」は日本の音楽，演劇など芸能における用語である。音楽では，「序」は「序吹」といわれる，非常にゆっくりとした無拍節の楽章，「破」は「序吹」より少し速くなった「延」といわれる拍子の楽章，「急」はそれよりもっと速くなった「早」といわれる拍子の楽章である。 (5) イは，平安時代に日本で作られた唐楽形式の曲。ウは，「八多羅拍子」という2拍子と3拍子の混合の拍子である。エは，京都・奈良・大阪の三方楽所が集まって演奏するときに，演奏法の違いを調整するために，打楽器から約束事を決めたこと。

【7】(1)　フィンランディア

(2)

〈解説〉(1)　楽譜より「フィンランディア賛歌」の旋律と判断できる。

(2)　オーボエは実音と記譜音が同じ高さだが，クラリネットB♭管は
実音が記譜音より長2度低い。実音で音高を比べると，高い順にオー
ボエの上のパート→クラリネットの上のパート→オーボエの下のパー
ト→クラリネットの下のパートとなる。テノールとバリトンの音部記
号の違いやオクターブ記号の書き忘れなどに注意が必要である。

【8】解答略

〈解説〉条件をすべて満たし，音楽的な禁止事項を使わず作曲すること。
複雑なものを作る必要はないが，音楽的にセンスのよいものであれば
よい。

2017年度　実施問題

【中学校】

【1】〈放送による問題〉聴き取った音符・休符を空いている小節に書き，楽譜を完成させなさい。

1曲目

2曲目

3曲目

(☆☆☆◎◎◎)

【2】〈放送による問題〉聴き取った楽器の名称を次のa～lの中から選び，記号を書きなさい。

　　a　鞨鼓　　　b　三味線　　c　龍笛　　　d　鉦鼓　　　　e　小鼓　　　f　笙
　　g　楽箏　　　h　篳篥　　　i　胡弓　　　j　釣太鼓　　　k　尺八　　　l　楽琵琶

(☆☆☆◎◎)

【3】次の文は，「中学校学習指導要領(平成20年3月告示)第2章　第5節　音楽」に示された，第1学年の目標と第2学年及び第3学年の目標である。①～⑥の空欄にあてはまる語句を書きなさい。ただし，同じ番号には同じ語句が入ります。

第1学年	第2学年及び第3学年
(1) 音楽活動の楽しさを体験することを通して，音や音楽への興味・関心を養い，音楽によって生活を明るく豊かなものにする態度を育てる。	(1) 音楽活動の楽しさを体験することを通して，音や音楽への興味・関心を(④)，音楽によって生活を明るく豊かなものにし，(⑤)にわたって音楽に親しんでいく態度を育てる。
(2) (①)な音楽表現の豊かさや美しさを感じ取り，(②)な表現の技能を身に付け，創意工夫して表現する能力を育てる。	(2) (①)な音楽表現の豊かさや美しさを感じ取り，表現の技能を(⑥)，創意工夫して表現する能力を高める。
(3) (①)な音楽のよさや美しさを味わい，幅広く(③)に鑑賞する能力を育てる。	(3) (①)な音楽に対する理解を深め，幅広く(③)に鑑賞する能力を高める。

(☆☆☆◎◎◎)

【4】次の(1)，(2)は，「中学校学習指導要領解説　音楽編(平成20年9月)第4章　指導計画の作成と内容の取扱い　2内容の取扱いと指導上の配慮事項」で示す歌唱共通教材の指導の一例である。それぞれの楽曲名と作曲者名を書きなさい。

(1) 原曲と山田耕筰の編作によるものとがある。人の世の栄枯盛衰を歌いあげた楽曲である。例えば，歌詞の内容や言葉の特性，短調の響き，旋律の特徴などを感じ取り，これらを生かして表現を工夫することなどを指導することが考えられる。

(2) 夏の日の静寂な尾瀬沼の風物への追憶を表した叙情的な楽曲である。例えば，言葉のリズムと旋律や強弱とのかかわりなどを感じ取り，曲の形式や楽譜に記された様々な記号などをとらえて，情景を想像しながら表現を工夫することなどを指導することが考えられる。

(☆☆◎◎◎)

【5】次の二つの楽譜は，ある歌劇の曲の一部である。この歌劇について，
各問いに答えなさい。

(1) この歌劇の作曲者名と活躍した時代を書きなさい。

(2) 歌劇は，音楽を中心として，演劇・舞踊・文学・美術など様々な
要素が密接に結び付いた芸術です。このような芸術は，何と呼ばれ
るか書きなさい。

(3) 我が国の伝統的な音楽において，(2)の芸術にはどのようなものが
あるか一つ書きなさい。

(4) 歌劇において，叙情的で旋律的な表現に富んでいる歌を何という
か書きなさい。

(5) Ⅰの楽譜中Bの音程を書きなさい。(例　完全5度)

(6) Ⅱの楽譜の曲名を書きなさい。

(☆☆☆◎◎◎)

【6】次の四つの楽譜は，ある民謡の一部である。民謡について，各問い
に答えなさい。

(1) 次の表のア～エに当てはまる語句を書きなさい。

	曲　名	都道府県名
A	谷茶前	（　ア　）
B	こきりこ節	（　イ　）
C	（　ウ　）	福岡県
D	（　エ　）	香川県

(2) Aの曲で使われている音階を次から選び，記号を書きなさい。

　　ア　都節音階　　イ　律音階　　ウ　民謡音階　　エ　沖縄音階

(3) Aの曲は，どのような場面で歌われている曲か次から選び，記号を書きなさい。

　　ア　仕事　　イ　楽しみ　　ウ　祝い　　エ　子守り

(4) 民謡の歌い手が，即興的に細かく揺らすような節回しを何というか書きなさい。

(5) 北海道には「江差追分」という民謡がある。この曲と同じ特徴をもつモンゴルの民謡を次から選び，記号を書きなさい。

　　ア　ヒメネ　　イ　ヨーデル　　ウ　カッワーリー

　　エ　オルティンドー

(6) 民謡と合唱曲の発声の特徴を比較する学習を通して，曲種に応じた発声が多様であることを生徒に気付かせたい。その際着目する，音楽を形づくっている要素を書きなさい。

(☆☆☆○○○)

147

【7】次の楽譜は，弦楽合奏曲の一部である。クラリネットアンサンブル用にE♭Cl，B♭Cl，Alt.Cl(E♭)，Bass.Cl(B♭)の4声に書き直しなさい。

(☆☆☆◎◎◎)

【8】中学校2年生4人が，ソプラノリコーダー2パート，アルトリコーダー2パートで四重奏をする。次の旋律は，ソプラノリコーダー1(主旋律)である。以下の生徒の実態と条件をふまえて，残りのパートを創りなさい.

〔ソプラノリコーダー1〕

パート	生徒の実態		条　件
ソプラノ2	小学校３年生程度の技能である。	1	隣り合う３音で創る。
アルト1	演奏技能が高く、幅広い音域に対応できる。	2	臨時記号を一つ以上入れて創る。
		3	8分音符を一つ以上入れて創る。
アルト2	アルトリコーダーの演奏に不慣れである。	4	左手の運指だけで演奏できるように創る。

＊ト音記号の上の「8」は実音が記音より1オクターブ高いことを示している。

（☆☆☆◎◎◎）

解答・解説

【中学校】

【1】1曲目

2曲目

3曲目

〈解説〉放送前に，各問の拍子と調と自分の感覚を合わせておくこと。ア
　　ウフタクトで始まるものは拍がずれないように気をつけること。細か
　　いリズムの中で跳躍が起こるので，臨時記号が付く音に気をつけるこ
　　と。

【2】(1)　c　　(2)　l　　(3)　a　　(4)　h
〈解説〉「龍笛」と「篳篥」は同じ笛だが，前者は龍の鳴き声といわれる
　　ほど音域が広く，2オクターブある。一方，後者は地上の声と表され，
　　男性の普通に出せる声とほぼ同じくらいの1オクターブと1，2音の音
　　域になる。「釣太鼓」「鉦鼓」「鞨鼓」は最もよく使う組み合わせで，
　　総称して「三鼓」と呼んだりする。「鉦鼓」は鼓類の楽器ではなく雅
　　楽で唯一の金属製楽器であり，「鞨鼓」は台に鼓を乗せた状態でバチ
　　を用いて演奏され，曲の始めや終わりの合図や演奏の速度を決めたり
　　する役割を担っている。「小鼓」は能楽で用いられる鼓楽器だが，手

で打つ奏法。「釣太鼓」は大太鼓を釣っている状態でバチを用いて演奏される。「楽箏」と「楽琵琶」は同じ弦楽器でリズム楽器として雅楽では使われるが，前者はリズムの流れをアルペジオ的な奏法で提示し，後者は小節の頭を明確にしてリズムを整える役割を担っている。

【3】① 多様 ② 基礎的 ③ 主体的 ④ 高め ⑤ 生涯
⑥ 伸ばし
〈解説〉学年目標は教科目標と同様，学習指導要領関連の問題の中では最頻出であるため，全文暗記が望ましい。学年目標は教科目標を受け，生徒の発達の段階を考慮して作成されていること。第1学年と第2～3学年の目標には関連性があり，特に第2～3学年の目標は第1学年の学習内容を受けて作成されていることを踏まえて学習するとよい。なお，(1)は音や音楽への興味・関心，生活とのかかわりなどの情意面に関する目標，(2)は表現に関する目標，(3)は鑑賞に関する目標で構成されている。

【4】(1) 楽曲名…荒城の月 作曲者名…滝廉太郎
(2) 楽曲名…夏の思い出 作曲者名…中田喜直
〈解説〉歌唱共通教材は出題頻度が高いので，楽譜を見なくとも歌い弾きができるようにしておきたい。歌詞について，特に(1)は4番まであるので，おさえておくこと。 (1) 「山田耕筰の編作」がキーワードであり，また人の世の栄枯盛衰は歌詞「むかしの光 いまいずこ」等にあらわれている。 (2) 「夏の日の静寂な尾瀬沼」が大きなヒントになるだろう。

【5】(1) 作曲者名…ヴェルディ 活躍した時代…ロマン派
(2) 総合芸術 (3) 能楽，文楽，歌舞伎 (4) アリア
(5) 長6度 (6) 凱旋(の)行進曲
〈解説〉(1) 歌劇はヴェルディ作曲のオペラ「アイーダ」で，Ⅰは第2幕第2場「凱旋の場」の「勝利の大合唱」，Ⅱは「凱旋行進曲(戦士たちの

入場)」である。ヴェルディはイタリアの歌劇王とも呼ばれ，後期ロマン派に活躍したオペラ作家である。　(2)　ワーグナーが提唱した言葉でオペラを音楽，文学，演劇，美術を一緒にした総合芸術として完成させた。　(3)　歌舞伎は歌，舞，技(演技)，文楽は太夫，三味線，人形，能楽は舞踏と音楽と演劇が一体となっている総合芸術といえる。(4)　歌劇の中の独唱曲である。旋律的でないレチタティーボとは区別すること。　(6)　「アイーダ行進曲」とも呼ばれる。

【6】(1)　ア　沖縄県　　イ　富山県　　ウ　黒田節　　エ　金毘羅船々　(2)　エ　(3)　イ　(4)　コブシ(こぶし)　(5)　エ　(6)　音色

〈解説〉(1)　Aは沖縄県恩納村の海岸「谷茶前」での漁を題材とした沖縄民謡，Bは富山県の五箇山，上梨地方に伝わる古い民謡で，田楽や田踊りとして発展した。Cは福岡県の民謡で祝い歌，Dは香川県の金比羅宮を題材とした民謡である。　(2)　ニ音とイ音が無い5音階である。(3)　昔，万座毛に立ち寄った琉球王を歓迎するための曲と伝えられている。　(4)　「小節」と書いてコブシと読む。基本となる旋律の間に細かい節を入れて装飾する発声技法である。　(5)　追分形式は明確な拍感がない，自由な形式で母音を伸ばし，コブシやユリを入れて歌う特徴をもつ。オルティンドーは息の長い発声をし，細かい装飾音を特徴としている点で似ている。　(6)　音楽を形作っている要素には，音色・リズム・速度・旋律・テクスチュア・強弱・形式・構成などがある。民謡は基本的に声楽のように声をつくらず，地声，普段話している声のまま歌うので，この中の音色が関わってくる。

【7】

〈解説〉Eb管のクラリネットの記譜音は実音の短3度低く，調はニ長調
　となる。Bb管のクラリネットの記譜音は実音の長2度高くなり，調は
　ト長調となる。Ebアルトクラリネットの記譜音は実音の長6度高くな
　り，調はニ長調となる。Bb管のバスクラリネットの記譜音は実音の
　長9度高くなり，調はト長調となる。

【8】解答略

〈解説〉条件に合ったシンプルなものを作曲することが第一条件であり，
　懲りすぎて複雑にならないように気をつけること。また，各リコーダ
　ーの音域と運指を考慮に入れて作曲すること。コード進行から各リコ
　ーダーの役割を考えることもできるし，生徒の実態からも役割と内容
　を考えることができる。

2016年度　実施問題

【中学校】

【1】〈放送による問題〉次の楽譜の空いている小節に聴き取った音符・休符を書き，楽譜を完成させなさい。

(☆☆☆◎◎◎)

【2】〈放送による問題〉次の楽譜の空いている小節に聴き取った音符・休符を書き，楽譜を完成させなさい。

(☆☆☆◯◯◯)

【3】〈放送による問題〉ラヴェル作曲の「ボレロ」の一部を流します。
(1)～(3)の主旋律を演奏している楽器の名前をa～gから選び，記号を書きなさい。

a　ピッコロ　　　b　フルート　　　c　ヴァイオリン

d　チューバ　　　e　クラリネット　　f　コントラバス

g　トロンボーン

(☆☆◯◯◯)

【4】次の文は，「中学校学習指導要領解説　音楽編」(平成20年9月)より，「第3章　各学年の目標及び内容　第1節　第1学年の目標と内容　2内容　(1)A表現」の一部です。①～③にあてはまる語句を語群から選び，記号を書きなさい。(同じ番号には同じ語句が入ります。)

(3)　創作の活動を通して，次の事項を指導する。

155

　ア　言葉や音階などの(　①　)を感じ取り，表現を工夫して簡単な
　　(　②　)をつくること。
　イ　表現したいイメージをもち，音素材の(　①　)を感じ取り，反
　　復，(　③　)，対照などの構成を工夫しながら音楽をつくること。
【語群】
a　旋律　　b　音色　　c　リズム　　　d　速度
e　特徴　　f　変化　　g　問いと答え　h　形式

(☆☆☆○○○○)

【5】さまざまな民族の音楽について，①〜⑤と関連のある国名を語群か
　ら選び，記号を書きなさい。
　①　シタール
　②　サウンガウ
　③　ピーパー
　④　バグパイプ
　⑤　ガムラン
【語群】
a　イギリス　　　b　中国　　c　インド　　d　インドネシア
e　ミャンマー

(☆☆☆○○○○)

【6】アルトリコーダー(バロック式)で「星に願いを」を演奏します。あ
　との問いに答えなさい。

(1) 次の二つの事項に留意し，①～⑤の音の運指を書き入れなさい。

　・押さえる穴を黒くぬる。

　・サミングは ⌀ のように記入する。

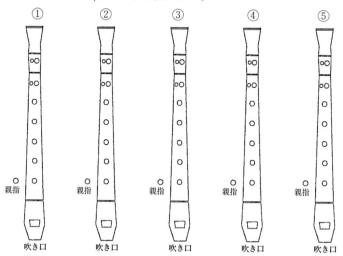

(2) Ⅰ，Ⅱの音程を書きなさい。(例　長2度)

(3) 正しい運指で演奏しているAさんは，※の音がピーと裏返ってしまい悩んでいます。Aさんに対するアドバイスを，以下の二つの視点で書きなさい。

　視点1　息について

　視点2　サミングについて

(☆☆○○○○○)

【7】歌舞伎「勧進帳」について，以下の問いに答えなさい。

(1) 歌舞伎「勧進帳」のもとになっている作品として適切なものをa～dから選び，記号を書きなさい。

　a　能「船弁慶」　　　　　　b　文楽「義経千本桜」

　c　文楽「仮名手本忠臣蔵」　d　能「安宅」

(2)　富樫が弁慶にお酒を振る舞う場面で，弁慶が舞う舞の名前を書きなさい。

(3)　長唄等の三味線の唱歌を何というか書きなさい。

(4)　長唄で用いる三味線の調弦法のうち，次に示す調弦の名称を書きなさい。

(5)　次の文化譜の┌─────┐で囲まれた部分を五線譜に表しなさい。

(☆☆○○○○○)

【8】次の曲について，以下の問いに答えなさい。

(1)　上の旋律を完全5度上げ，イ短調に移調しなさい。

(2)　(1)をモチーフとして，4分の3拍子の曲を以下の条件で作曲しなさい。

　　条件1　二部形式(a−a'−b−b')とする。

　　条件2　下記のリズムで伴奏をつける。

(☆☆☆☆☆○○○)

解答・解説

【中学校】

【1】1曲目

〈解説〉旋律聴音の問題。聴音は1人で練習することが難しいので，できるだけ周りの先生などに手伝ってもらうとよい。聴音には様々なコツがあるが，その一つとしては，拍をよくカウントし，強拍を見失わないこと。本問でも，4分の4拍子，4分の3拍子，8分の6拍子と異なる拍子が出題されているが，苦手なうちは4拍子，3拍子なら1拍目，6拍子なら1拍目と4拍目というように，強拍さえ聴き取れればカウントがずれにくくなる。

【2】1曲目

2曲目

〈解説〉和声聴音の問題では，パートごとに横の流れをつかむことが大事
　　である。出だしの音(特に下2パートが聴き取りにくい)をしっかりと捉
　　え，そこからどのように動いていくかを追っていくと聴きやすい。

【3】(1)　e　　(2)　g　　(3)　b

〈解説〉管楽器についての問題。いずれも親しみのある楽器なので全て正
　　解したいところ。オーケストラの楽器については名称と形状はもちろ
　　ん，音の質まで覚えておこう。また，ラヴェルの「ボレロ」は様々な
　　楽器が同じ旋律を交代で演奏していく形式が特徴的で，教材としても
　　よく用いられている。どのような楽器が使われているか，教材研究の
　　面からも学んでおきたい。

【4】①　e　　②　a　　③　f

〈解説〉中学校学習指導要領については，まずは教科の目標を覚えたうえ
　　で，各学年の目標と内容，指導計画の作成と内容の取扱いについても
　　よく読み込み，重要なキーワードを中心に可能な限り覚えておくとよ
　　い。本問は創作についての記述から出題されている。選択肢には指導
　　要領の他の箇所で用いられている紛らわしいものがあるので，このよ
　　うな場合に迷うことがないよう，繰り返し読んで内容とキーワードを
　　頭に入れておこう。

【5】① c ② e ③ b ④ a ⑤ d

〈解説〉民族楽器とその地域を答えさせる問題は頻出である。楽器の名称
や形状だけでなく，実際に音を聴き，どの地域の楽器なのかまでを一
つのつながりとして学習しておくとよい。 ① シタールは北インド
の弦楽器である。 ② サウンガウはミャンマーの弦楽器。映画『ビ
ルマの竪琴』にも登場する。 ③ ピーパーは中国の琵琶のこと。
④ バグパイプはイギリス(スコットランド)の管楽器。 ⑤ ガムラ
ンはインドネシアの打楽器(大小様々な銅鑼や鍵盤打楽器)，またはそ
の演奏のこと。

【6】(1)

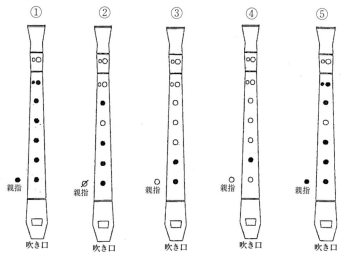

(2) Ⅰ 短3度 Ⅱ 完全4度 (3) 視点1…タンギングの「tyu」
や「ti」のように，比較的スピードのある息を吹き込むようにすると
よい。 視点2…サムホールの隙間を空けるというよりも，親指の爪
の先を入れるような感覚で，小さめにするとよい。

〈解説〉(1) リコーダーの運指については頻出。アルトリコーダーとソ
プラノリコーダー，バロック式とジャーマン式の違いに注意し，ミス

のないように解答しよう。　(2)　簡単な音程の問題。時間をかけずに正確に解答したい。　Ⅰ　まず，臨時記号を除いてE音とC音で考えると，長3度。そこからC音に#がついて音程の幅が狭くなるので，短3度となる。　Ⅱ　G音とC音なので完全4度。　(3)　高い音は，息の入れ方とサミングのしかた次第できれいに出せるようになる場合が多い。

【7】(1)　d　　　(2)　延年の舞(ひらがなも可)　　　(3)　口三味線
(4)　本調子
(5)

〈解説〉(1)　歌舞伎には，能から題材を得たり，文楽と影響を与え合っているものがある。「勧進帳」は「安宅」という能の作品をもとにつくられた。　(2)　「延年の舞」は勧進帳の見どころの一つである。(3)　唱歌(しょうが)とは，楽器の旋律や奏法を口で唱えることをいうが，特に三味線の唱歌を「口三味線」という。　(4)　三味線の調弦には「本調子」「二上がり」「三下がり」などがあるが，長唄では本調子を用いる。　(5)　三味線の文化譜は，どの弦のどの位置を押さえるかということを示している。手前から一の糸，二の糸，三の糸を示している。三の糸は本調子で開放弦(何も押さえない)だとドイツ音名のH音なので，「0」はH音ということになる。従って「4」はE音。順に読んでいくと解答例のようになる。

【8】(1)

(2)

〈解説〉(1) 移調の場合，もとの調で臨時記号がついた箇所は，移調しても必ず臨時記号がつくことを覚えておこう。あとは数え間違いなどをしなければ難しくない問題である。 (2) あまり凝ったことをせず，与えられた条件に忠実に，シンプルにまとめるとよい。a−a'−b−b'の二部形式で，という指示があるので，それぞれ一段ずつ割り当てると考えやすいだろう。aとa'，bとb'はそれぞれ似た形になるので，aとbは思い切って性格の違うフレーズにするとよい。旋律と伴奏がうまく合うように，基礎的な範囲の和声でまとめたい。

2015年度　実施問題

【中学校】

【1】＜放送による問題＞

1　次の空いている小節に聴き取った音符・休符を書き，リズム譜を完成させなさい。

1曲目

2曲目

3曲目

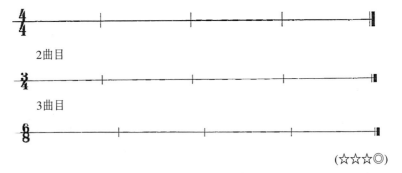

(☆☆☆◎)

【2】＜放送による問題＞

次の楽譜を演奏します。楽譜中のア〜コの中で3箇所楽譜と違う部分があります。楽譜と違う演奏をしている箇所の記号を書きなさい。

出典・教育芸術社

(☆☆☆◎)

【3】＜放送による問題＞

　下記の中から4曲を流します。それぞれの曲名を下から選び，記号を書きなさい。

　a　勧進帳　　b　六段の調　　c　春の海　　d　長崎くんち
　e　天神祭　　f　越天楽　　g　羽衣

(☆☆☆◎)

【4】「中学校学習指導要領解説　音楽編」に示されている教科の目標について，当てはまる語句を書きなさい。

　表現及び鑑賞の幅広い活動を通して，音楽を(ア)を育てるとともに，音楽に対する(イ)を豊かにし，音楽活動の基礎的な能力を伸ばし，(ウ)についての理解を深め，豊かな(エ)を養う。

(☆☆☆◎)

【5】下記に挙げた音楽家を，西洋における古典派とロマン派に分けて記号で書きなさい。

　A　ショパン　　　　　　B　ヴェルディ　　C　ベートーヴェン
　D　チャイコフスキー　　E　モーツァルト　　F　ブラームス

165

G　ハイドン　　　　　　H　シベリウス

(☆☆◎)

【6】中学校第3学年で鑑賞の授業を行います。「情景と曲想とのかかわり」
を題材に，連作交響詩「我が祖国」の第2曲「ブルタバ」を2時間で扱
います。
　　次の別紙資料を参考にしながら，以下の問いに答えなさい。

(1)　連作交響詩「我が祖国」の作曲者名を書きなさい。また，作曲者
の出身国を現在の国名で書きなさい。

(2)　連作交響詩「我が祖国」は，何曲で構成されているか書きなさい。

(3)　「交響詩」とは，どんな音楽ですか。適切な説明を次のア～ウか
ら選び，記号を書きなさい。

　　ア　物語や情景などを，管弦楽によって表現する音楽

　　イ　管弦楽によって演奏される，多楽章からなる大規模な音楽

　　ウ　一つまたは，複数の独奏楽器と管弦楽によって演奏される，多
　　　楽章からなる音楽

(4)　以下の点を踏まえて，生徒が意欲的に取り組める「第1時」の授
業を構想しなさい。

題材名		「情景と曲想とのかかわり」
目標	第1時	標題と音楽を形づくっている要素とを関連させて，楽曲を聴くことができる。
	第2時	音楽を形づくっている要素と楽曲全体の曲想とのかかわりを感じ取って，根拠をもって批評するなどして，音楽のよさや美しさを味わうことができる。
留意点		・導入－展開－終末を踏まえての指導を考える。 ・目標をおさえ，音楽を形づくっている要素をいくつかに絞り込んで指導を考える。 ・知覚・感受する力が十分でない生徒への個別支援を考える。

＜別紙資料＞

A ブルタバの2つの源流

フルート（第1の源流）
Allegro

クラリネット（第2の源流）

ヴァイオリン（ブルタバを表す旋律）

B 森の狩猟

ホルン

（原曲は1オクターヴ下）

C 農民の結婚式

ヴァイオリン

D 月の光，水の精の踊り

フルート

ヴァイオリン

（原曲は1オクターヴ上）

E 聖ヨハネの急流

全管楽器，チェロ，コントラバス

F 幅広く流れるブルタバ

木管楽器，ヴァイオリン

G ビシェフラトの動機

フルート

第1曲「ビシェフラト」の主な旋律

（原曲は1オクターヴ上）

出典：教育芸術社

（☆☆☆☆◎）

167

【7】箏の二重奏について，以下の問いに答えなさい。

(1) 楽譜1の□□□には同じ記号が入ります。当てはまる記号を書きなさい。

(2) 楽譜1をもとにして，楽譜2の空いている2小節に正しい音符を書きなさい。

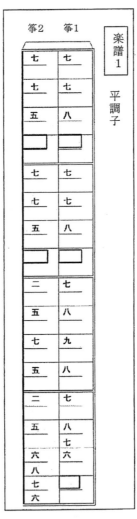

(☆☆◎)

【8】次の旋律に伴奏をつけます。2～8小節目の伴奏(左手)を1小節目の
リズムにならってつけなさい。

(☆☆◎)

【高等学校】

【1】

問1　これから再生される曲を聴き，次の問いに答えなさい。なお，1
曲につき，1回のみの再生とします。

(1)　[1曲目]　この曲の作曲者名と出身国名を答えなさい。

(2)　[2曲目]　この曲の曲名と作曲者名を答えなさい。

(3)　[3曲目]　この曲の曲名と作曲者名を答えなさい。

(4)　[4曲目]　この曲が含まれるオペラ名と，この曲の作曲者名を答
えなさい。

問2　4小節のリズム聴音です。通しで4小節を4回演奏します。

問3　4小節の旋律聴音です。通しで4小節を4回演奏します。

(☆☆☆◎)

【2】高等学校学習指導要領(平成21年3月告示)に関して次の問いに答えなさい。

問1　次の文は「第2章　第7節　芸術」の「第2款　各科目　第1　音楽Ⅰ」の指導事項である。(①)～(⑥)の中に入る語句を下から選び，ア～サの記号で答えなさい。

(3)　創作

ア　(①)を選んで旋律をつくり，その旋律に副次的な(②)などを付けて，イメージをもって音楽をつくること。

イ　音素材の特徴を生かし，(③)，対照などの構成を工夫して，イメージをもって音楽をつくること。

ウ　音楽を形づくっている要素の働きを変化させ，イメージをもって(④)をすること。

エ　音楽を形づくっている要素を(⑤)し，それらの働きを(⑥)して音楽をつくること。

ア　知覚	イ　和音	ウ　リズムや編曲
エ　旋律やリズム	オ　反復，変化	カ　理解
キ　音階	ク　感受	ケ　分解
コ　変奏や編曲	サ　旋律や和音	

(☆☆◎)

【3】次の問いに答えなさい。

問1　次の楽譜について，あとの問いに答えなさい。

A

Etwas langsam

Sah ein Knab ein Rös-lein stehn. Rös-lein auf__ der Hei - den,

B

(1) 楽譜A，Bは同じ曲名である。この曲名を日本語で答えなさい。

(2) 楽譜A，Bの作曲者名をそれぞれ答えなさい。

(3) 楽譜A，Bは同じ詩であるが，この詩を書いた人物名を答えなさい。

(4) 楽譜Bの作曲者と(3)で答えた人物の組み合わせで作られた作品を次から選び，①～④の記号で答えなさい。

　　① 歌の翼に　　② 喜びの歌　　③ 魔王　　④ 春への憧れ

(5) 楽譜Bに書かれている「lieblich」と同じ意味を持つ楽語を次から選び，①～③の記号で答えなさい。

　　① amabile　　② animato　　③ capriccioso

問2 日本の民謡について，あとの問いに答えなさい。

(1) 次のA～Cの民謡の曲名，発祥した地の現在の都道府県名をあとの語群から選び，それぞれア～カ，①～⑥の記号で答えなさい。

A

B

C

171

	曲名		発祥した都道府県名
ア	河内音頭	①	静岡県
イ	斎太郎節	②	岩手県
ウ	花笠音頭	③	秋田県
エ	黒田節	④	山形県
オ	南部牛追歌	⑤	長崎県
カ	ちゃっきり節	⑥	宮城県

(2)　次の(①)～(③)に当てはまる語句を書きなさい。また，下線部④，⑤の音階を下から選び，ア～オの記号で答えなさい。

　日本の民謡のリズムは，拍節感が明確な拍節リズムと，何拍子という表記が困難で，拍の長さも伸び縮みする自由リズムがある。拍節リズムを(①)様式，(②)をつけて歌うことが多い自由リズムを(③)様式と，それぞれ代表的な民謡の名称を借りて呼ぶことがある。

　また，音階はいわゆる民謡音階が多く，一つの音階に当てはまらない場合も少なくないが，一般的に④陽音階，⑤陰音階という言い方もある。

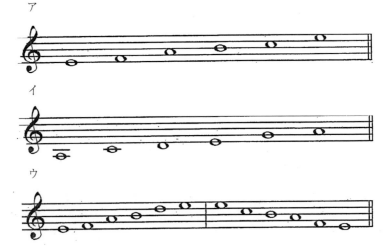

エ

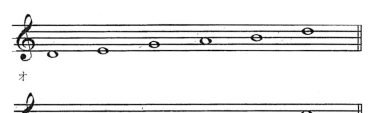

オ

問3　次の楽譜について，あとの問いに答えなさい。

(1)　この曲の曲名を答えなさい。

(2)　この曲のコード進行として□に入るコードに相応しいものを次から選び，①〜③の記号で答えなさい。

①　D—G—A$_7$—F$_7$

②　G—C—D$_7$—B$_7$

③　G—D—C$_7$—E$_7$

(3)　この曲を短3度上に調号を用いて移調しなさい。

(4)　(3)において移調した調の属調の同主調の平行調は何調かドイツ語で答えなさい。

(☆☆☆☆◎)

【４】日本音楽について，次の問いに答えなさい。

問1 （　①　）～（　⑥　）に当てはまる言葉を下から選び，ア～シの記号で答えなさい。

　　　箏は江戸時代に（　①　）が箏曲の基礎を築いたとされている。その後，関西を中心に発達した（　②　）流と，江戸で創始された（　③　）流に分かれた。（　②　）流は（　④　）爪を，（　③　）流は（　⑤　）爪を使用し演奏する。明治から昭和にかけて活躍した（　⑥　）は箏の新たな可能性を追求した。

ア　杵屋六三郎　　イ　琴古　　　ウ　鶴田錦史　　エ　角
オ　八橋検校　　　カ　宮城道雄　キ　生田　　　　ク　浅
ケ　都山　　　　　コ　山田　　　サ　丸　　　　　シ　深

問2 箏を独奏する際の座る位置としてふさわしいものを，次の図の①～③の中から選び，記号で答えなさい。

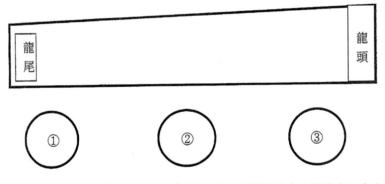

問3 次の音を「一」または「壱」とする平調子を高音部譜表に全音符で書きなさい。

問4 次の（　①　）～（　⑭　）の中に入る言葉をあとから選び，Ａ～Ｚの記号で答えなさい。

能楽とは歌舞劇の「能」とせりふ劇の「(①)」を総称したもの。能は(②)時代初期に(③)の庇護の下，観阿弥，世阿弥父子によって基本的な形が整えられた。世阿弥は(④)など多数の能楽理論書を著した。主役の(⑤)とその相方役の(⑥)が舞と謡で演技し，地謡や(⑦)といわれる囃子方によって伴奏される。謡は台詞部分の(⑧)と旋律的部分の(⑨)からなる。(⑨)には，強さや厳粛な様子などを表現する(⑩)と，優美さや哀愁などを表現する(⑪)がある。能の有名な演目には「羽衣」「(⑫)」などがある。(⑫)の題材は歌舞伎にも多く取り上げられ，「連獅子」「鏡獅子」などの演目の元となった。

(①)は能ではほとんど表現されない(⑬)が取り上げられ，日常的な話し言葉で語られる(⑭)劇である。

A	義経千本桜	B	狂言	C	織田信長
D	強吟	E	浄瑠璃	F	風姿花伝
G	フシ	H	新日本音楽	I	対話
J	手拍子	K	ハレ	L	シテ
M	室町	N	ケ	O	手事物
P	近松門左衛門	Q	石橋	R	鎌倉
S	人形	T	ワキ	U	弱吟
V	足利義満	W	コトバ	X	文楽
Y	笑い	Z	四拍子		

(☆☆☆◎)

175

【５】次の【楽譜1】【楽譜2】について，下の問いに答えなさい。

【楽譜1】

問1　【楽譜1】は交響曲である。この曲の作曲者名と，交響曲の番号を答えなさい。

問2　この曲は何分の何拍子か，答えなさい。

問3　【楽譜1】中，アのパートはinAで書かれている。inC(実音表記)で調号を用いて高音部譜表に書きなさい。

問4　【楽譜1】中，①～③の音程を答えなさい。ただし，複音程の数字はそのままでよいこととする。

問5　【楽譜1】中の楽器名はイタリア語で表記されている。イの楽器は一般的に何という楽器か，カタカナで答えなさい。

問6　問1で答えた作曲者が作曲した曲を次の中から2つ選び，ア～カの記号で答えなさい。

　　ア　交響曲第6番「田園」

　　イ　オペラ「ヴォツェック」

　　ウ　乙女の祈り

　　エ　ヴァイオリン・ソナタ第9番「クロイツェル」

　　オ　交響曲第6番「悲愴」

　　カ　ベルガマスク組曲より「月の光」

問7　問1の作曲者と同時代の作曲家と，その音楽について書かれた次
　　の文を読み，（　A　）～（　F　）にあてはまる語句を答えなさい。

　　　富裕な貴族エステルハージ家の宮廷楽長を務めた（　A　）は，100
　　曲以上の交響曲を作曲し，作品の中で（　B　）形式の可能性をさま
　　ざまな形で追究した。これに対して，問1の作曲者は生涯，宮廷や
　　協会に雇用されることなく，基本的には作品委嘱料と楽譜の出版で
　　生計を立てながら，自身の音楽世界を追究した。18世紀後半から19
　　世紀前半にかけて，この時代の作曲家および音楽のことを（　C　）
　　派と呼ぶ。この時代では通常，交響曲・室内楽曲・独奏曲などの第
　　1楽章が（　B　）形式で書かれており，（　B　）形式は第1主題・第2主
　　題が（　D　）される（　D　）部，主題がさまざまに（　E　）される
　　（　E　）部，主題が戻ってくる（　F　）部によって成り立っている。

【楽譜2】

問8　【楽譜2】はピアノ曲である。この曲の作曲者名と，この曲を含
　　む曲集名を答えなさい。

問9　問8の作曲者と同時代の作曲家と，その音楽について書かれた次
　　の(ア)～(ウ)の文を読み，（　G　）（　I　）（　K　）にあてはまる作曲家
　　名と，（　H　）（　J　）（　L　）にあてはまる作品名を答えなさい。

(ア)　(G)は，詩人ラマルティーヌの「われわれの人生は，死により開かれる未来の国への(H)に他ならない」という詩に基づき，それまでにない交響詩という形式により，交響詩「(H)」を作曲した。

(イ)　(I)は，イプセンの戯曲「(J)」のために劇音楽を作曲した。のちに作曲者自身によって管弦楽組曲として編曲され，第1組曲の「朝」や「山の魔王の宮殿にて」などは特に有名である。

(ウ)　(K)は，スメタナとともにチェコ国民楽派を代表する作曲家で，均整のとれた古典的な構成，叙情的な旋律やスラヴ民族色の濃いリズムなどの作風で親しまれている。中でも，ニューヨークの音楽院長として招かれた時期に書かれた交響曲第9番や，通称「(L)」の副題をもつ弦楽四重奏曲第12番は特に広く知られている。

(☆☆◎)

【6】次の文はアメリカ起源のポピュラー音楽について述べたものである。(ア)～(ク)に当てはまる語句を次の中から選び，①～⑱の番号で答えなさい。また(カ)(キ)にあてはまるリズムパターンのドラム譜を，【リズムパターン】A～Eの中から記号で選びなさい。

1920年代，黒人霊歌の流れをくんで，アフリカ系アメリカ人のキリスト教会で歌われるようになった(ア)は，強烈なリズムと迫力ある唱法が特徴で，マヘリア・ジャクソンらが代表的な歌手として挙げられる。

19世紀末から20世紀初頭，ニューオリンズのアフリカ系アメリカ人の間で生まれた(イ)は，(ウ)のリズムと即興を重視した演奏が特徴である。デューク・エリントンの(エ)などの楽曲に代表されるビッグ・バンドによるスウィング，マイルス・デイヴィスなどに代表されるバップなど，時代ごとにさまざまなスタイルが生まれた。

1940年代，スウィング・ジャズ，ブルース，ブギウギ，(ア)などが合流して生まれた(オ)は，オフ・ビートを強調した都会志向

178

の音楽で，1960年代以降のソウル，（　カ　）のリズムを強調した1970年代以降のジェームズ・ブラウンらのファンクやディスコ・サウンドなども同じ流れにある。

　1950年代半ば，（　オ　）とカントリーが融合して生まれた音楽は，当初ロックン・ロールと呼ばれ，（　キ　）のリズムを中心とした音楽である。「ラブ・ミー・テンダー」などのヒット曲で（　ク　）が若者の熱狂的な支持を得た。1960年代にはイギリス出身のビートルズが世界的に活躍し，その後ハード・ロック，プログレッシブ・ロック，パンク・ロックなどさまざまな表現スタイルが現れ，多様化した。

①　ラップ

②　リズム・アンド・ブルース

③　ゴスペル

④　フォーク

⑤　ジャズ

⑥　タンゴ

⑦　ムーンライト・セレナーデ

⑧　テキーラ

⑨　A列車で行こう

⑩　ワルツ

⑪　マーチ

⑫　8ビート

⑬　16ビート

⑭　4ビート

⑮　マイケル・ジャクソン

⑯　レイ・チャールズ

⑰　エルヴィス・プレスリー

⑱　ジョージ・ガーシュイン

【リズムパターン】

D

E

(☆☆☆☆◎)

解答・解説

【中学校】

【1】1曲目

2曲目

この表記でも可

3曲目

〈解説〉リズムの聴きとりは，拍子を把握しその中でリズムがどのように
動いているのかを聴き取る。特にシンコペーションや3連符，または
タイによる拍感のズレに気をつける必要がある。

【2】イ，オ，ケ(順不同)

〈解説〉多声部を聴き取る問題。高音は比較的聴きやすいが，低音は聴き取りにくいので曲のはじめから低音部の旋律をつかむこと。音の高さまたはリズムが違うので，演奏が始まる前に楽譜全体を概観して特徴を把握しておくことも必要である。

【3】1曲目　f　　2曲目　a　　3曲目　b　　4曲目　g

〈解説〉伝統音楽を問う設問。正答のうちa，b，fは有名な作品だが，gはあまり馴染みがないかもしれない。「羽衣」は能の演目の一つで，羽衣伝説を基にしたもの。なお，cは箏曲の一つで箏と尺八の二重奏。dは無形民族文化財に指定されている祭りで，ポルトガルや中国文化などの風合いを色濃く残した奉納踊が特色。アンコールで使われる，「モッテコーイ」の掛け声も有名。eは日本三大祭の一つで，大阪天満宮を中心に行われるもの。催太鼓や手締めの一種の大阪締め(手打ち)も特色の一つ。

【4】ア　愛好する心情　　イ　感性　　ウ　音楽文化　　エ　情操

〈解説〉「中学校学習指導要領解説　音楽編」　第2章　第1節　1より，音楽科の教科の目標を問うている。アは音楽についての認識を深め，その良さや美しさを感じ取ることにより，生涯にわたって音楽を愛好しようとする思い。イは音や音楽を知覚し感受したときに，各人がそれぞれの感じ方で味わい，心の中に意味付けがなされていくこと。ウは国際化が進むにつれ，自国の伝統音楽に対する理解を深め，愛着を持つとともに，諸外国の音楽を尊重する態度を育成するために規定された。エは美しいものや優れたものに接して感動する，情感豊かな心をいい，情緒などに比べて更に複雑な感情を指すもの。

【5】古典派　C，E，G(完答)　　ロマン派　A，B，D，F，H(完答)

〈解説〉18世紀中頃から19世紀初頭にかけての音楽活動を古典派と称し，その時代の音楽を古典派音楽と呼ぶ。ハイドン，モーツァルト，ベー

トーヴェンに代表される音楽家がウィーンを中心に活躍し，多声音楽
から和声音楽に変わり，ソナタ形式が確立されるなど大きな変化があ
った時代。そして，19世紀のヨーロッパを中心とした，人間の感情や
個性を重視する音楽をロマン派音楽と呼ぶ。ロマン派の時代は大きく
分けて4つに区分できる。歌曲や歌劇，ピアノ音楽が発達した前期ロ
マン派にはシューマン，ショパン，メンデルスゾーンなどによる標題
音楽が多くなった。交響詩や無言歌などの新しい音楽が生まれた後期
ロマン派はワーグナー，リスト，ヴェルディなどが代表的な作曲家で
ある。古典派の作風を尊重した新古典派ではブラームス，マーラーな
ど，民族主義の音楽を特色とする国民楽派ではチャイコフスキー，ロ
シア5人組，スメタナ，シベリウスなどが活躍した。

【6】(1)　作曲者名　スメタナ　　出身国　チェコ　　(2)　6曲
　　(3)　ア　　(4)　略
〈解説〉(1)　スメタナ作曲の交響詩「我が祖国」はチェコの歴史，伝説，
風景を描写した作品で，チェコの独立を願っていたスメタナの気持ち
が背景にある。　　(2)　「我が祖国」は6つの交響詩からなる。第1曲
「ヴィシェフラド(高い城)」は戦乱によって廃墟となったかつての国王
の城の一つの様子を，第2曲「ブルタバ(モルダウ)」はボヘミヤを流れ
る大きな川とその沿岸の風景を，第3曲「シャールカ」はチェコの伝
説を，第4曲「ボヘミアの森と草原から」はチェコの田舎の美しさを
表し，第5曲「ターボル」と第6曲「ブラニーク」は，チェコ人の連帯
を強めることになった宗教戦争であるフス戦争におけるフス派信徒た
ちの戦いをたたえている。　　(3)　イは交響曲，ウは協奏曲の説明であ
る。　　(4)　「意欲を高めるための導入」では，生徒が受身の鑑賞では
意欲が高まらないため，無理のない範囲での生徒参加型の導入を考え
るべき。そのため始めから全曲を取り扱うのではなく，馴染みのある
第2曲の「ブルダバ」から情景がイメージしやすい部分を短く切り取
って聴かせ，言葉による曲のイメージを考えたり，曲にあう絵や写真，
図などを探す活動をグループで行い発表し，意見交換したりする。

「音楽を形作っている要素から，楽曲の特徴を知覚・感受する活動」
では，導入で生徒から出たイメージや写真の原因が音楽の要素と関係
していることを説明し，曲のどの部分，どの要素に関係があるのかを
探り，意見交換をしつつワークシートにまとめる。第3学年なので，
音楽の要素についての知識はだいぶ身についてきている段階だが，調
性や拍子などの要素は知覚しにくいかもしれない。その度に補足説明
かヒントを出して補う必要もある。「学習のまとめ」では，標題と生
徒たちのイメージを比較し，生徒たちからは出てこなかった音楽の要
素がもたらす効果を鑑賞やオーケストラの演奏風景から学ぶ。そして，
標題を知り曲を通して聞いた感想をまとめる。決して感性やイメージ
に正誤があるわけではないことを強調。作曲者と違っていても各生徒
たちのもったイメージを大事にするように伝える。「個別指導」では，
言葉で表現することが難しい場合，写真や色などを使い表現の手助け
をする。曲を短くし，活動目的をはっきりさせることによって本人の
意識を集中させる。また，グループ活動を行うことにより，他の人の
意見を聞いて感受する力が刺激されるかもしれない。第3学年なので，
今までに鑑賞した曲との比較をすることによっても違いを認識し，そ
こからその原因の要素を知覚しようと動かされるかもしれない。

【7】(1)

(2)

〈解説〉(1)　直前に弾いた音を伸ばす記号である。　　(2)　楽譜2から，

183

楽譜1の平調子の一・二・三・四・五・六・七・八・九・十・斗・
為・巾の各弦に五線譜の音名を当てると，E4・A3・B3・C4・E4・
F4・A4・B4・C5・E5・F5・A5・B5となる。

【8】
（例）

〈解説〉伴奏付けは調性と和音進行をもとに行う。メロディーやカデンツ
型から和音を決める。ト長調なのでⅠの和音G・B・Dが第1と8小節に
つき，メロディーより第4と5小節もⅠの和音になる。それで連続5度
の連結はできないので第1～4小節はカデンツより和音進行T - D - Tと
なり，和音はⅠ - Ⅴ(Ⅴ7) - Ⅰとなる。第5～8小節もカデンツよりT -
S - D - Tとなり，和音はⅠ - Ⅳ - Ⅱ(Ⅳ) - Ⅰ - Ⅴ7 - Ⅰとなる。第5小節
は連続8度の連結を避けるために第1転回形をとる。第6小節のⅡは連
続5度の連結を避けるため第1転回形をとる。第7小節は連続8度の連結
を避けるためにⅤではなくⅤ7となる。

【高等学校】

【1】問1 (1) 1曲目 作曲者名 レスピーギ 出身国名 イタリア
(2) 2曲目 曲名 早春賦 作曲者名 中田章 (3) 3曲目 曲
名 交響曲第40番 作曲者名 モーツァルト (4) 4曲目 オペ
ラ名 ラ・ボエーム 作曲者名 プッチーニ

問2

問3

〈解説〉問1 曲名を問われる問題は，曲の出だしの部分か主題の旋律が
含まれる部分が多いので，有名な曲や鑑賞や合唱で用いられる曲目は
特徴を押さえておきたい。歌曲はオペラの中から取られているものも
多いので，その曲名だけでなくオペラ名も覚える必要がある。作曲者
名は通常，邦人名はフルネームで覚えること。外国人名はまずファミ
リーネームをおさえるとともに，活躍した時代区分や出身国も把握し
ておくとよい。 問2 リズム聴音の場合，できるだけ早く拍子を判断
してリズムを書きとっていく。4回演奏される場合，1回目で拍子を判
別し簡単なリズムの小節を書き取り，拍感がずれるように感じたリズ
ム，つまり複雑になっている部分を意識する。2，3回目でその複雑な
リズムを書き取る。4回目で最終確認を行う。 問3 旋律聴音の場合，
拍子と調性を判断し，それに即して旋律を聴き取る。4回演奏される
場合，1回目で拍子と調性，全ての音名とリズムの80～90％を書き取
る。2回目でリズムを整えつつ，臨時記号がついた音と調性を確認す
る。3回目で複雑な所の補強と確認，4回目で全体の確認となる。

【2】問1 ① キ ② サ ③ オ ④ コ ⑤ ア
⑥ ク
〈解説〉問1 高等学校学習指導要領解説(平成21年7月)芸術編 第2章

第1節　3　A　(3)を合わせて確認し，音楽Ⅰにおける創作の指導内容を理解しておく。　①・②　アは，自国や諸外国の様々な音階の特徴に興味を持ち，音の重なり方によって生み出される表情の多様さを学ぶ。　③　イは，音を音楽へと構成するための原理についての指導事項である。　④　ウは，従前は音楽Ⅱで扱われていた「編曲」を音楽Ⅰから扱い，初歩的な変奏や編曲を行うことをのべている。⑤・⑥　エは，音楽Ⅰの表現及び鑑賞の指導事項との共通事項である。

【3】問1　(1)　野ばら　　(2)　A　ヴェルナー　　B　シューベルト　(3)　ゲーテ　　(4)　③　　(5)　①　　問2　(1)　A　曲名　ウ　都道府県名　④　　B　曲名　オ　　都道府県名　②　　C　曲名　イ　都道府県名　⑥　　(2)　①　八木節　　②　コブシ　　③　追分　④　イ　　⑤　ウ　　問3　(1)　世界に一つだけの花　　(2)　②

(3)

(4)　As dur

〈解説〉問1　(1)・(2)　Aはヴェルナー作曲の「野ばら」，Bはシューベルト作曲の「野ばら」。　(3)　ゲーテによる詩で，多くの作曲家によって曲が付けられている。　(4)　シューベルトはゲーテの他，シラーやクラウディウス，ハイネなどの詩にも曲をつけている。なお，①はハイネの詩にメンデルスゾーンが作曲した歌曲。②はシラーの詩をもとにベートーヴェンが作曲した交響曲第9番の第4楽章で歌われる合唱曲。④はオーバーベックの詩にモーツァルトが作曲した歌曲。

(5)　lieblichはドイツ語で「愛らしい」の意味。なお，②は「元気に」，③は「気まぐれに」の意味。　問2　(1)　Aは山形県の花笠まつりで歌われる民謡。Bは岩手県に伝わる民謡で，牛の背に米，炭，金鉱などを積んで運ぶ時に歌われた。Cは宮城県の民謡で，松島湾一帯で歌われた大漁唄。なお，アは大阪府の民謡，エは福岡県の民謡，カは静岡県の新民謡。　(2)　①　八木節のように明確な拍をもった拍節リズム

で歌われる様式。　②・③　追分節に代表されるような，拍節のない自由なリズムで歌う様式。旋律中の細かい節まわし(コブシ)により拍の伸縮を行う。　④　陽音階は半音を含まない音階で，D・E・G・A・C・D。　⑤　陰音階は半音が2か所含まれている上行形E・F・A・B・D・E，下行形E・C・B・A・F・Eとその変化形を用いる。なお，アは都節音階，エは律音階，オは琉球音階。　問3　(2)　楽譜よりこの曲はト長調なので，主和音のGコードから始まっていない①は間違い。また，③は2番目のDコードの構成音が旋律と合わないので間違い。　(3)　移調はまず調号を考え，各音を移動し，臨時記号の部分を考える。ト長調の短3度上は変ロ長調で調号は♭2つとなり，臨時記号のついた音はないので各音を3度上に移動すればよい。　(4)　変ロ長調の属調は5度上のヘ長調，その同主調はヘ短調で，その平行調は短3度上の変イ長調となる。

【4】問1　①　オ　　②　キ　　③　コ　　④　エ　　⑤　サ
⑥　カ　　問2　③
問3

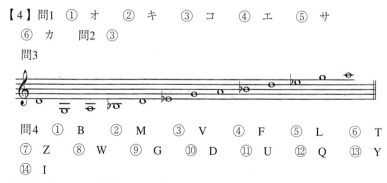

問4　①　B　　②　M　　③　V　　④　F　　⑤　L　　⑥　T
⑦　Z　　⑧　W　　⑨　G　　⑩　D　　⑪　U　　⑫　Q　　⑬　Y
⑭　I

〈解説〉問1　アは長唄の三味線方で，長唄中興の祖。イは尺八の流儀の一つ。ウは薩摩琵琶の鶴田流始祖。ケは尺八の流儀の一つ。ク・シは人の爪の切り方。　問2　龍頭を右側にして正座して演奏する。　問3　平調子はD・G・A・B♭(A♯)・D・E♭(D♯)・G・A・B♭(A♯)・D・E♭(D♯)・G・A　問4　①　Eは三味線を伴奏に物語を語るもの，Xは浄瑠璃と人形劇が結びついたもの，Oは地歌・箏曲のうち器楽部である手事に比重のある楽曲の総称なので区別する。　③　Pは浄瑠璃と

関係がある作家。　④　Hは宮城道雄らが称した音楽運動，またはそれらの邦楽曲の総称。　⑤・⑥　能楽で，シテ方やワキ方のような役に扮する者を立方という。　⑦　四拍子は，小鼓，大鼓，太鼓，能管を指す。　⑧・⑨・⑩・⑪　謡はシテやワキなどによるセリフや歌，地謡による風景描写や心情朗唱などがある。謡の歌唱法は2種類に分けられる。　⑫　Aは人形浄瑠璃および歌舞伎の演目なので間違い。

【5】問1　作曲者名　ベートーヴェン　　番号　7　　問2　8分の6拍子
問3

問4　①　完全5度　　②　短2度　　③　長6度　　問5　ホルン
問6　ア，エ　　問7　A　ハイドン　　B　ソナタ　　C　古典
D　提示　　E　展開　　F　再現　　問8　作曲者名　シューマン
曲集名　子供の情景　　問9　G　リスト　　H　前奏曲(プレリュード)　　I　グリーグ　　J　ペール・ギュント　　K　ドヴォルザーク
L　アメリカ

〈解説〉問1　楽譜のヴァイオリンⅠの旋律より判断できる。
問3　アの実音は記譜音より短3度低くなり，調号はイ長調で♯3つ。
問4　①　E3からA2までは5つの音を通り，その間半音は1つのみなので完全音程。　②　F♯3とG3(直前でナチュラルになっている)なので2つの音を通り，半音を1つ含むので短音程。　③　D4からB4は6つの音を通り，その間半音は1つのみなので，長音程。　問5　もともとイタリア語で「角笛」を意味するCornoの複数形。　問6　イはアルバン・ベルク作曲，ウはバダジェフスカ作曲のピアノ曲，オはチャイコフスキー作曲，カはドビュッシー作曲のピアノ曲。　問7　A　ハイドンは「交響曲の父」と呼ばれるほど明確な形式をもつ交響曲をたくさん残した。　B　古典派時代の特徴の一つである。　C　ハイドンやベートーヴェンが活躍した時代の音楽の総称である。　D・E・F　ソナタ形

式の内容は確実におさえる。　問8　楽譜はシューマン作曲の「トロイメライ」。全13曲からなる「子供の情景」の第7曲で，特に有名。問9　ロマン派の作曲家から特徴に基づき判断する。　Ｈ　「前奏曲(プレリュード)」は1854年に作曲されたリストの交響詩の代表作である。Ｉ・Ｊ　あげられている曲名から，グリーグの「ペール・ギュント」だとわかる。　Ｋ　「チェコ国民楽派」や「スラヴ民族色」，「ニューヨークの音楽院長」からドヴォルザークと判断する。

Ｌ　「新世界」とともに，ドヴォルザークがアメリカ滞在中に作曲したもの。

【6】ア　③　　イ　⑤　　ウ　⑭　　エ　⑨　　オ　②　　カ　⑬
キ　⑫　　ク　⑰　　リズムパターン　カ　Ｄ　　キ　Ｃ
〈解説〉ア　④は1940年代以降に始まり，民謡から派生した音楽である。イ　⑥はアルゼンチンのブエノスアイレス発祥の音楽で，2ビートのリズムである。　ウ　4ビートは，4分の4拍子で4分音符を基本単位としたビートで偶数拍が強勢になる。　エ　⑦はグレン・ミラー作曲のスウィング・ジャズの代表曲。⑧はアメリカのロックンロール・バンド，チャンプスによるラテン風楽曲。　オ　①は1960〜70年代が始まりと言われている。　カ　16ビートは，4分の4拍子で16分音符を基本単位としたビートで偶数拍が強勢になる。　キ　8ビートは，4分の4拍子で8分音符を基本単位としたビートで偶数拍が強勢になる。

ク　⑮は1970〜2000年代に活躍し，「キング・オブ・ポップス」と呼ばれる。⑯は1950〜1960年にかけて，ブルースの曲にゴスペルやカントリーソングの要素を融合させていく独自のスタイルを確立し，「ソウルの神様」と呼ばれる。⑱は1920〜1930年代に活躍した作曲家で，ジャズとクラシックを融合し，華やかなアメリカン・ミュージックを展開した人物。

2014年度　実施問題

【中学校】

【1】〈放送による問題〉3曲流します。解答用紙の空いている小節に聴き取った音符・休符を書き，楽譜を完成させなさい。

(☆☆☆◎◎◎)

【2】〈放送による問題〉「ラバースコンチェルト」「ふるさと」の4小節を演奏します。空いている小節を演奏している楽譜はどれか，□□□□から選び，記号で書きなさい。

(☆☆☆◎◎◎)

【3】〈放送による問題〉曲を2回演奏します。1回目の演奏と曲の雰囲気を変えるために，2回目は「音楽を形づくっている要素」を三つ工夫しました。その要素は何か，〔共通事項〕として示されている要素の中から答えなさい。

190

(☆☆☆◯◯◯)

【4】中学校学習指導要領解説(音楽編)で示されている第1学年の目標について，ア〜ウに当てはまる言葉を書きなさい。

(1)　音楽活動の楽しさを体験することを通して，音や音楽への興味・関心を養い，音楽によって生活を明るく豊かなものにする(ア)を育てる。

(2)　多様な音楽表現の豊かさや美しさを感じ取り，基礎的な表現の技能を身に付け，(イ)して表現する能力を育てる。

(3)　多様な音楽のよさや美しさを味わい，幅広く(ウ)に鑑賞する能力を育てる。

(☆☆☆◯◯◯◯)

【5】次の(1)〜(4)の民謡と関連する都道府県名を，あとのa〜fから選び，記号を書きなさい。

	民　謡	都道府県名（記号）
(1)	南部牛追い歌	
(2)	五木の子守歌	
(3)	江差追分	
(4)	安来節	

a　群馬県　　b　岩手県　　c　福井県　　d　島根県　　e　北海道

f　熊本県

(☆☆☆◎◎◎)

【6】中学校1年生で，「魔王」を扱った鑑賞の授業を行う。以下の問いに答えなさい。

(1)　この楽曲の作詞者名，作曲者名を書きなさい。

(2)　楽譜中の記号「accel.」について，その意味を書きなさい。

(3)　以下の点を踏まえながら，生徒が主体的に鑑賞する授業を構想しなさい。

題材名	物語の内容と曲想の変化の関わりを感じ取ろう		
中心となる指導事項	ア　音楽を形づくっている要素や構造と曲想との関わりを感じ取って聴き，言葉で説明するなどして，音楽のよさや美しさを味わうこと。		
目標（時数）	第1時	物語（詩）の内容に関心をもち，声の音色や伴奏のリズム，速度など楽曲を特徴付けている要素に気付いたり，その働きを感じ取ったりする。	一時間
	第2時	楽曲全体の構成を理解し，音楽を形づくっている要素と曲想との関わりをとらえながら解釈し，楽曲のよさを味わう。	一時間
構想作成上留意すること	○全2時間のうち，第1時の授業を構想する。 ○目標や指導事項を考慮した学習活動とする。 ○音楽を形づくっている要素は，目標に沿っていくつかに絞り込む。 ○生徒Aの学習意欲を高めるための個別の指導について，記入する。 　生徒Aの表れ：歌唱や器楽の活動に対しては意欲的に取り組むが，鑑賞の活動に対しては消極的である。感想は「速い曲だった」「迫力がある」等の短い言葉でしか表せない。		

(☆☆☆◎◎◎◎)

【7】次の楽譜を移調し，金管二重奏(トランペットB♭，ホルンF)の楽譜を作りなさい。

(☆☆☆◎◎◎)

192

【8】次の条件に当てはまるよう，曲を完成させなさい。

【条件】

○　中学校2年生がアルトリコーダーでアンサンブルをする。

○　第Ⅰパートは主旋律とする。アのフレーズをもとに，A―A'―B―
A"となる二部形式の曲にする。

○　第Ⅱパートは副次的な旋律とする。

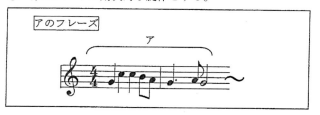

(☆☆☆☆◎◎◎)

【高等学校】

【1】放送問題

問1　これから再生される曲を聴き，次の問いに答えなさい。なお，1
曲につき，1回のみの再生とします。

(1)　[1曲目]　この曲の作曲者名と出身国名を答えなさい。

(2)　[2曲目]　この曲の作曲者名と独奏楽器名を答えなさい。

(3)　[3曲目]　この曲は何音階から作られているか，その音階名を下
から選び，ア～ウの記号で答えなさい。また，その音階で作られ
ている民謡を次から選び，①～③の記号で答えなさい。

ア　都節音階	①　ソーラン節
イ　律音階	②　谷茶前
ウ　民謡音階	③　会津磐梯山

(4)　[4曲目]　この曲の作曲者名を答えなさい。また，その作曲者の
作品名を次から選び，ア～エの記号で答えなさい。

　　　ア　菩提樹　　　イ　中国の太鼓　　　ウ　3つのオレンジの恋

　　　エ　春の祭典

問2　単旋律の聴音問題です。再生曲数は1曲です。通しで8小節を1回

演奏した後，前半4小節を3回，通しで8小節を1回，後半4小節を3回，最後に通しで8小節を1回演奏します。

(☆☆☆☆◎◎◎)

【2】高等学校学習指導要領(平成21年3月告示)に関して次の問いに答えなさい。

問1　次の文は「第2章　第7節　芸術」の「第2款　各科目　第1　音楽Ⅰ」の目標である。(　　)にあてはまる語句を漢字で答えなさい。

　　音楽の幅広い活動を通して，生涯にわたり音楽を愛好する心情を育てるとともに，感性を高め，(ア)な表現と鑑賞の能力を伸ばし，(イ)についての理解を深める。

問2　次の文は，「2内容　A表現　(1)歌唱」の指導事項を示したものである。あとの問いに答えなさい。

　ア　曲想を歌詞の内容や①楽曲の背景とかかわらせて感じ取り，イメージをもって歌うこと。

　イ　曲種に応じた発声の特徴を生かし，表現を工夫して歌うこと。

　ウ　様々な表現形態による歌唱の特徴を生かし，表現を工夫して歌うこと。

　エ　②音楽を形づくっている要素を知覚し，それらの働きを感受して歌うこと。

　(1)　下線①の「楽曲の背景」とはどのようなものをあらわしているか答えなさい。

　(2)　下線②の「音楽を形づくっている要素」とは，中学校音楽科でも示されているが，「音色，リズム，速度」以外の要素を3つ答えなさい。

　(3)　指導に当たり，ア～エの4つの指導事項のうち，1つは他の3つの指導事項のそれぞれと必ず関連付けて指導しなければならない。それはどれか記号で答えなさい。

問3　音楽Ⅰで鑑賞の授業を行う際，生徒に批評させる時，どのようなことを大切にして批評させるのか，指導上の留意点を書きなさい。

問4　次の文は,「3　内容の取扱い」の(8)を示したものである。下の問いに答えなさい。

(8)　音や音楽と生活や社会とのかかわりを考えさせ,音環境への関心を高めるよう配慮するものとする。また,音楽に関する(　　)などについて配慮し,著作権等を尊重する態度の形成を図るようにする。

(1)　文中(　　)に当てはまる語句を答えなさい。

(2)　次の中で著作権者の許諾が必要でないものを1つ選び,ア〜エの記号で答えなさい。

ア　校内文化祭での演奏を録画,録音しDVDにしてクラスの生徒に無料で配る。

イ　吹奏楽部が定期演奏会で500円の入場料をとり演奏する。

ウ　授業でクラス生徒分の楽譜をコピーして配布する。

エ　芸術鑑賞教室で生徒から一人1000円ずつ集め,鑑賞する。

(☆☆☆○○○)

【3】次の【楽譜1】〜【楽譜3】について,あとの問いに答えなさい。

【楽譜1】

問1　楽譜1の作詞者名と作曲者名を答えなさい。

問2　問1で答えた作詞者，作曲者の組み合わせによる作品を次から1つ選び，ア～オの記号で答えなさい。

ア　赤とんぼ　　イ　ペチカ　　ウ　さくらさくら

エ　あめふり　　オ　城ケ島の雨

問3　楽譜1の作詞者は，1918年に創刊されたある児童文学雑誌に童謡を発表していた。その雑誌名を答えなさい。

問4　楽譜1中，Ａ～Ｅの音程を答えなさい。ただし，複音程の数字はそのままでよいこととする。(例：増12度)

【楽譜2】

問5　楽譜2の曲名を答えなさい。

問6　楽譜2の作曲者の作品名を次から選び，ア～オの記号で答えなさい。

ア　君を愛す　　　イ　乾杯の歌　　ウ　愛の挨拶

エ　真夏の夜の夢　オ　威風堂々

問7　楽譜2の原詩はだれが書いたものか答えなさい。

問8　楽譜2の調の属調の平行調は何調かドイツ語で答えなさい。

問9　問8で答えた調の音階の上行形を調号を用いてハ音譜表(アルト譜表)に書きなさい。ただし，短調の場合は和声的短音階とする。

問10　楽譜2は実音楽譜である。この旋律をアルトサクソフォンで演奏する場合の移調楽譜を調号を用いて高音部譜表に書きなさい。ただし，オクターヴは任意とする。

【楽譜3】

196

問11　楽譜3の曲名を漢字で書きなさい。

問12　楽譜3の一部は沖縄音階から創られている。沖縄音階を高音部譜表に一点ハ音から全音符で書きなさい。

問13　楽譜3中，①～③のコードネーム構成音を高音部譜表に全音符の基本形で書きなさい。

問14　問13で答えた和音の種類(例：増三和音)をそれぞれ答えなさい。

問15　楽譜3の伴奏などで使われている，沖縄の弦楽器を漢字で答えなさい。

(☆☆☆◎◎◎)

【4】次の文は日本音楽について述べたものである。(ア)～(コ)に当てはまる語句を下から選び，番号で答えなさい。

　室町時代，恋物語を素材にした語り物が流行した。そのうち，他の物語も扱うようになり，この語り物を(ア)と呼ぶようになった。はじめは扇拍子などを伴奏にしていたが，(イ)を取り入れて発展した。江戸時代になり，その中の一つである義太夫節は初代(ウ)が大阪で始めた新しい(ア)へと発展した。1686年(エ)の台本により「曽根崎心中」など様々な名作を残した。義太夫節の語りは音楽的な旋律をつけて語られる(オ)，登場人物のせりふに当たる(カ)，(オ)と(カ)の中間的な抑揚を持つ(キ)などに大別する。

　(ア)にあわせて演じられる人形芝居を(ク)という。その代表的なものに義太夫節を用いる(ケ)がある。これは義太夫節を伴奏に用い，太夫・(イ)・人形が(コ)となって演じる人形劇である。

①　人形浄瑠璃　　　②　三位一躰　　　③　浄瑠璃
④　近松門左衛門　　⑤　色　　　　　　⑥　地合
⑦　箏　　　　　　　⑧　歌舞伎　　　　⑨　三味線
⑩　詞　　　　　　　⑪　尺八　　　　　⑫　竹本義太夫
⑬　世阿弥　　　　　⑭　文楽　　　　　⑮　観阿弥
⑯　三業一躰　　　　⑰　能楽

(☆☆☆☆◎◎)

【5】世界の音楽に関する次の問いに答えなさい。

問1　次のA～Eの曲名と，発祥した国名を下の語群から選び，ア～ク，①～⑧の記号で答えなさい。ただし，国名は重複使用可とする。

曲　　　名	国　　　名 ＊重複使用可
ア　イパネマの娘	①　韓国
イ　故郷の春	②　イタリア
ウ　サンタ ルチア	③　ブラジル
エ　ダニー ボーイ	④　アイルランド
オ　ラサ サヤング	⑤　アルゼンチン
カ　オー ソレ ミオ	⑥　フィンランド
キ　アニー ローリー	⑦　中国
ク　茉莉花	⑧　スコットランド

問2　次の①～⑤の文は，伝統音楽・楽器について説明したものである。何について説明しているか答えなさい。

①　一人の演唱者が，大きな太鼓(プク)の伴奏によって歌，身振り，語りで演じる韓国の語り物芸能。

②　円筒形や多角形胴に蛇の皮を張り，2本の弦と弦の間に弓の毛を通し，同時に擦ったり1本だけを擦って演奏する中国の楽器。

③　即興的に言葉を紡ぎ，歴代の王族や土地の名士などの名前を歌い称える西アフリカの芸人。伴奏には，コラという独自の楽器を

用いる。

④ ポルトガルからの移民が持ち込んだ楽器を起源とし，ハワイで独自の形へ改良された楽器。4本の弦を指で弾いて演奏する。

⑤ アイルランドを代表する撥弦楽器。12世紀頃に出現し18世紀には一時途絶えたが，19世紀に復元されたハープ。

(☆☆☆◎◎◎)

【6】次に記されたギターのタブ(TAB)譜を高音部譜表に臨時記号を用いて書き換えなさい。

(☆☆☆◎◎◎)

【7】三味線について，次の問いに答えなさい。

問1 三味線で，次の①～④の奏法における記譜法を下から選び，ア～キの記号で答えなさい。

① 左手の指で弦をはじく。

② ばちでは弾かず，左手の指先で勘所を打つ。

③ 左手の指で弦を押さえたままスリ上げたりスリ下げたりし，音の高さを変化させる。

④ 弦を下からスクイ上げるようにして弾く。

問2 三味線において，旋律や奏法を記憶させたり，楽曲を伝承するため，主にタ行とラ行を用いて伝える手法を何というか，次の語群から一つ選び，ア～エの記号で答えなさい。

ア 伝え弾き　　イ 口三味線　　ウ 相三味線　　エ 歌い物

199

問3　一の糸を口音に合わせた場合，本調子，二上り，三下りで調弦
　　した実音を，高音部譜表に全音符で書きなさい。

(☆☆☆◎◎◎)

【8】次の問いに答えなさい。
　問1　主にバロック時代の聖書に基づく物語による叙事的楽曲で，独
　　　唱，合唱，管弦楽などを用い，演奏会形式で上演される音楽を何と
　　　いうか答えなさい。
　問2　ある声部が旋律を受け持ち，他の声部が和音を中心とした伴奏
　　　をする音楽形態を何というか答えなさい。
　問3　シューベルト作曲のピアノ五重奏曲イ長調D.667「ます」で，ピ
　　　アノ，ヴァイオリン，ビオラの他に使用される楽器を2つ答えなさ
　　　い。
　問4　ワーグナーは，文学，演劇，音楽などを統合した新しい様式を
　　　創始した。その名称を何というか答えなさい。
　問5　ロマン派時代に登場した名人芸的・曲芸的な技術を持った演奏
　　　家のことを何というか答えなさい。
　問6　近・現代の音楽で，一定の音形パターンを微妙に変化させなが
　　　ら反復していく音楽のことを何というか答えなさい。
　問7　イギリス，リヴァプール出身の4人組のロック・バンドで，ロッ
　　　クのみにとどまらず，クラシック音楽と融合した作品も発表した。
　　　そのバンド名を答えなさい。
　問8　1970年代に，エレクトロ・ポップの最先端として活躍したYMO
　　　のメンバーで，映画「ラストエンペラー」の音楽も手がけた作曲者
　　　名を答えなさい。

(☆☆☆◎◎◎)

【9】 次のスコアの楽曲について，下の問いに答えなさい。

問1　この曲の作曲者名を答えなさい。

問2　楽譜中（　A　）の2小節のリズムは，スネアドラムによって繰り返し演奏される。そのリズムを高音部譜表に一点ト音で書きなさい。

問3　問2のリズムは，ある国で創作されたものである。その国名を答えなさい。

問4　楽譜中のBの音楽用語の意味を答えなさい。

問5　楽譜中の楽器名はフランス語で表記されている。Cの楽器は一般的に何という楽器か，カタカナで答えなさい。

問6　この曲は，全部で400小節の作品である。この曲を最初から最後まで全て♩＝80で一定に演奏した場合，演奏時間は何分何秒か答えなさい。

問7　次の文は，この作曲者の作品について説明したものである。その作品名を下の中から選び，①〜④の記号で答えなさい。

知人の幼い子供たちのために，1908年に作曲したピアノ連弾用組曲。1911年には管弦楽用に編曲され，さらに前奏曲や間奏曲などを書き足し1912年にはバレエ音楽にも作り変えた。

① 　ラ・ヴァルス　　② 　水の戯れ　　③ 　マ・メール・ロワ

④ 　組曲〈クープランの墓〉

(☆☆☆☆◎◎◎)

解答・解説

【中学校】

【1】1　(1)

(2)

(3)

〈解説〉聴音問題は練習を重ねて慣れること，またその練習の中で自分なりのコツをつかむことが重要である。1人で練習することがなかなか

難しいので，周りの人にピアノで旋律を弾いてもらうなどして練習するのが望ましい。本問のような旋律聴音の場合は，強拍を見失わないように，自分の中でカウントしながら聞いていくのが1つのポイントである。(1)のような4分の4拍子の場合は1拍目(と3拍目)，(2)のような4分の3拍子の場合は1拍目，(3)のような8分の6拍子の場合は1拍目と4拍目を確実に聞き取れれば，ずれていくことがない。

【2】(1)　ア　　(2)　オ

〈解説〉(1)は2声の，(2)は3声のハーモニーが聴き取れているかどうかを問う問題である。紛らわしい選択肢ばかりだが，メロディー以外の声部に集中して聴くと少し判断しやすいだろう。たとえば(1)では，下の声部，それも3拍目以降を集中して聴けば違いが比べやすい。また(2)では，2小節目で下2つの声部の動きを捉えておき，そこから横の流れを聴くようにするとそれぞれの声部を聞き分けることができるだろう。選択肢エは2拍目の低音が特徴的なので判断しやすいが，オとカの判別は，それぞれの声部の動きを把握できているかがポイントとなる。

【3】速度，音色，強弱 (順不同)

〈解説〉学習指導要領において「音楽を形づくっている要素」には，音色，リズム，速度，旋律，テクスチュア，強弱，形式，構成などがあげられており，これらを覚えていれば，本問の解答にふさわしいのは速度，音色，強弱であることが分かるだろう。〔共通事項〕は，現行学習指導要領から新たに加えられた事項である。特にこの「音楽を形づくっている要素」に関連する問題は頻出なので，要素の一つ一つを覚え，説明できるようにしておきたい。

【4】ア　態度　　イ　創意工夫　　ウ　主体的

〈解説〉各学年の目標は，教科の目標に次いで全文を覚えることが望ましい。ただし使われている文言は共通するものが多く，本問の3つの文

言も各学年で用いられているものである。このようなキーワードを中心に覚え，あとは学年ごとに表現の異なる箇所をおさえて，内容を理解しておきたい。

【5】(1)　b　　(2)　f　　(3)　e　　(4)　d

〈解説〉いずれも日本の代表的な民謡。このような民謡と都道府県は必ず対にして覚えておこう。　　(1)　南部牛追い歌は岩手県の民謡で，牛方(牛を使って荷物を運ぶ人)の道中歌として歌われた。　　(2)　五木の子守歌は熊本県の民謡で，もともとは子守娘が自らの悲しい境遇を歌ったものだった。　　(3)　江差追分は北海道の民謡で，もともとはお座敷唄だった。　　(4)　安来節は島根県の民謡で，「どじょうすくい」という踊りを伴う。

【6】(1)　作詞者名…ゲーテ　　作曲者名…シューベルト　　(2)　だんだん速く　　(3)　解答省略。

〈解説〉(1)　「魔王」は，ドイツの代表的な文学者ゲーテ(1749～1832)の詩に，シューベルト(1797～1828)が曲をつけたリート(ドイツ語による歌曲)である。　　(2)　略さずに書くとaccelerando(アッチェレランド)。だんだん速くという意味の，速度を表す音楽用語である。　　(3)　このような指導案形式の問題は，何よりも指導案の作成に慣れておくことが重要である。指導案にはある程度決まった書き方があるので，それを確実に身に付けておくと安心である。全体で何時間扱いなのか，次時がある場合にはどのようにつなげるのか，そういった全体像も把握しながら書き進めたい。本時の具体的な書き方としては，①本時への意欲を高めるための活動，②詩の内容を理解し楽曲の特徴を知覚・感受する活動，③本時の学習の振り返り，というように大きく3つの活動に分けて考えるとよいだろう。①の活動では「手立ての工夫」が，②の活動では「知覚・感受の活動」と「主体的活動」が，③の活動では「目標の意識」が盛り込まれているかどうかが重要な観点である。また生徒Aに対する「個別指導」も詳しく書きたい。その他の観点と

しては，活動の内容や活動量が適切であるかどうか，音楽を形づくっている要素がどのように扱われているかが明確になっているか，導入・展開・終末の学習活動のバランスがとれているか，等があげられる。

【7】

〈解説〉トランペットin B♭の実音は記譜より長2度低い。最初のCis(嬰ハ)の音を出すためには，Cis(嬰ハ)の長2度上のDis(嬰ニ)から書き始めればよい。同様に，ホルンin Fの実音は記譜より完全5度低いので，最初の音はE(ホ)の完全5度上のH(ロ)から書き始めればよい。それぞれ調号のつけ間違いに気を付けよう。

【8】

〈解説〉与えられた条件を満たすよう，シンプルに作りたい。まず主旋律から完成させるか，主旋律と副次的旋律を同時に作っていくかは人によって方法が異なるところだが，A—A'—B—A"の形式をはっきりさせるためには，旋律から考えた方が幾分やりやすいかもしれない。2段目のA'ではアのフレーズをそのまま使い，後半2小節だけAと異なるものにすればよい。3段目のBではまったく異なるメロディーを挟み，4段目では2段目のA'を参考にA"で締めくくろう。副次的旋律は，主旋律に和声がつけられれば，そう凝ったことをしなくてもよいだろう。また，いずれのパートもアルトリコーダーの音域を考え，無理のない範囲で演奏できるように工夫しよう。

【高等学校】

【１】問1　(1)　[1曲目]　作曲者名…オルフ　　出身国名…ドイツ

(2)　[2曲目]　作曲者名…パガニーニ　　独奏楽器名…ヴァイオリン

(3)　[3曲目]　音階名…ア　　民謡名…③

(4)　[4曲目]　作曲者名…プロコフィエフ　　作品名…ウ

問2

〈解説〉問1　このようなリスニング問題は，名曲といわれる楽曲をどれ
だけ聴いているかがポイントとなるので，日頃からできるだけ多くの
曲(特に学校現場の授業で教材となるような曲は必ず)を聴き，その曲
の作曲者とその背景まで学習しておきたい。　(4)　アの「菩提樹」は
シューベルト，イの「中国の太鼓」はクライスラー，エの「春の祭典」
はストラヴィンスキーの作品である。　問2　旋律聴音は1人で学習す
るのが難しいので，誰かに旋律を弾いてもらうなどして日頃から訓練
しておきたい。とり方のコツは人によって違うので，訓練するうちに
身につけていってほしいが，特に強拍を見失わないようにカウントを
とりながら聴くことが重要である。本問の場合も，1拍目が鳴らない
(その前の音からタイになっている)場合がみられるが，そういった時
に強拍を見失い，ずれていってしまうことが多い。常に何拍子なのか，
強拍はどこなのか意識して聴こう。またせっかく音がとれていても，
臨時記号のつけ忘れなどもよくあるので，必ず見直しをしよう。

【2】問1　ア　創造的　　イ　音楽文化　　問2　(1)　音楽が生まれ，
はぐくまれてきた国，地域，風土，人々の生活，文化や伝統などの文
化的・歴史的背景など。　(2)　旋律，テクスチュア，強弱，形式，構
成　から3つ　　(3)　エ　問3　・感想を述べたり，単なる感想文を
書いたりするだけにならない。　・音楽を形づくっている要素や構成
などを客観的な理由としてあげさせる。　・楽曲や演奏に対する自分

なりの評価を表させる。　・音楽によって喚起されたイメージや感情について根拠をもって述べさせる。　・自分にとっての楽曲や演奏の価値を表すことができるようにさせる。　など　　問4　(1)　知的財産権　　(2)　ウ

〈解説〉問1　目標については全文を書けるように暗記しよう。また音楽Ⅰと音楽Ⅱとの違いも正確に把握しよう。　問2　(1)　学習指導要領で用いられている文言については，学習指導要領解説に必ず詳しい説明が書かれているので，熟読しておこう。内容に関しては，一言一句を暗記するというよりも，キーワードをおさえ，それを自分で説明できるかどうかがポイントとなる。　(2)　「音楽を形づくっている要素」については頻出である。要素の一つ一つを覚え，これも説明できるようにしておきたい。　(3)　現行学習指導要領では，「音楽を形づくっている要素を知覚し，それらの働きを感受」することは，すべての音楽活動の基盤であるとされているため，その他の事項はこの事項と関連づけて指導しなければならない。　問3　「根拠をもって批評する活動」も，現行学習指導要領から取り入れられた重要な事項である。解答例は『高等学校学習指導要領解説芸術編』第2章　第1節　4　内容の取扱い(6)にあげられていることで，これらのことをふまえて解答できればよい。　問4　「知的財産権」についても現行学習指導要領から「内容の取扱い」に新たに取り入れられた事項である。　(2)　著作権法第35条によって，「学校の授業のために使用するコピー」については認められている。

【3】問1　作詞者名…北原白秋　　作曲者名…山田耕筰　　問2　イ
問3　赤い鳥　　問4　A　完全4度　　B　長10度　　C　長6度
D　減4度　　E　短7度　　問5　歌の翼に　　問6　エ
問7　H・ハイネ　　問8　h moll

問9

問10

問11　島唄

問12

問13　①

②

③

問14　①　属七の和音　　②　短三和音　　③　長三和音

問15　三線

〈解説〉問1　楽譜1は，北原白秋作詞，山田耕筰作曲の「この道」である。

問2　アの「赤とんぼ」は三木露風作詞，山田耕筰作曲。ウの「さくらさくら」は作者不詳。エの「あめふり」は北原白秋作詞，中山晋平作曲。オの「城ケ島の雨」は北原白秋作詞，梁田貞作曲。

問3　児童文学雑誌「赤い鳥」は，鈴木三重吉が1918年に創刊したもので，北原白秋をはじめ，芥川龍之介，高浜虚子らも賛同した。

問4　難しい音程はないが，調号がついていることに注意すること。また数え間違いがないかどうか必ず見直しをすることを心がけよう。

問5　楽譜2は，メンデルスゾーンの歌曲「歌の翼に」である。

問6　「真夏の夜の夢」は，メンデルスゾーンが作曲した演奏会用序曲(作品21)及び劇付随音楽(作品61)である。　問7　「歌の翼に」の原詩はH・ハイネが1827年に発表した「歌の本」にある詩である。　問8　楽譜2の調はG dur(ト長調)。G dur(ト長調)の属調はD dur(ニ長調)，その平行調はh moll(ロ短調)である。　問10　アルトサクソフォンの実音は記譜より長6度低い。つまり楽譜2を長6度上げて書けば，アルトサクソフォン用の移調楽譜になる。　問11　宮沢和史作詞・作曲の「島唄」である。　問12　沖縄音階は，ドから始まる長調の音階のレとラを抜いたものである。　問13, 14　コードネームは，和音の種類を示しているので，読むことに慣れてしまえば難しくない。本問で出題されているコードネームはいずれも基本的なものである。　問15　三線は，沖縄・奄美の弦楽器で，胴に蛇皮を用いることから，沖縄本土では蛇皮線と俗称されることもある。

【4】ア　③　　イ　⑨　　ウ　⑫　　エ　④　　オ　⑥　　カ　⑩
キ　⑤　　ク　①　　ケ　⑭　　コ　⑯

〈解説〉浄瑠璃，人形浄瑠璃についての基本的な説明文。特に難しい選択肢はないので，浄瑠璃の概要と発展の経緯を学習していれば難しくない。浄瑠璃は初めは無伴奏だったが，江戸時代の直前に三味線が伴奏音楽として定着した。またそれと同じ頃に人形芝居と，後には歌舞伎とも融合して，庶民の娯楽として大いに流行した。

【5】問1　A　曲名…エ　　国名…④　　B　曲名…ク　　国名…⑦
C　曲名…カ　　国名…②　　D　曲名…ア　　国名…③
E　曲名…キ　　国名…⑧　　問2　①　パンソリ　　②　アルフー
(二胡)　　③　グリオ　　④　ウクレレ　　⑤　アイリッシュハープ

〈解説〉問1　いずれも有名な世界の音楽なので，曲名と旋律は知ってお

きたい。また曲名と発祥した国名は必ず対で覚えておこう。

問2 ① パンソリはユネスコの無形文化遺産にも登録されている。物語性のある歌と打楽器の演奏である。 ② アルフー(二胡)は清朝の中期からある中国の弦楽器。左ひざの上に立てて演奏する。

③ グリオは演奏というよりも，歴史上の英雄譚や生活教訓などを旋律にのせて人々に伝えることを本来の目的としている。 ④ ウクレレは，現在ではハワイ音楽に用いられることがほとんどである。

⑤ アイリッシュハープは近代のハープが開発される前から広く用いられていた。弦は金属でできている。

【6】

〈解説〉タブ譜は頻出だが，実際にタブ譜を読みながらギターを触ったことがないとなかなか慣れないものである。どの弦のどのフレットを押さえるかが示されているものなので，慣れれば五線譜に置き換えることは難しくない。書き間違いに注意しよう。

【7】問1 ① ウ ② カ ③ ア ④ エ 問2 イ
問3 本調子

〈解説〉問1　三味線の奏法を記譜する場合は，記号で書く場合と，「スクイ」なら「ス」，ハジキなら「ハ」など，片仮名で書く場合とがある。　問2　三味線の唱歌を特に口三味線という。　　問3　三味線の主な調弦法は三つしかないので，よく覚えておきたい。

【8】問1　オラトリオ　　問2　ホモフォニー　　問3　チェロ，コントラバス　　問4　楽劇　　問5　ヴィルトゥオーソ　　問6　ミニマル・ミュージック　　問7　ビートルズ　　問8　坂本龍一

〈解説〉問1　オラトリオは宗教的音楽劇，聖譚曲ともいわれる。ヘンデルの「メサイア」，ハイドンの「天地創造」などが代表曲である。　問2　ホモフォニーは，一般的に最上声部が独立した主旋律である。ホモフォニーに対して，単一の声部のみの音楽をモノフォニー，複声部だが各声部が対等な関係の音楽をポリフォニーという。　問3　ピアノ五重奏曲の場合，ピアノと弦楽四重奏(第1ヴァイオリン，第2ヴァイオリン，ビオラ，チェロ)という編成が多いが，シューベルトの「ます」の場合は，ピアノとヴァイオリン，ビオラ，チェロ，コントラバスという編成である。　問4　ワーグナーは，音楽，言葉，舞台の各要素は劇的内容の表現のために結び付けられるべきだと主張した。また，ワーグナーは楽劇によってオペラ作品の大規模化を目指したともいわれている。　問5　「ヴィルトゥオーソ」とはもともと「達人」を意味するイタリア語だった。特に華麗な技巧や表現力をもった演奏家のことをいう。　問6　ミニマル・ミュージックは1960年代にアメリカで生まれた。代表的な作品としては，テリー・ライリーのものやスティーヴ・ライヒのものが有名である。　問7　ビートルズは主に1960年代に活躍した。代表作には「イエスタデー」「ヘイ・ジュード」等がある。　問8　坂本龍一は，映画「ラストエンペラー」の音楽で日本人初のアカデミー作曲賞を受賞している。

【9】 問1　ラヴェル

問2

問3　スペイン　　問4　弓を使わずに指で弦をはじく　　問5　ビオラ

問6　15分00秒　　問7　③

〈解説〉問1　示された楽譜は，フランスの作曲家モーリス・ラヴェル作曲の「ボレロ」である。　問2　楽曲中，スネアドラム(小太鼓)が最初から最後まで，同じリズムを同じテンポで演奏する。　問3　ボレロはスペインの民族舞踊である。　問4　pizzicatoで，弦楽器の弦を指ではじくことによって音を出す演奏技法を表す。　問5　ビオラをフランス語でaltoという。　問6　演奏時間の計算には公式があるので覚えておくとよい。A分のB拍子の曲の場合，

「$\dfrac{60 \times B \times 小節数}{A分音符1つ分のメトロノームの目盛り} = 演奏時間(秒)$」で求める

ことができる。総小節数は400小節，拍子は4分の3拍子なので，これ

を式に当てはめると「$\dfrac{60 \times 3 \times 400}{80}$」となり，答えは900秒，つまり

15分となる。　問7　いずれもラヴェルの作品だが，ふさわしいのは

③の「マ・メール・ロワ」。これはラヴェルがマザーグースを題材にして作曲したピアノ4手連弾の組曲で，後に管弦楽用，バレエ音楽用にも編曲されている。

2013年度　実施問題

【中学校】

【1】〈放送による問題〉

　1　小学校歌唱共通教材の旋律の一部を4小節演奏します。解答頁の空いている小節に聴き取った音符を書き，曲を完成させなさい。なお，最初の音のみ，解答頁の楽譜に示している。(⬛⬛の小節は記入する必要はない。)

（☆☆☆◎◎◎）

【2】〈放送による問題〉

　2　解答頁の空いている小節に聴き取った音符・休符を書き，リズム譜を完成させなさい。

（☆☆☆◎◎◎）

【3】〈放送による問題〉

　3　次の楽譜を正しく演奏しているものを，これから演奏するアからウの中から選び，記号で書きなさい。

（☆☆☆◎◎◎）

【4】〈放送による問題〉

　4　これから4曲を流します。1曲目から3曲目は演奏楽器の名称を，4曲目は我が国の伝統的な歌唱を書きなさい。

（☆☆☆◎◎◎）

【5】中学校学習指導要領(平成20年3月告示)における，第2学年及び第3学年の「B鑑賞」に関する内容です。A～Eにふさわしい語句を書きなさい。

(1) 鑑賞の活動を通して，次の事項を指導する。

　ア　音楽を形づくっている要素や構造と曲想とのかかわりを理解して聴き，(A)をもって(B)するなどして，音楽のよさや美しさを味わうこと。

　イ　音楽の特徴をその背景となる(C)・(D)や他の芸術と関連付けて理解して，鑑賞すること。

　ウ　我が国や郷土の伝統音楽及び諸外国の様々な音楽の特徴から音楽の(E)を理解して，鑑賞すること。

(☆☆☆◎◎◎◎)

【6】次の表は中学校歌唱共通教材一覧表である。①～④の空欄にあてはまる作詞者をⅠ群より，作曲者をⅡ群より選び，記号で書きなさい。

曲　名	作　詞　者	作　曲　者	曲　名	作　詞　者	作　曲　者
赤とんぼ	三木　露風	①	花	③	滝　廉太郎
荒城の月	②	滝　廉太郎	花の街	江間　章子	④
早春賦	吉丸　一昌	中田　章	浜辺の歌	林　古溪	成田　為三
夏の思い出	江間　章子	中田　喜直			

Ⅰ群：A　吉丸一昌　　　B　武島羽衣　　　C　土井晩翠
　　　D　高野辰之

Ⅱ群：ア　團伊玖磨　　　イ　成田為三　　　ウ　中田章
　　　エ　山田耕筰

(☆☆◎◎◎)

【7】 資料1 合唱教材「旅立ちの日に」(小嶋登　作詞／坂本浩美　作曲／松井孝夫　編曲)について次の問いに答えなさい。

(1) この曲の調性を書きなさい。

(2) 演奏する速さはどのぐらいが適当か，次のア～ウの中から選び記

215

号で書きなさい。

　　ア　Andante　　イ　Moderato　　ウ　Allegro

(3)　資料1 の後ろから2小節目にある a の記号の読み方と意味を書きなさい。

(4)　この曲で，合唱における表現の工夫について学習する。以下の条件を踏まえて，1時間(50分)の授業を構想しなさい。指示に従って，生徒が主体的に取り組めるような活動とその活動における生徒の表れを「導入」「展開Ⅰ」「展開Ⅱ」「まとめ」のそれぞれで予想し，授業構想をまとめなさい。

対象学年：第3学年

題材名：曲想の違いを感じ取って表現しよう。

題材の目標：曲想の違いを感じ取り，それにふさわしい歌い方を創意工夫する。

生徒の実態：1・2年生の時に卒業式で歌っているため，各パートは概ね正しい音程で歌うことができている。

　　　　　　歌詞の内容から，未来に向かって力強く進んで行こうという気持ちを表現したいと思っている。

本時の目標：曲想の違いを感じ取り， C の部分の歌い方を工夫する。(3時間扱いの第2時)

〈構想作成上留意すること〉

・〔共通事項〕に示す音楽を形づくっている要素を絞り込むこと。

・音楽活動を通して，表現を工夫する活動を設定すること。

（☆☆☆☆◎◎◎）

【8】次の楽譜はヴェルディ作曲の歌劇「椿姫」より "乾杯の歌" を金管
七重奏に編曲したスコアの冒頭部分である。これについて，下の問い
に答えなさい。

(1) [A] に当たる楽器名を書きなさい。(カタカナでよい)

(2) この冒頭部分の伴奏は，この調のⅠ度の和音で演奏している。
　　[A] 1 と [A] 2 と Trombone の3つの声部でⅠ度の3和音を演奏するため
　　には，[A] 1はどのように演奏したらよいか，1小節目に当たる楽譜
　　を次のア〜ウの中から選び，記号で書きなさい。

(☆☆☆○○○)

217

【9】A中学校では，2月に小学校6年生を対象にした一日体験入学が計画
されている。B小学校の6年生1クラスが中学校の音楽の授業を体験す
ることになり，A中学校の1年生と一緒に授業を行うことになった。音
楽科のC先生は，中学生と小学生が一緒に歌う機会にしようと次のよ
うに考えた。

・小学生の得意な 資料2 を中学生と一緒に歌う。

・小学生は，同声二部合唱で 資料2 を楽譜どおり歌った経験がある。

・小学生に中学生の混声三部合唱の素晴らしさを伝えたい。

・中学生のソプラノ，アルト，テノールの各声部の人数のバランスは
良い。

・中学生には，混声三部合唱の美しい響きや音楽表現の工夫を追究さ
せたい。

　しかし， 資料2 の混声三部合唱に編曲された楽譜が見当たらなかっ
たので，自分でテノールの声部を付け加えることにした。

　上の5点を踏まえながら， 資料2 の同声二部合唱曲を混声三部合唱
に編曲しなさい。ただし，次の(1)から(4)の条件に従うこと。

(1)　編曲する部分は，曲の後半部13小節間(※～※の部分)とする。

(2)　テノールの声部が独自に歌う部分(ソプラノ・アルトとずれる部
分)を最低1箇所設定する。

(3)　テノールの声部の音符の下に歌詞を記入する。

(4)　V(ブレス)や強弱記号等は書かなくてよい。

(☆☆☆☆◎◎)

【高等学校】

【1】放送問題

　問1　これから再生される曲を聴き，曲名と作曲者名を答えなさい。
　　なお，再生曲数は4曲で，1曲につき，1回のみの再生とします。

　問2　単旋律の聴音問題です。再生曲数は1曲です。通しで8小節を1回
　　演奏した後，前半4小節を3回，通しで8小節を1回，後半4小節を3回，
　　最後に通しで8小節を1回演奏します。調号を用いて，楽譜に書きな

さい。

(☆☆☆○○○)

【2】次の【楽譜1】～【楽譜4】について，下の問いに答えなさい。

【楽譜1】

問1　楽譜1の曲名を答えなさい。

問2　楽譜1の作詞者名を漢字で答えなさい。

問3　楽譜1の歌詞を，旋律のリズムと言葉が一致するように書きなさい。ただし，歌詞は1番とする。

問4　楽譜1の作曲者の作品を次の中から選び，ア～オの記号で答えなさい。

　　ア　小さい秋みつけた　　イ　この道　　ウ　荒城の月

　　エ　さくら　　　　　　　オ　ふるさと

【楽譜2】

　　う　の　は　な　　の　に　お　う　か　き　ね　に　　ほ　と　と　ぎ　す　は　や　も　き　な　き　て

問5　楽譜2の冒頭4小節の旋律を，歌詞とリズムが一致するように書きなさい。

問6　楽譜2の作曲者名を漢字で答えなさい。

問7　「卯の花の匂う垣根に，時鳥早も来鳴きて，忍び音もらす　夏は来ぬ」は，楽譜2の1番の歌詞である。あとの問いに答えなさい。

(1)　「卯の花」とは「うつぎ」という木の花である。何月頃に咲く花か，次から選びア～エの記号で答えなさい。

　　ア　1月～2月　　イ　5月～6月　　ウ　8月～9月

　　エ　12月～1月

(2)　楽譜2は，明治29年に，ある歌集の5巻に掲載された。この歌集名を答えなさい。

【楽譜3】

うえを　むーいて　ある　こーーー　なみだが　こぼれ　ない
うえを　むーいて　ある　こーーー　にじんだ　ほしを　かぞ

問8　楽譜3の作曲者名を漢字で答えなさい。

問9　楽譜3を音楽Ⅰの授業で取り扱いたい。「高等学校学習指導要領
　　芸術編(平成21年3月告示)」の「音楽Ⅰ」の内容の「曲種に応じた発
　　声の特徴を生かし，表現を工夫して歌うこと。」の事項を指導する
　　場合，指導上の留意点を書きなさい。

問10　楽譜3は何調か答えなさい。

問11　楽譜3の冒頭4小節を，長3度上に調号を用いて移調しなさい。

問12　問11で移調した調の平行調の属調は何調か答えなさい。

【楽譜4】

問13　楽譜4はあるオペラの中の曲である。このオペラの題名を答え
　　なさい。

問14　楽譜4の作曲者名を答えなさい。

問15　この作曲者はロシア5人組である。この作曲者以外でロシア5人
　　組と言われている作曲家を一人答えなさい。

(☆☆☆☆◎◎)

【3】次の①～⑦の文に説明されたオペラの題名と作曲者名を，あとの語
　　群からそれぞれ選び，ア～サ，a～jの記号で答えなさい。

①　武将ラダメスは女奴隷と相愛となる。2人で脱走しようとし，2人
　　は生き埋めにされる。

②　19世紀末の長崎を舞台としたオペラ。最後は日本人女性が子ども

を残し，自らを絶つ。

③ 屋根裏部屋に住む貧乏な芸術家の若者たちの，1830年頃のパリを舞台とした恋愛物語。

④ 王子タミーノは，夜の女王の娘パミーナを救うため，試練に立ち向かう。2人は試練を通して結ばれる。

⑤ 靴屋の親方で歌芸術の名匠ザックスは，若い騎士ワルターの歌に魅力を感じる。様々な障害を乗り越え，ザックスは彼を名匠に推薦しようとする。

⑥ 兵士ドン・ホセは，自由奔放なジプシー女の魅力の虜となり破滅していく。

⑦ 高級娼婦ヴィオレッタは，アルフレードと恋に落ちるが，アルフレードの父の願いで二人は引き裂かれる。二人が再会した時すでにヴィオレッタは死の床についていた。

題 名	作曲者名　＊
ア 「カルメン」	a ビゼー
イ 「蝶々夫人」	b プッチーニ
ウ 「仮面舞踏会」	c ヴェルディ
エ 「愛の妙薬」	d ドニゼッティ
オ 「さまよえるオランダ人」	e ワーグナー
カ 「魔笛」	f モーツァルト
キ 「ラ・ボエーム」	g サン=サーンス
ク 「ニュルンベルクのマイスタージンガー」	h チャイコフスキー
ケ 「椿姫」	i ロッシーニ
コ 「アイーダ」	j ベッリーニ
サ 「セビリアの理髪師」	

＊　重複使用可

(☆☆☆◎◎◎)

【4】次の文を読んで，あとの問いに答えなさい。

朝鮮半島の百済楽，新羅楽，高句麗楽，主に遣唐使などによって中国から伝えられた唐楽，中国で学んだ百済人が伝えたと言われる伎楽など，アジア大陸の交流を通していろいろな音楽が日本に伝えられた。

これらの外来音楽や古代から伝わる音楽である①倭歌，②久米歌など教習，演奏のために(A)が設置された。

　外来文化を日本化する時代となると，宮廷音楽である③雅楽は(B)(唐楽など)と(C)(高麗楽など)とに大別され，形式も整えられた。(A)も(D)に改変された。また，古くからの歌である④神楽歌，⑤東遊，久米歌などに新しく民謡などを芸術化した⑥催馬楽，漢詩を日本語読みにして歌う朗詠も雅楽に加わり，はやり歌の⑦今様なども生まれた。また，仏教音楽の⑧声明が伝えられたのもこの時代である。

問1　文中①～⑧の下線部の読み方を答えなさい。
問2　文中A～Dにあてはまる適語を漢字で書きなさい。
問3　次の①～⑤の楽器を，下の絵から選んでア～クの記号で答えなさい。また，それぞれの読み方も答えなさい。
　　　①　笙　　②　篳篥　　③　竜笛　　④　鞨鼓　　⑤　鉦鼓

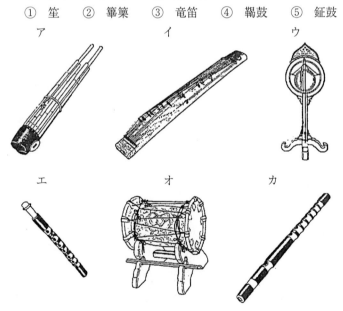

キ　　　　　ク

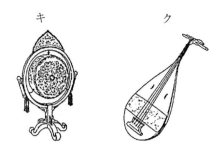

(☆☆☆○○○○)

【5】次の【楽譜5】～【楽譜6】について，下の問いに答えなさい。
　【楽譜5】

　問1　楽譜5は，1874年にピアノ曲として作曲されている組曲の中の1
　　　曲である。組曲名を答えなさい。
　問2　楽譜5を，1922年に管弦楽用に編曲した作曲者名を答えなさい。
　【楽譜6】

1. く　も　わ　た　　く　　し　　じ　ま　し　の　も　り　と　　ー　　し　ず　か　に　　　　か　は
2. い　く　た　び　　　し　　あ　ら　し　に　た　え　て　　　ー　　す　ぎ　こ　し　　　　か

　問3　楽書6は，ある交響詩の中間部を合唱に編曲した楽譜である。こ
　　　の曲の作曲者名と作曲者の出身国名を答えなさい。

(☆☆○○○)

【6】次の①～③の説明に該当する事柄，④～⑥の説明に該当する人物名
　を答えなさい。
　①　最も古い型はオルガヌムと呼ばれ，グレゴリオ聖歌に別の旋律を
　　重ね合わせた音楽。初期では，完全四，五度音程で平行進行するだ

223

けであったが，後に斜進行，反進行も取り入れた。

② バロック時代特有のコンチェルトの一形態。ソロ楽器群とオーケストラにグループが分けられ，両者が協奏する。

③ 古典派の絶対音楽とは対照的に，文学・絵画など音楽以外の芸術と結びつきを強めた音楽。

④ ドイツの作曲家で，主に交響曲とピアノの作品で認められ人気を得た。交響曲に初めて声楽を使用したことで，後の作曲家たちに大きな影響を与えた。また，教則本で有名なチェルニーのピアノの師匠でもあった。

⑤ ドイツの作曲家で，主に声楽曲が有名であり，生涯にわたり600曲にものぼる歌曲を作曲した。歌曲集「美しき水車小屋の娘」「冬の旅」「白鳥の歌」などが有名である。

⑥ ポーランド出身の作曲家で，1831年からパリに渡りピアニストとしても活躍した。作品のほとんどがピアノの作品であり，「ピアノの詩人」とも称されている。

(☆☆☆◎◎)

【7】ギターについて，次の問いに答えなさい。

問1　次の説明文は，ギターの各奏法について記したものである。それぞれの説明に該当する奏法を答えなさい。

① 弦を弾いた指が，隣の弦に触れないで，手のひらに向かって止まる奏法。主に重音，和音，アルペッジョなどを奏するときに多く使用される。

② フレットを1本の指で，2本以上の弦を同時に押さえる。

③ 弦を弾いた指が，隣の弦に触れて止まる奏法。旋律などを奏するときに多く使用される。

④ 指先やピックを使い，主に手首を動かして弦をかき鳴らす奏法。

問2　次の①〜④に示されたダイヤグラムを見て，そのコードネームをあとから選び，ア〜サの記号で答えなさい。

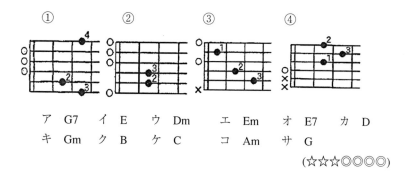

ア G7　イ E　ウ Dm　エ Em　オ E7　カ D

キ Gm　ク B　ケ C　コ Am　サ G

(☆☆☆○○○○)

【8】 次の①～⑤の音をアルトリコーダーで演奏する場合の運指を図示しなさい。楽器はバロック式(イギリス式)とする。なお，例に示す運指は，5線譜の上第2線のC音である。

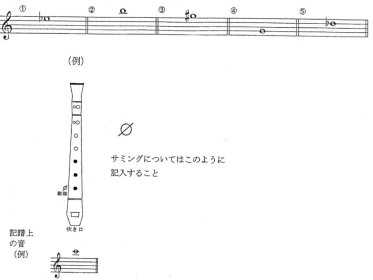

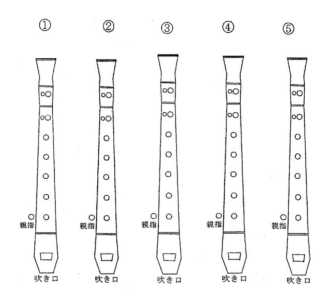

①　②　③　④　⑤

（☆☆☆◎◎◎◎）

【9】次の①～④の文は何の音楽について説明しているか，その音楽の名称を答えなさい。

①　インドネシアのジャワやバリ島において青銅製の打楽器群を中心として演奏される合奏音楽。

②　アンデス地方の音楽でその語源は「民族/民俗学/民間伝承」を意味するスペイン語。楽器はケーナやシークなどを中心に演奏し，旋律は5音音階によるものが多い。

③　沖縄県の盆踊りなどで使われる伝統音楽。歌や囃子に合わせ大太鼓，締太鼓，パーランクーなどを打ち鳴らしながら踊る。

④　朝鮮半島の伝統的な「ノンアク(農楽)」は農村を巡り歩く旅芸人たちの芸能であった。近年その音楽的要素を新たに発展させ，打楽器アンサンブルとして演奏されるようになった。

（☆☆☆☆◎◎◎）

【10】 次の①～⑤の文は何の楽器について説明しているか，下の語群から
選びa～lの記号で答えなさい。

① アフリカの楽器。音によって言語メッセージを伝えるために用い
られていた。

② モンゴルの擦弦楽器。歌の伴奏や独奏・合奏などに用いられる。

③ トルコのダブル・リードの円錐状の管楽器。イスラム教の儀式音
楽や結婚式，軍楽隊などで広く使われてきた。

④ 中南米トリニダード・ドバゴでドラム缶から作られた楽器。缶の
蓋や底に面積・深さの異なるいくつかの面を刻んで区切り，音階を
作り演奏する。

⑤ 南米アンデス地方周辺の民族音楽に使われる40～60cmほどの弦楽
器。共鳴胴にアルマジロの甲羅を使用した物もある。

a チャランゴ　　　b バラフォン　　　c バグ・パイプ

d カヤグム　　　　e アルパ　　　　　f スティール・ドラム

g ズルナ　　　　　h コンガ　　　　　i ボンゴ

j モリンホール　　k タブラー　　　　l トーキング・ドラム

(☆☆☆○○○)

解答・解説

【中学校】

【1】 ・1曲目

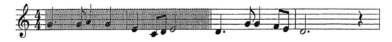

・2曲目

・3曲目

〈解説〉1曲目は，第3学年共通教材「ふじ山」(ハ長調・$\frac{4}{4}$拍子)である。

2曲目は，第6学年共通教材「おぼろ月夜」(ハ長調・$\frac{3}{4}$拍子)である。

3曲目は，第3学年共通教材「茶つみ」(ト長調・$\frac{4}{4}$拍子)である。小学

校の共通教材は，各学年に4曲あり，全部で24曲ある。

また，中学校歌唱共通教材は全部で7曲である。これらについては，
楽譜や歌詞をすべておぼえ，弾き歌いができるようにしておくことは
もちろん，作曲者名・作詞者名，彼らの生い立ちや他の作品について
も答えられるようにしておこう。

【2】・1曲目

・2曲目

〈解説〉リズムの聴き取り問題である。1曲目は，$\frac{4}{4}$拍子，4小節の曲で
ある。3小節目の3連符に気をつけたい。さらに4小節目の4拍目は休符
ではなく4分音符になっているので注意が必要である。2曲目は$\frac{3}{4}$拍子，
4小節の曲である。付点8分音符と16分音符のリズムの違いに耳を傾け
たい。

【3】ウ

〈解説〉ハ長調$\frac{4}{4}$拍子，4小節の楽譜である。スラーやスタッカート，テ
ヌート，アクセントに留意し，16分音符のリズムにも注意して耳を傾
けたい。曲を聴く前に，楽譜の特徴をつかんでおくことが大切である。

【4】・1曲目…箏(琴・こと)　　・2曲目…三味線　　・3曲目…尺八
　・4曲目…長唄

〈解説〉日本の伝統音楽に関する聴き取り問題である。音楽科で扱う歌唱
教材は「日本の伝統的な歌唱を含む日本や諸外国のさまざまな音楽」
であるが，「日本の伝統的な歌唱」の意味については，『中学校学習指
導要領解説　音楽編』の「第1学年」の「表現」の中で，「我が国の各
地域で歌い継がれている仕事歌や盆踊歌などの民謡，歌舞伎における
長唄，能楽における謡曲，文楽における義太夫節，三味線や箏などの
楽器を伴う地歌・箏曲など」と説明されている。近年，日本の伝統的
な楽器や伝統芸能についての出題が増えているので，よく学習してお
くようにしたい。

【5】A　根拠　　B　批評　　C　文化　　D　歴史　　E　多様性
　(CとD順不同)

〈解説〉『中学校学習指導要領解説　音楽編』の「第2学年及び第3学年」
の「B鑑賞」の指導事項の内容である。「第1学年」「第2学年及び第3学
年」で指導する内容は，「表現」「鑑賞」「共通事項」ごとにそれぞれ
決められている。これをすべて覚えるのは大変であるが，「第1学年」
と「第2学年及び第3学年」の表現の違いに注目し，その箇所の言葉を
中心に覚えておくとよいだろう。なお，音楽科の目標，学年の目標に
ついては全文暗記し，さらに，その文言の中で使われている言葉につ
いても，どんな意味なのかを説明できるようにしておきたい。

【6】①　エ　②　C　③　B　④　ア

〈解説〉中学校の歌唱共通教材についての問題であるが，基本であるので，容易に答えられるだろう。表の作曲者・作詞者の，他の作品も数曲あげられるように準備しておこう。たとえば，「赤とんぼ」は三木露風作詞，山田耕筰作曲の曲だが，山田耕筰は北原白秋とのコンビで「からたちの花」や「この道」など数多くの曲をつくっている。こうした点もおさえておきたい。

【7】(1)　変ロ長調　(2)　イ　(3)　・読み方…リタルダンド
・意味…だんだん遅く　(4)　解答省略

〈解説〉「資料1」は「旅立ちの日に」の楽譜であるが，公開されていない。混声三部合唱曲「旅立ちの日に」(小嶋登作詞・坂本浩美作曲・松井孝夫編曲)は，1991年，埼玉県秩父市立影森中学校の卒業していく生徒への「贈る言葉」として，当時の校長と音楽教諭によりつくられた曲である。その後，全国に広まり，多くの学校で，卒業式などで歌われている。設問の(1)〜(3)は，初歩的な問いである。　(2)　演奏する速さについては，編曲された楽譜の冒頭に「Moderato(♩=84)ぐらい 心をこめて」とある。選択肢アのAndanteは「ゆっくり歩くような速さで」，選択肢ウのAllegroは「速く」の意味である。　(4)　題材名は「曲想の違いを感じ取って表現しよう」である。この「曲想」とは，『中学校学習指導要領　音楽』によると，「その音楽固有の表情や味わいなどのこと」である。設問では，「構成作成上留意すること」として，「〔共通事項〕に示す音楽を形づくっている要素を絞り込むこと」とある。この「音楽を形づくっている要素」とは「音色，リズム，速度，旋律，テクスチュア，強弱，形式，構成など」のことをいうので，このうちのいずれかの要素を意識した授業構想を検討することとなる。「『旅立ちの日に』の音楽を形づくっている要素を知覚し，それらの働きが生み出す特質や雰囲気を感受する。」「音楽の特徴と歌詞の内容を関わらせて歌う。」などを柱とした具体的な授業展開を考えるとよいだろう。なお，国立教育政策研究所の「評価規準の作成，評価方法等

の工夫改善のための参考資料」には，具体的な事例として，「指導と評価の計画」が示されている。ぜひ活用したい。また，この資料の「評価の観点」や「評価の観点の趣旨」について出題されることもあるので，確実に覚えておこう。

【8】(1)　ホルン(Horn)　　　(2)　イ

〈解説〉(1)　金管七重奏のスコアである。トランペットB♭管が2，トロンボーン，ユーフォニウム，テューバがあるならば，A1とA2は「ホルン」と見当がつくが，移調楽器のトランペットB♭管及びホルンF管について確認しておきたい。トランペットB♭管は，実音の長2度上に記譜する。したがって，このスコアは実音が変ロ長調である。トロンボーンからテューバまでは移調楽器ではないので，その調になっている。ホルンF管は，実音の完全5度上に記譜する。A1とA2のパート譜も実音・変ロ長調の完全5度上のヘ長調になっている。

(2)　トロンボーンとA2の楽譜を移動ド唱法で読めば，すぐに正答に結びつく。冒頭のトロンボーンは「ソ」で，A2は「ド」，Ⅰ度の3和音のためには「ミ」でなくてはならない。

【9】

231

〈解説〉小学校の6年生と中学校1年生との合同合唱において，小学生が同
声二部合唱で歌った経験のある 資料2 の楽譜を，男声(テノール)の声
部を付け加えて混声三部合唱用に編曲せよという出題である。(1)～(4)
の条件のうち，(2)は編曲者としての才能が発揮できる部分といえるだ
ろう。これまでに聴いた混声合唱の経験を生かして，ソプラノ・アル
トに対するテノールの効果的な動きを工夫したいものである。模範解
答では，曲の最後から4小節目で，テノールの声部の動きが混声三部
合唱として効果的な編曲となっている。

【高等学校】

【1】問1 (曲名，作曲者名の順)・1曲目…交響曲第9番 ホ短調 「新世界より」第4楽章，ドヴォルジャーク ・2曲目…ノヴェンバー・ステップス，武満徹 ・3曲目…ベルガマスク組曲「月の光」，ドビュッシー・4曲目…アランフェス協奏曲 第2楽章，ロドリーゴ

問2

〈解説〉問1 4曲ともよく知られる名曲である。1曲目の「新世界より」の第4楽章は，オーケストラの圧倒的な響きが特徴的である。2曲目の「ノヴェンバー・ステップス」は尺八・琵琶を独奏楽器とする。これらの和楽器とオーケストラとの対比を意図した作品であり，全11段からなる。3曲目の「月の光」は，ピアノ独奏の静かな部分が印象的である。4曲目の「アランフェス協奏曲」第2楽章では，ギターのアルペジョの調べに乗って，イングリッシュホルンにより主題が提示される。その愁いに満ちた旋律が印象的である。 問2 単旋律でニ長調，4/4拍子，8小節の聴音である。テンポはおそらくゆっくりであろうが，リズム・旋律ともに聴き取りにくいパッセージに注意したい。

【2】問1　花　　問2　武島羽衣

問3

（　は　るの　うら－ら－の　す－み－だが：わ　　　の　ぼり　く　だ－り－の）

問4　ウ

問5

う　の　は　な　の　に　お　う　か　き　ね　に　ほ　と　と　ぎ　す　は　や　も　き　な　き　て

問6　小山作之助　　問7　(1)　イ　　(2)　新編教育唱歌集

問8　中村八大　　問9　この曲が持つ発声の特徴を感じ取らせて，表現に結びつけていく。　・この曲本来の発声の特徴に気づくようにするとともに，曲種にふさわしい表情や味わいを生かした表現を生徒自らが工夫できるようにする。　問10　Fdur(ヘ長調)

問11

問12　cis moll　(嬰ハ短調)　　問13　イーゴリ公　　問14　ボロディン

問15　・リムスキー＝コルサコフ　・キュイ　・バラキレフ(パラキレフ)　・ムソルグスキー(以上から1つ)

〈解説〉問1〜問4　中学校歌唱共通教材でもある「花」についての問は，基本であり，すべて正答できなければならないものである。中学校の歌唱共通教材は全部で7曲あり，ここに取り上げられている「花」のほかに，「夏の思い出」「荒城の月」「早春賦」「赤とんぼ」「花の街」「浜辺の歌」がある。これらについても，同じように解答できるようにしておこう。各作曲者・作詞者が手がけた他の作品も，数曲はあげられるようにしておきたい。　問5・問6　「夏は来ぬ」(佐佐木信綱作

詞・小山作之助作曲)は，文部省唱歌として以前によく歌われた曲である。ポピュラーなものであるので，この楽譜を完成させる問は正答できて当然といえるだろう。ただし，問6の作曲者名は，明治20年代につくられた唱歌であり，その頃の音楽教育等を研究している人以外には難問である。　問7　(1)「うつぎ(卯木，空木)」はユキノシタ科の1～2mの落葉低木で，初夏(5～6月)に白色の五弁花をつける。白い花をうさぎに見立て，うさぎの古名の「卯」をつけて「卯の花」とよんだ。この歌の1番の歌詞で，「忍び音」とは「旧暦4月頃にほととぎすが声を忍ばせて鳴く声」のことであり，「夏が来ぬ」は「夏が来た」という意味である。歌詞は5番まであり，すべて夏の到来を感じさせる光景を歌ったものとなっている。このように歌詞の意味がわかりづらい曲については意味を問われやすいので，注意したい。　(2)「新編教育唱歌集」は明治時代に文部省により発行された文部省唱歌集である。問8「上を向いて歩こう」(永六輔作詞・中村八大作曲)は，1961年に坂本九が歌ってヒットした曲である。63年にはアメリカでも，「スキヤキ・ソング」の名で全米ヒットチャートで第1位に輝いた。　問9　指導上の留意点については，高等学校学習指導要領解説の該当の指導事項の中に，「指導に当たっては，地域や学校の実態，生徒の特性，興味・関心等を考慮して教材を準備し，教材曲本来の発声の特徴に気付くようにするとともに，曲種にふさわしい表情や味わいを生かした表現を生徒自らが工夫できるようにする」とあるので，この部分をまとめればよい。学習指導要領解説に目を通し，指導事項の内容やその意味をよく理解しておこう。　問10・問11　楽譜3はヘ長調であるので，その長3度上はイ長調となる。　問12　平行調は嬰ヘ短調，その属調(完全5度上)は嬰ハ短調である。　問13・問14　楽譜は，ボロディン(1833～87年・ロシア)作曲のオペラ「イーゴリ公」より「ダッタン人の踊り」である。4幕のオペラであるがボロディンは未完のまま逝去し，その後，R.コルサコフとグラズノフが補作して完成した。「ダッタン人の踊り」は第2幕中の東洋的な旋律で知られ，単独で演奏されることが多い。　問15「ロシア5人組」とは，1860～70年にかけて活躍

した，ロシア国民楽派の5人の代表的な作曲家を指す。

【3】(題名，作曲者名の順)① コ，c ② イ，b ③ キ，b
④ カ，f ⑤ ク，e ⑥ ア，a ⑦ ケ，c
〈解説〉①〜⑦は，すべてよく知られたオペラで，正答できなければなら
ないものばかりである。 ①「アイーダ」は，ヴェルディ(1813〜1901
年・イタリア)作曲のオペラで，1871年にカイロで初演された。なかで
も，第2幕第2場の「凱旋行進曲」が有名である。 ②「蝶々夫人(マダ
ム・バタフライ)」は，プッチーニ(1858〜1924年・イタリア)作曲のオ
ペラである。1904年に初演された。1895年頃の長崎が舞台となってお
り，劇中には「越後獅子」や「お江戸日本橋」などの旋律が使われて
いる。第2幕のアリア「ある晴れた日に」が特に有名である。
③「ラ・ボエーム」もプッチーニ作曲のオペラで，1896年に初演され
た。 ④「魔笛」は，モーツァルト(1756〜91年・オーストリア)作曲
で，ジングシュピール(ドイツの歌芝居)の代表作である。モーツァル
トの亡くなる年に作曲された。 ⑤「ニュルンベルクのマイスタージ
ンガー」はワーグナー(1813〜83年・ドイツ)の楽劇で，長い年月をか
けて1867年に完成し，翌年に初演された。 ⑥「カルメン」は，ビゼ
ー(1838〜75年・フランス)作曲のオペラで，1875年にパリのコミック
座で初演された。フランス・オペラの傑作といわれ，世界的に人気が
高い。「ハバネラ」「闘牛士の歌」「花の歌」などの曲がよく知られて
いる。 ⑦「椿姫」は原題を「ラ・トラヴィア(道を踏みはずした女)」
といい，ヴェルディが作曲し1853年に初演された。「乾杯の歌」「ああ，
そはかの人か」など，美しい旋律で知られる。

【4】問1 ① やまとうた ② くめうた ③ ががく ④ か
ぐらうた ⑤ あずまあそび ⑥ さいばら ⑦ いまよう
⑧ しょうみょう 問2 A 雅楽寮 B 左方 C 右方
D 楽所 問3 (記号，読み方の順)① ア，しょう ② エ，ひ
ちりき ③ カ，りゅうてき ④ オ，かっこ ⑤ ウ，しょ

うこ

〈解説〉問1　雅楽の歴史に関する説明文である。「雅楽」とは，宮内庁を中心に伝承されてきた音楽のことをいう。　①「倭歌」は昔，大和地方の歌舞に用いられていた歌である。　②「久米歌」は古代歌謡の1つで，久米舞で歌われていた歌である。　④「神楽歌」は神楽に用いられる歌である。　⑤「東遊」は平安時代から伝わる歌舞のことである。①②④⑤はいずれも宮廷に採用され，形を整えていった。⑥「催馬楽」は平安朝初期に民謡や風俗歌などに雅楽器(管絃)の伴奏をつけて歌ったもので，現在の雅楽においても，歌物の二曲種の1つとされる。　⑧「声明」は仏教の儀式などで僧が唱える声楽をいう。

問2　Aの「雅楽寮」は最古の音楽官庁・教育機関で，701(大宝1)年大宝律令によって設置された。Bの「左方」は舞を伴う舞楽のうち，「唐楽」のことを指し，Cの「右方」は「高麗楽」のことを指す。なお，左舞（さまい）は唐楽の舞のことを，右舞（うまい）は高麗楽の舞のことを指す。Dの「楽所(がくそ)」は948年に雅楽寮に代わって設けられ，1870(明治3)年に宮内庁楽部が創設されるまで存続した。　問3「管絃」は，雅楽の楽器だけを使って演奏するもので，舞はない。その起源は中国などにあることから，管絃では唐楽の楽曲が用いられ，高麗楽の楽曲は使われていない。

【5】問1　組曲「展覧会の絵」　　問2　ラヴェル　　問3　・作曲者名…シベリウス　　・国名…フィンランド

〈解説〉問1　楽譜5は，ムソルグスキー(1839～81年・ロシア)作曲のピアノ組曲「展覧会の絵」である。この組曲は，友人の遺作展を見たムソルグスキーがそれらの作品を曲にしたものである。標題のある10曲の小品からなり，前奏や間奏に「プロムナード」という曲がはさまっている。示されている箇所は冒頭の「プロムナード」部分である。

問2「展覧会の絵」が名曲として評価されるようになったのは，ラヴェル(1875～1937年・フランス)がオーケストラ用に編曲した後のことである。　問3　楽譜6は，シベリウス(1865～1957年・フィンランド)

が1899年に作曲した交響詩「フィンランディア」の一部である。後に，この曲の中間部に歌詞がつけられ，「フィンランディア賛歌」としてシベリウスの手により合唱曲用に編曲された。今日でも，準国歌のようにフィンランド国民に愛唱されている。

【6】① 多声音楽　② 合奏協奏曲　③ 標題音楽　④ ベートーヴェン　⑤ シューベルト　⑥ ショパン

〈解説〉①「多声音楽」とは，複数のパート(声部)からなる音楽のことであり，同じ意味の「ポリフォニー」でも正答である。また，ポリフォニーの重要な技法である「対位法」も正答に入れてよいと思われる。　②「合奏協奏曲(コンチェルト・グロッソ)」はバロック時代の協奏曲の重要な形式の1つである。コレッリ，ヴィヴァルディ，バッハ，ヘンデルの作品が代表的である。　③「標題音楽」としては，一般にはベルリオーズの「幻想交響曲」や，リスト，R.シュトラウスの交響詩など19世紀のロマン派作品が有名である。ほかにも，サン・サーンスやスメタナ，シベリウスら国民楽派の作品に優れたものが多い。20世紀に入ってもドビュッシーの「海」やレスピーギの「ローマの松」などが作曲された。　④ 文中に「交響曲に初めて声楽を使用」とあるので，ベートーヴェンとわかる。その交響曲とは，「第九」を指す。なお，「チェルニーの師匠でもあった」ともあるが，チェルニーは1800～03年にベートーヴェン，クレメンティ，フンメルに学んでいる。⑤ 歌曲集「美しき水車小屋の娘」「冬の旅」などの作品から，シューベルトとわかる。　⑥「ポーランド出身」「ピアノの詩人」などから，ショパンとわかる。

【7】問1　① アル・アイレ奏法　② セーハ　③ アポヤンド奏法　④ ストローク奏法　問2 ① サ　② エ　③ ケ　④ カ

〈解説〉問1　①「アル・アイレ奏法」の「アイレ」はスペイン語でエアー(空中)のことである。　②「セーハ」という奏法でcejaと書く。③ アル・アイレ奏法が柔らかい音を出すのに対し，「アポヤンド奏

法」は太い音を出すのに適している。　④　弦をかき鳴らす「ストローク奏法」に対し，ピックを弦に擦りつけてグリッサンドのように音を出す奏法を「ピック・スクラッチ奏法」という。　問2　ギターの調弦(高音の弦から E ― B ― G ― D ― A ― E)を知っていれば，正答できる。ギターでは1つのコードネームでも，何種類にもわたる押さえ方(ダイヤグラム)があるが，出題されているのは最も基本的なものである。

【8】

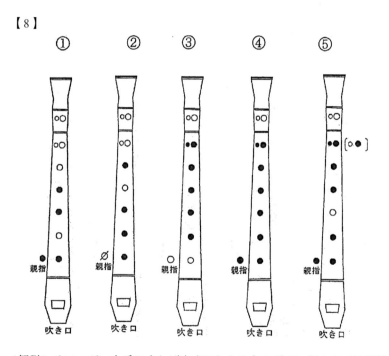

〈解説〉リコーダーを手にすればすぐにわかるものだが，紙の上では解答に時間がかかることが多い。アルトリコーダーの最低実音はへ(すべての指孔を押さえた実音)であり，④のト音がへ音に近いため，まず④を解答してから他の運指に移るとわかりやすいだろう。サミングを記入するのは②だけである。

【9】①　ガムラン　　②　フォルクローレ　　③　エイサー

　　④　サムルノリ

〈解説〉①「ガムラン」とは「たたかれるもの」の意味である。打楽器群の編成は地域により異なるが，20種類以上の楽器が使用される場合もある。儀式や祭典，演劇，踊りなどの伴奏に用いられる。　②「フォルクローレ」はラテン・アメリカのフォークソングや民族音楽，その要素を取り入れたポピュラー音楽のことをいう。　③「エイサー」は沖縄本島の民族音楽である。お盆の時期に祖先の霊を迎え，また送るために，三線や太鼓を伴奏に集団で歌い踊る。　④「サムルノリ」に使われる伝統楽器は，ケンガリ，チン，チャンゴ，プクである。

【10】①　l　　②　j　　③　g　　④　f　　⑤　a

〈解説〉①「トーキング・ドラム」はアフリカの太鼓のことで，皮にかかっている十数本のひもを締め付けることで音の高さを変えることができる。西アフリカ一帯では，遠距離の通信手段としてさかんに用いられた。　②「モリンホール」とは「馬頭琴」のことで，物語「スーホの白い馬」に登場する楽器として知られている。馬尾の毛をより合わせた弦を2本張り，弓でこする擦弦楽器である。　③「ズルナ」はトルコのダブル・リードで，ペルシャのスルナイやインドのシャーナイ，中国の哨吶(サナイ)などと同系列の管弦器である。　④「スティール・ドラム」は第2次大戦前後からさかんに使われるようになった。「スティール・パン」ともよばれる。　⑤「チャランゴ」はアンデス地方のフォルクローレで用いられる小型の5コース複弦ギターの一種である。アルマジロの甲羅を胴体の一部に使っていたが，近年では木製のものが多い。

2012年度　実施問題

【中学校】

【1】〈放送による問題〉聴き取った音符・休符を書き，曲を完成させなさい。

(☆☆○○○)

【2】〈放送による問題〉演奏を聴いて，演奏と同じ楽譜を次のAからCの中から選び，記号で答えなさい。

〈1曲目〉

〈2曲目〉

(☆☆☆○○○)

【3】〈放送による問題〉下の楽譜のコード進行で演奏しているものを，これから演奏するアからウの中から選び，記号で答えなさい。

(☆☆☆◎◎◎)

【4】〈放送による問題〉オペラの代表的な曲を5曲流します。オペラの題名をⅠ群より，作曲者名をⅡ群より選び，記号で答えなさい。

Ⅰ群

A　リゴレット　　　　B　トゥーランドット

C　フィガロの結婚　　D　蝶々夫人

E　アイーダ　　　　　F　セビリアの理髪師

G　魔笛　　　　　　　H　カルメン

Ⅰ　タンホイザー

Ⅱ群

ア　ヴェルディ　　イ　プッチーニ　　　ウ　ベートーヴェン

エ　J.S.バッハ　　オ　モーツァルト　　カ　ワーグナー

キ　ビゼー　　　　ク　ヴィヴァルディ　ケ　ロッシーニ

(☆☆☆◎◎◎)

【5】中学校学習指導要領(平成20年3月告示)において，表現及び鑑賞に関する能力を育成する上で共通に必要となる〔共通事項〕が新たに設置された。このことについて次の問題に答えなさい。

(1)　〔共通事項〕で示された音楽を形づくっている要素のうち，「音と音との時間的な関係」，「音の連なりや織りなす関係」にふくまれるものを，それぞれ2つずつ答えなさい。

(2)　次の2つの文は，〔共通事項〕を指導する上でどのような能力を育てることをねらいとしているかを簡潔にまとめたものである。(ア)から(エ)に当てはまる言葉を答えなさい。

・音楽を形づくっている要素や要素同士の関連を(ア)し，それらの働きが生み出す特質や雰囲気を(イ)する能力

・音楽を形づくっている要素とそれらの働きを表す(ウ)や(エ)を理解する能力

(3) 〔共通事項〕を指導する際に配慮すべき点について簡潔に答えなさい。

(4) 歌唱共通教材として示された「赤とんぼ」(三木露風作詞　山田耕筰作曲)を指導する際に，〔共通事項〕の音楽を形づくっている要素のうちどの要素を取り扱い，どのような指導を行うことが考えられるか，取り扱う要素を挙げながら，指導のねらいを簡潔に答えなさい。

(☆☆☆◎◎◎◎)

【6】歌唱共通教材「夏の思い出」について答えなさい。

(1) 作詞者をⅠ群，作曲者をⅡ群の中から選び，記号で答えなさい。

[Ⅰ群]

A　江間章子　　　B　三木露風　　　C　林　古溪

D　吉丸一昌

[Ⅱ群]

ア　中田　章　　　イ　成田為三　　　ウ　中田喜直

243

　　エ　團伊玖磨

(2)　演奏する速さはどのぐらいが適当か，次のa～dの中から選び，記号で答えなさい。

　　a　♩＝63　　　b　♩＝80　　　c　♩＝92　　　d　♩＝116

(3)　Ａの部分の歌詞を答えなさい。

(4)　調性を答えなさい。

(5)　Ｂの部分にふさわしい音楽記号は何か，その読み方を答えなさい。

(6)　この曲を教材として，下記①～⑤を踏まえて，「第1学年A表現歌唱・2時間分の第2時」の授業を構想しなさい。

　①　題材名　「日本の歌を味わおう」

　②　題材の目標：歌詞の内容や曲想を感じ取って，表現を工夫して歌う。

　③　第1時で行った学習活動

　　・尾瀬沼の映像を見て，曲のイメージを膨らませる。

　　・歌詞を読んで意味を理解したり，音楽記号について確認したりする。

　　・歌詞唱，階名唱を繰り返し行い，旋律を覚え，曲に親しむ。

　④　中学校学習指導要領(平成20年3月告示)の〔共通事項〕アに示されている，音楽を形づくっている要素の中から適切なものを選び，取り扱う。

　⑤　生徒の実態

　　・音楽の学習に意欲的に取り組み，歌うことが好きな生徒が多い。

　　・音楽の基礎的な知識(音楽記号　等)については，概ね理解できている。

　　・旋律を覚えて歌うことに慣れてきたが，曲想表現を工夫するには至っていない。

(☆☆☆◎◎◎)

【7】別紙資料1は，一般的な編成の吹奏楽のスコアである。それについて次の問いに答えなさい。

(1) [A]に当たる楽器名をカタカナで書きなさい。

(2) [B]の旋律を実音で記譜しなさい。調号が必要な場合は，記入すること。

※ 別紙資料1は非公開

(☆☆○○○)

【8】次の表は，箏の楽譜(簡易版)である。箏は，平調子(一をホ音)に調弦して演奏することを前提として，あとの問題に答えなさい。

（旋律）	題名
七 八 九 九	
八 七 七	六
六 五	六 七
七 六 五	八 七
	八 ⊙
六 五 四	六 六
	六 七
五	八 七
〇	八 ⊙

平調子の調弦

一　二　三　四　五　六　七　八　九　十　斗　為　巾

(1)　この曲を五線譜に書き換えなさい。

(2)　この曲の題名を答えなさい。

(3)　楽譜中にあるオは何を表しているか。

(4)　2年生で，この曲を扱って授業を行う計画をしている。

　　この曲の副旋律または伴奏パートを編曲し，五線譜に書きなさい。

　　なお，その際以下のことに考慮すること。

・生徒は1年生の時に箏の学習に取り組み，基礎的な奏法を身に付けている。

・「さくら」の旋律演奏に十分親しんでおり，この曲の演奏は比較的容易である。

・箏の基礎的な奏法を生かし，二面で演奏する面白さなどを味わわせる。

（☆☆☆☆◎◎◎）

【高等学校】

【１】これから放送問題を始めます。

　問1　これから再生される曲を聴き，1曲目，2曲目は曲名のみを，3曲目，4曲目は曲名と作曲者名を答えなさい。なお，再生曲数は全部で4曲とし，1曲につき，1回のみの再生とします。

　問2　単旋律の聴音問題です。再生曲数は1曲です。通しで8小節を1回演奏した後，前半4小節2回，通し8小節1回，後半4小節2回，最後に通し8小節を1回演奏します。調号を用いて，楽譜に書きなさい。

（☆☆☆☆◎◎◎）

【2】次の【楽譜1】～【楽譜6】について，下の問いに答えなさい。

【楽譜1】

問1　楽譜1の曲名を答えなさい。

問2　楽譜1の作詞者名を漢字で答えなさい。

問3　楽譜1の冒頭4小節の歌詞を書きなさい。ただし，歌詞は1番とする。

問4　楽譜1の楽曲は，発表後，1番の歌詞と旋律の関係から論争が起こった。その内容を記しなさい。

【楽譜2】

はるこうろうの　　はなのえん

問5　楽譜2の作曲者名を漢字で答えなさい。

問6　楽譜2の冒頭2小節の旋律を書きなさい。ただし，旋律は補作編曲前の原曲とする。

問7　楽譜2の冒頭2小節は作曲された後，楽譜1の作曲者によって補作編曲された。どのように補作編曲されたのか書きなさい。

【楽譜3】

問8　楽譜3の曲名を答えなさい。

問9　楽譜3の①が示すリズムを何と呼ぶか答えなさい。

問10　楽譜3の五線譜の上にあるアルファベットの記号を何と呼ぶか答えなさい。また，②が示す構成音を五線譜上に示しなさい。
　　　ただし，和音の展開は任意とする。

【楽譜4】

問11　楽譜4はあるオペラのアリアの一部分である。このオペラのタイトルを答えなさい。

問12　このオペラは，レチタティーヴォの代わりに，語りと対話の台詞を用いて上演される形態をとっている。この形態の総称を答えなさい。

問13　楽譜4の作曲者の作品には，作曲年代順に番号が付けられている。この番号を付けたオーストリアの植物学者でもあった音楽研究家の名前を答えなさい。

問14　楽譜4の3〜4段目の演奏に見られるような，単一の音節を引きのばして歌われる急速で装飾的なパッセージのことを何と呼ぶか，その名称を答えなさい。

【楽譜5】

問15　楽譜5を長3度上の調に調号を用いて移調しなさい。

【楽譜6】

問16　楽譜6の作曲者名を答えなさい。

問17　楽譜6の作曲者は音楽評論の仕事も行い，音楽雑誌も刊行した。その雑誌名を答えなさい。

問18　楽譜6の楽曲全体中，中間部分において出てくる特徴的な演奏形態を答えなさい。

(☆☆☆☆◎◎◎)

【3】次の文章の(　　)内に適語を入れなさい。

・音名唱法の一種として，調に合わせて主音を「ド」とする(　①　)と，調に係わらずハ音を「ド」とする(　②　)がある。

・階名の語源は8世紀頃に整備された(　③　)の歌詞から生まれた。

・12世紀以降ヨーロッパで広く用いられた教育上の工夫で，手の指の各関節に音名を割り振り，音階と音名・階名の仕組みを示したものを(　④　)の手という。

・(　③　)は，(　⑤　)という記譜法で書かれている。

・音階を構成する各音をそれぞれ異なった音節であらわし，音楽の学習に役立てようとする方法を(　⑥　)という。

(☆☆☆☆◎◎◎)

【4】次の文章は，日本音楽について書かれている。文中(　ア　)～(　ヌ　)に当てはまる言葉をあとの語群から選び，記号で答えなさい。

・三味線にはいくつかの種類があり，長唄には(　ア　)三味線，地唄には(　イ　)三味線，義太夫節や津軽三味線には(　ウ　)三味線を使う。1弦を上駒からはずしたことによって，開放弦を奏する時に特殊なうなりを生ずる音を(　エ　)という。

249

・下の曲は(オ)県津軽地方の代表的な民謡で，津軽三味線の代表作「津軽(カ)節」である。歌は(キ)と言われる声を上下にわずかに揺らす技巧や，(ク)と言われる装飾的な細かい節回しで歌われる。

・日本の伝統音楽の一つである「能楽」は，(ケ)時代の初めに(コ)，(サ)父子が大成した仮面劇である(シ)とコミカルな対話劇である(ス)を併せて「能楽」と呼ばれる。(サ)は芸術論集(セ)を著した。

・尺八は奈良時代の始め，中国から伝来したと言われている。江戸時代には(ソ)宗の僧侶である(タ)が吹いていたが，明治以降は一般に普及した。江戸時代からの流れをくむ(チ)流と近代的な(ツ)流があり，尺八で演奏するために作曲され，尺八のみで演奏される曲を(テ)曲，他の楽器の曲を編曲したものや，楽器の曲に尺八を添えて演奏する曲を(ト)曲という。奏法には首を振って音の変化を作るメリ，(ナ)，特有のトレモロの(ニ)，息の音を混ぜる(ヌ)などがある。

語群

① 観阿弥	② 道明寺	③ 都山	④ カリ
⑤ 散楽	⑥ 中棹	⑦ 勧進帳	⑧ 虚無僧
⑨ 琴古	⑩ 太棹	⑪ じょんがら	⑫ よさこい
⑬ 裏連	⑭ すくい	⑮ 押し手	⑯ コロコロ
⑰ すり	⑱ 普化	⑲ 生田	⑳ さわり
㉑ 能	㉒ 岩手	㉓ 秋田	㉔ 外
㉕ 本	㉖ ユリ	㉗ 室町	㉘ 宗道
㉙ 声明	㉚ 前	㉛ 世阿弥	㉜ 青森
㉝ ムラ息(ムラ音)	㉞ 狂言	㉟ 山田
㊱ 風姿花伝	㊲ 細棹	㊳ 唐楽

㊴　コブシ　　　　　　　　㊵　平安

(☆☆☆○○○)

【5】【楽譜7】及び【楽譜8】について，下の問いに答えなさい。

【楽譜7】

問1　楽譜7は，ピアノ独奏用に編曲されている。原曲名と作曲者名を答えなさい。

問2　楽譜7の原曲の楽器編成を答えなさい。

【楽譜8】

問3　楽譜8は，印象主義の作曲家C.ドビュッシーの「牧神の午後への前奏曲」であるが，この曲の冒頭2小節間でフルートにより演奏されるパッセージが示す音程(最高音と最低音)は音楽史上，中世以来，不協和音程(増4度)の代表的なものとされてきた。これをあるものに例えて何と呼ばれていたか答えなさい。

(☆☆☆☆○○○)

【6】次の(1)～(5)の文章について下の問いに答えなさい。

(1)　宮廷音楽が盛んになり，通奏低音が用いられるようになった。またヴァイオリンなどの楽器が重要な位置を占めるようになった。

(2)　中世教会権力が衰退し，人間性の復活を求めて新しい音楽が民衆の間にも生まれた。多声音楽が発達し五線譜が完成した。リコーダーやリュートなどの楽器が好まれ使われた。

(3)　人間の思想や感情を自由に表現するなど個性尊重の時代。交響詩を始め，標題音楽の作品が多く作曲された。

(4)　この時代の音楽は形式美・様式美が重視された。その中でソナタ形式が確立された。

(5)　機能和声からの脱却など新しい響きの音楽や，12音音楽，電子音楽，コンピューター音楽など，様々な音楽が生まれている。

　問1　(1)～(5)にあてはまる時代を次の語群ア～キから選び，記号で答えなさい。

　　語群

　　ア　バロック　　イ　古代　　ウ　近代・現代

　　エ　古典派　　　オ　中世　　カ　ルネサンス

　　キ　ロマン派

　問2　(1)～(5)のそれぞれの時代において活躍した作曲家を次の語群から選び答えなさい。

　　語群

　　ヴィヴァルディ　　ラヴェル　　パレストリーナ

　　モーツァルト　　　メンデルスゾーン

（☆☆○○○）

【7】【楽譜9】について下の問いに答えなさい。

【楽譜9】

問1　楽譜9の旋律は，あるミュージカルのために作曲されたものである。そのミュージカルの題名を答えなさい。

問2　楽譜9の楽曲の作曲者名と作詞者名を答えなさい。

問3　このミュージカルの舞台となった国名を答えなさい。

問4　楽譜9以外に同ミュージカルで歌われる曲を2つ答えなさい。

問5　楽譜9を実音譜として，アルトリコーダー(バロック式)で演奏する場合，楽譜中①～③の運指を書きなさい。

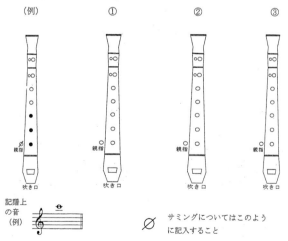

問6　楽譜9を演奏する際，サミングを用いる音域が出てくる。アルト・リコーダーの指導において，サミングを用いる音域の音が出し

にくい生徒に対する効果的な指導法を2つ答えなさい。

(☆☆☆○○○○)

【8】次の文は何の音楽を説明しているか答えなさい。

(1) ヨーロッパのアルプス地方やチロル地方で歌われる独特な民謡とその発声法。胸声と高いファルセットとが激しく交替するのが特徴。

(2) モンゴルの特殊な発声法による民謡。一人が同時に2種類の声を出す。

(3) バリ島で演じられている男声合唱による芸能で,「ラーマーヤナ物語」を基にした合唱舞踊劇。

(4) 空気袋にリード付きの管を取り付け,袋の中の空気を押し出して音をだす楽器の総称。持続音と細かい装飾音が多用される旋律とを同時に演奏でき,ヨーロッパから中近東,北アフリカなど広範囲に分布する。

(5) 中国の歌舞劇。セリフ,唄,器楽,立ち回りからなる劇音楽の一つ。

(6) スペイン南部のアンダルシア地方で生まれた音楽と舞踊による民族音楽。演奏形態はカンテ(歌),バイレ(踊り),トケ(ギター)のアンサンブルに,手拍子やかけ声が加わり激しく感情を表現する。

(7) 19世紀半ばにアフリカ系アメリカ人が作り出した歌曲の一つ。過酷な生活から生まれた哀愁を帯びた音楽。その音楽的特質と形式は20世紀に入って,ジャズの音楽的基盤となった。

(8) 19世紀後期にアルゼンチンのブエノス・アイレスの近郊に住む,下層民の間に起こった音楽。20世紀になり一般社会に普及し,ダンス音楽,歌曲として親しまれるようになった。

(☆☆○○○○)

解答・解説

【中学校】

【1】一曲目…

二曲目…

〈解説〉1曲目はハ長調 $\frac{4}{4}$ 拍子の4小節で，やさしく素直な旋律である。2曲目はホ短調 $\frac{2}{4}$ 拍子・4小節である。2拍子のため16分音符もあり，テンポによっては短い旋律で急がしい感がある。しかしシンコペーションもなく難曲ではないだろう。

【2】1曲目　B　　2曲目　C
〈解説〉1曲目は， $\frac{3}{4}$ 拍子・4小節である。AとBのリズムが2小節までは同じのため，3小節めのBのシンコペーションを聴き取ることが大切である。2曲目は $\frac{6}{8}$ 拍子・4小節である。1〜2小節まではABCとも同じリズムで，4小節目もすべて同じ。3小節目の8分音符のリズムによく耳を傾けたい。

【3】ウ
〈解説〉示された楽譜(ハ長調 $\frac{4}{4}$ ・4小節)のコードネームの進行に合っている演奏を選択する問題なので，旋律の動きにどういうコード(和音)が付けられているか，伴奏に耳を傾けて和音を聴き取ることが大切であろう。

255

【4】(題名，作曲者の順)　1曲目　D，イ　　2曲目　H，キ　　3曲目
G，オ　　4曲目　E，ア　　5曲目　I，カ
〈解説〉5つともよく知られているオペラである。オペラは第1幕から多く
の曲に分かれている。前奏曲や間奏曲，アリアなどのどの部分の曲が
流れても答えられるようにしておきたい。

【5】(1)　音と音との時間的な関係…リズム，速度　　音の連なりや織
りなす関係…旋律，テクスチュア　　(2)　ア　知覚　　イ　感受
ウ　用語　　エ　記号　　(3)　(例)　表現及び鑑賞の各活動において
十分な指導を行う(表現や鑑賞の活動と切り離して単独で指導しない)。
(4)　(例)　拍子や速度が生み出す雰囲気，旋律と言葉との関係などを
感じ取り，歌詞がもっている詩情を味わいながら日本語の美しい響き
を生かして表現を工夫する。
〈解説〉(1)　新設された〔共通事項〕の指導事項として示された「音楽
を形づくっている要素」として，音色，リズム，速度，旋律，テクス
チュア，強弱，形式，構成などがあげられている。〔共通事項〕は頻
出なので，よく学習しておくことが求められるだろう。　(3)〔共通事
項〕の指導事項をとり出して単独で指導するのではなく，共通に必要
となるものであり，表現及び鑑賞の各活動において十分な指導が行わ
れるよう工夫することを記述したい。　(4)「赤とんぼ」の歌詞の詩情
を生かしている旋律(ヨナ抜き音階)，拍子，速度，構成，強弱などの
働きが生み出す雰囲気を十分に感受し，歌唱表現を工夫させる指導を
述べたいもの。

【6】(1)　作詞者…A　　作曲者…ウ　　(2)　a　　(3)　しゃくなげいろ
にたそがれる　　(4)　ニ長調　　(5)　フェルマータ　　(6)　解答略
〈解説〉歌唱共通教材は最頻出問題の1つであるため，どのような形式で
出題されても，正答しておきたい。(3)の歌詞に関する出題は1番が多
いが，他の自治体では2〜3番も出題された例があるので，必ず確認し
ておきたい。(6)の授業計画については最近増加傾向にある。落ち着い
て①〜⑤を参照しながら，学習活動や留意点をまとめていこう。

【7】(1)　(B♭)クラリネット

(2)

〈解説〉別紙は未公開のため，解答をもとに解説する。　(1)　吹奏楽ス
　コアからの出題でスコアはフルート(ピッコロ)，ob，cl，Saxや金管，
　打楽器など十数パートに分かれている。それらのパート譜から1か所
　の楽器名を消し，その楽器名を問う設問と思われる。　(2)　スコアか
　らその曲の主旋律を6小節を書く設問と思われる。解答は変ロ長調2/4
　拍子で，曲はブラームス作曲「ハンガリー舞曲第5番」の冒頭で，全
　21曲中，最も有名なテーマである。

【8】

　(2)　うさぎ　　(3)　押し手／強押し／全音上げる

〈解説〉(1)　六をファ，七をラ，八をシ，◉を休符として読むと「うさ
　ぎうさぎ　なに見てはねる　じゅうごやお月さん見てはーねーる」と
　なる。これを五線譜に書く。　　(2)　「うさぎ」(日本古謡)で，小学校第
　3学年の共通教材である。　　(3)　オは「押し手」で四(ド)の弦を一音上
　げ→レにする。　　(4)　(1)で書いた五線譜に，副旋律または伴奏パート
　を編曲して書けという出題である。これはいろいろな編曲が考えられ
　るし，何よりも(1)の五線譜が正しく仕上がっていなければならない。
　その意味で難問と言えようが，箏の実技を経験している場合は初歩的
　な設問とも言える。Bパートの編曲は，平調子の調律の音を用いてリ
　ズムに変化をもたせたい。

【高等学校】

【1】問1　1曲目　アリラン　　2曲目　みだれ(乱)(乱輪舌)　　(曲名，
　作曲者名の順)　3曲目　交響組曲「シェーラザード」，ニコライ・リム
　スキー＝コルサコフ　　4曲目　青少年のための管弦楽入門，ベンジ
　ャミン・ブリテン
　問2

〈解説〉問1　1曲目…アリランは朝鮮の民謡で，各地に多くの種類がある。

一説にはアリランとは，伝説上の峠の名といわれる。　2曲目…みだれ(乱，乱輪舌)は，八橋検校の作曲による段物に属する箏曲であるが，この曲名を正答できる人は少ないだろう。　3曲目…交響組曲「シェーラザード」，リムスキー＝コルサコフ作曲。4つの楽章に分かれ，シェーラザード王妃をあらわす旋律が各楽章で演奏される。　4曲目…青少年のための管弦楽入門(パーセルの主題による変奏曲とフーガ)は，ブリテンの作曲で，1945年に教育用映画のために作られた曲である。

問2　単旋律の聴音，ニ長調8小節の聴き取り問題である。通しで演奏したり前半と後半に分けて演奏したりなど5回聴き取れるが，前半の3～4小節目のシンコペーションのリズムは聴き取りにくい。後半は♮や♭及び♯が多く付いており，旋律が聴き取りにくいものになっている。

【2】問1　赤とんぼ　　　問2　三木露風
　　　問3

　　　　(ゆ う や け　　こ や け の　　あ か と ん ぼ)

問4　「あかとんぼ」という詞の抑揚と旋律の進行が逆行している。
問5　滝　廉太郎
問6

　　　は る こ う ろ う の　　は な の え ん

問7　2小節目，2拍目，8分音符のeisのシャープを削除している。
問8　少年時代　　　問9　シンコペーション
問10　コードネーム

問11　魔笛　　　問12　ジングシュピール　　　問13　ケッヘル

問14　コロラトゥーラ

問15

問16　シューマン　　問17　音楽新報(新音楽時報)

問18　ソロ(独唱)

〈解説〉【楽譜1】問2　作曲者である山田耕筰も漢字を正しく覚えておき
たい。　問4「あかとんぼ」のあとかのどちらにアクセントがあるか
という旋律の高低と関連した論争である。日本の地方によって「あ」
を高く発音することがあり，作曲者はそれを知っていて「あ」を高音
で作ったとも言われた。　【楽譜2】問6〜7　滝廉太郎の作った原曲
は，「はなのえん」の「え」を半音高い旋律にしていた。それを後に
山田耕筰が半音下げて補作編曲した。　【楽譜3】問8　教員採用試験
では，少年時代(作詞・作曲　井上陽水)のように最近の曲も出題され
るので注意したい。　問10　コードネーム，Am7は公開例のように
A・C・E・G音のコードが最も分かりやすい。　【楽譜4】問11　楽譜
はモーツァルトのオペラ「魔笛」第2幕第8場の，夜の女王のアリア
「地獄の復讐がわが心に燃え」で，コロラトゥーラの最高音としてヘ
音を出す技巧の有名なもの。　問12　ドイツの民衆的な歌芝居とも言
われるオペラ「ジングシュピール」で，このオペラが代表的な名作で
ある。　問13　なお，「魔笛」はK.620である。　問14　17〜18世紀の
オペラ，オラトリオ，ミサ曲などに多く用いられた。

【楽譜5】問15　楽譜は「帰れソレントへ」の一部で，ハ短調から4小
節目でハ長調に転調している。長3度上の調はホ短調とホ長調である。

【楽譜6】問16　元来は四重唱曲として作られたが，現在では一般に混
声四部合唱で歌われる「流浪の民」の主旋律楽譜である。　問17　シ
ューマンが指を痛めてから作曲と文筆(評論)活動に力を入れ，ショパ
ン，メンデルスゾーン，ブラームスらを高く評価し，雑誌を創刊した

ことも知られる。　問18「流浪の民」の合唱で中間部分の独唱(第1・第2ソプラノ，アルト)，続いて相互の重唱が歌われるのが特徴あるといえよう。

【3】①　移動ド　②　固定ド　③　聖ヨハネの賛歌　④　グイード　⑤　ネウマ譜　⑥　ソルミゼーション

〈解説〉①の移動ド唱法については，小学校及び中学校の「指導計画の作成と内容の取扱い」に，「相対的な音程感覚などを育てるために，適宜，移動ド唱法を用いること」が示されている。器楽の奏法の場合は，②の固定ド唱法が適しているのは言うまでもない。③～⑥は深い関連がある。④「グイードの手」は，中世イタリアの音楽理論家グイード・ダレッツォの創案といわれる左手に音名(階名)を割り振り，⑥ソルミゼーションの基礎を定めたもの。また，③「聖ヨハネの賛歌」の6つの音節から「vt, re, mi, fa, sol, la」のヘクサコード(6音からなる全音階的音階)を当てはめたものが，階名唱法の基礎となった。⑤のネウマ譜とはグレゴリオ聖歌などの単旋律の記譜に用いられるもので，6～7世紀に用いられるようになり，12～13世紀に定着したとされる。

【4】ア　㊲　イ　⑥　ウ　⑩　エ　⑳　オ　㉜　カ　⑪
キ　㉖　ク　㊴　ケ　㉗　コ　①　サ　㉛　シ　㉑
ス　㉞　セ　㊱　ソ　⑱　タ　⑧　チ　⑨　ツ　③
テ　㉕　ト　㉔　ナ　④　ニ　⑯　ヌ　㉝

〈解説〉日本の伝統音楽の三味線，民謡，能楽，尺八に関する設問で，空欄23，語群40と非常に数が多いが，設問自体は知っているべき内容がほとんどである。　ア～ウ　長唄・小唄などには細棹，清元節や常磐津節，地歌などは中棹(ちゅうざお)，義太夫節や津軽三味線では太棹の三味線が使われる。　カ「津軽じょんがら節」は盆踊歌・座敷歌で「よされ節」「あいや節」などと共に最も代表的な民謡である。　キ「ゆり(揺り)」は演奏用語で雅楽，声明，能，尺八などでも使われる。　ソ～タ　普化宗は禅宗の一派。虚無僧により尺八は法器とされ

たが，明治4(1871)年廃宗となる。以後尺八は楽器の道を歩む。

チ〜ツ　琴古流は江戸時代中頃の黒沢琴古が始めたといわれる。ツの都山流は明治29(1896)年，中尾都山が大阪で創流したもの。

【5】問1　原曲名…アメリカ　　作曲者名…ドヴォルザーク　　問2　ヴァイオリン2，ビオラ1，チェロ1　　問3　悪魔の音程

〈解説〉問1・2　ドヴォルザーク作曲の弦楽四重奏曲第12番「アメリカ」の冒頭第1主題の楽譜である。ピアノ独奏用の編曲であるが，原曲はVn2，Vl，VCの弦楽四重奏で，このテーマはヴィオラによって奏される。交響曲「新世界より」と同じ年のアメリカ滞在中の作品である。

問3　ドビュッシーの「牧神の午後への前奏曲」冒頭のアラベスク主題ともいえる1小節目，Cis－Gの増4度の設問である。増4度の音程は取りにくいものとして，ギリシア時代からテトラコルドの中にはこれを避けており，悪魔の音程と呼ばれるのもわかる。しかし，増4度は3全音であり，オクターヴを2等分するもの。無調音楽や12音音楽では，これを半オクターヴといって重用されることも知っておきたい。

【6】問1　(1)　ア　　(2)　カ　　(3)　キ　　(4)　エ　　(5)　ウ

問2　(1)　ヴィヴァルディ　　(2)　パレストリーナ　　(3)　メンデルスゾーン　　(4)　モーツァルト　　(5)　ラヴェル

〈解説〉問1　(1)は通奏低音の記述でバロック，(3)は交響詩や個性尊重などでロマン派，(4)はソナタ形式などで古典派，(5)は近代・現代と分かり易い。少し迷うとすれば(2)がルネサンスか中世かであろう。ルネサンスは中世(7世紀頃〜15世紀の初頭頃)とバロック(1600頃〜1750頃)の間の時代で，1420頃〜16世紀末頃とされる。(2)は記述内容からルネサンスである。　問2　5人の名しかないので難易度は低い。パレストリーナ(伊，1525頃〜94)は「教皇マルチェルスのミサ曲」の作品で知られる。

【7】問1　サウンドオブミュージック　　問2　作曲者名…リチャード・ロジャーズ　　作詞者名…Ｏ・ハマースタインⅡ世　　問3　オーストリア　　問4　ドレミの歌，もうすぐ17歳，すべての山に登れ，エーデルワイス，私のお気に入り，何かいいこと，さようなら，ごきげんよう，マリア

問5

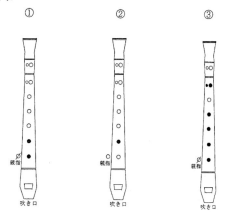

問6　(例)　・サミングのホールが大きく開いているので，ホールのすき間をなるべく狭くするよう指導する。　　・息のスピードを速くする。

〈解答〉問1　ミュージカル「サウンドオブミュージック」の冒頭の音楽が楽譜9である。映画化もされ，大きくヒットした作品である。

問2　リチャード・ロジャーズ作曲，オスカー・ハマースタインⅡ世のコンビで，ミュージカル「南太平洋」もヒットさせている。

問5　アルトリコーダーの運指を図に示す設問。アルトコーダーの最低実音はヘであり，楽譜9が実音譜であることに留意しよう。ソプラノリコーダーのように1オクターヴ低く記譜されることもある。①と③はサミングの音域である。　　問6　サミングの音域を∅で示すためもあり，裏穴を開き過ぎる傾向がある。解答例のように0の指孔(裏穴)を狭くして，息のスピードを速くするよう指導する。

【8】(1)　ヨーデル　　(2)　ホーミー　　(3)　ケチャ　　(4)　バグパイ
　　プ(バッグパイプ)　　(5)　京劇(ジンジュ(イ))　　(6)　フラメンコ
　　(7)　ブルース(ブルーズ)　　(8)　タンゴ
〈解説〉民族音楽の出題であり，いずれも知っているべき内容である。
　(1)のヨーデルはスイスやオーストリアのアルプス地方の民謡・歌い方
　のこと。(3)のケチャは男声による短いスキャットとポリリズムが特徴
　である。(4)のバグパイプはスコットランドのものがよく知られる。
　(5)の京劇(ジンジュ)はせりふやしぐさを重視し，配役の化粧が目立つ
　中国の歌舞劇のこと。(6)のフラメンコはスペイン南部アンダルシアに
　住むロマ(ジプシー)がはぐくんだ音楽である。(7)のブルースは，アメ
　リカ南部の黒人奴隷たちの叫びが込められていたものである。(8)のタ
　ンゴは1870年代にアルゼンチンのブエノス・アイレスに誕生したとい
　われ，キューバのハバネラやヨーロッパのポルカなどが融合している
　音楽。1950年代にはタンゴの巨匠アストル・ピアソラが登場した。

2011年度　実施問題

【中学校】

【1】〈放送による問題〉これから5曲を流します。各曲について，それぞれ次に示す事柄について答えなさい。

1曲目：作詞者名

2曲目：作曲者の出身国名

3曲目：曲名

4曲目：作曲者名

5曲目：独奏楽器名を含めた楽曲形式

(☆☆☆◎◎◎)

【2】〈放送による問題〉これから5曲を流します。各曲ともっとも関係の深いものを，次のA～Jの中からそれぞれ選び，記号で答えなさい。

A	オルティンドー	B	サントゥール	C	長唄	D	雅楽
E	ピーパー		F	カッワーリー	G	アジェン	H	謡
I	ケーン		J	シタール				

(☆☆☆☆◎◎◎)

【3】A中学校のB先生は，第2学年において「交響曲第5番ハ短調　作品67」(ベートーヴェン作曲)の鑑賞の授業を行いました。次の問いに答えなさい。

(1)　中学校学習指導要領(平成20年3月告示)において，第2学年及び第3学年の鑑賞の活動では，[　ア　]や[　イ　]と[　ウ　]とのかかわりを理解して聴く活動が重要とされています。ア，イ，ウにあてはまる言葉を答えなさい。

(2)　今までは，曲を聴いて感想を書かせて終わるといった授業が多かったB先生ですが，より主体的・能動的な鑑賞の授業にするために

(1)のような活動を重視し，生徒が音楽のよさや美しさなどについて，<u>客観的な理由をあげながら言葉で表す学習活動</u>を構想に位置付けました。この下線の学習活動のことを，中学校学習指導要領上の言葉を使って表しなさい。

(3)　ベートーヴェンの生涯や時代背景について学習をした後，第1楽章を聴いた鑑賞文を，生徒CさんとDさんは次のようにプリントにまとめました。

　　Cさん

　　　　曲の初めの「ダダダダーン」は聴いたことがあった。それが何回も繰り返されていた。

　　Dさん

　　　　曲の出だしは恐ろしい感じがした。とにかくすごかった。途中からは雰囲気ががらっと変わってやさしい感じがした。

　　B先生は机間指導の中で，まだ(2)のような学習活動が不十分であると判断しました。それぞれの生徒に気付かせたいことを踏まえ，CさんとDさんに対する具体的な支援の言葉かけを書きなさい。

(☆☆☆☆◎◎)

【4】第2学年において，題材名を「イメージと音楽」とし，教材曲「浜辺の歌」を使って，全2時間の授業を行います。次の楽譜を参考にして，あとの問いに答えなさい。

(1) この曲の作詞者名と作曲者名を答えなさい。

(2) 下線アの歌詞の意味を，次のA～Dの中から選び，記号で答えなさい。

　A　夕方，浜辺のもと来た道を帰ったならば

　B　夕方，浜辺をめぐれば

　C　夕方，浜辺に立ち尽くしていたら

　D　夕方，浜辺をじっと見ていたら

(3) この曲の速度はどのくらいが適当ですか。次のa～dの中から選び，記号で答えなさい。

　a　♪＝60～72　　　　b　♪＝80～96　　　c　♪＝104～112

　d　♪＝140～152

(4) 主に扱う〔共通事項〕を「速度」と「強弱」の2つに絞って学習することを通して，「歌詞の内容や曲想から情景を豊かにイメージし，それにふさわしい表現を工夫して歌うことができる」という題材のねらいに迫りたいと考えました。生徒の実態を踏まえて，2時間分の授業を構想しなさい。

　　ただし，次の《生徒の実態》の③で示した生徒が，意欲的に取り組めるような指導の工夫を必ず1つ以上含めるものとし，その部分に☆印をつけて示すこと。

　《生徒の実態》

　第2学年B組　34人(男子17人，女子17人)

　①　小学校からの積み重ねにより，男女とも正しい発声を意識して，積極的に歌おうとする生徒が多い。

　②　これまでの学習においても，表現を工夫する活動を数多く経験しており，思いや意図をもって工夫することを楽しみにしている生徒が多い。

　③　「歌詞の内容や曲想をうまく感じ取れない」という理由で，歌うことに消極的な生徒が5～6人いる。

(☆☆☆☆◎◎◎)

【5】 次の楽譜は，ヴィヴァルディ作曲の「和声と創意の試み」第1集「四季」から『春』第1楽章の冒頭の3小節です。上から4段目のパートをト音譜表に書き替えなさい。また，その楽器名をカタカナで書きなさい。

(☆☆◎◎)

【6】 次に示す地打ち(締太鼓)のリズムに乗って，上打ち(鋲打太鼓)の8小節のリズムを下記の条件を入れて完成させなさい。その際，あなたが描く曲のイメージを設定し，そのイメージにふさわしい表現にするための創作上の工夫を書きなさい。

締太鼓のリズム

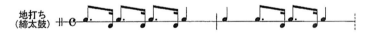

〈条件〉

① 上の段を右手，下の段を左手とすること。

② 基本(1～2小節)，反復(3～4小節)，変化(5～6小節)，終止感が感じられるリズム(7～8小節)となるように作ること。

③ 締太鼓と全く同じリズムにならないようにすること。

④ フチを打つなどの特殊な奏法は，使用しないこと。

(☆☆☆◎◎)

【高等学校】

【1】「これからリスニング問題を始めます。再生される曲を聴き，その曲の曲名と作曲者名を答えなさい。なお，再生曲数は全部で5曲とし，1曲につき1回しか再生しません。」

(5秒)

「では始めます。」

「1曲目」

〈演奏開始30秒後，5秒間でフェイドアウトする。〉

【♪ボレロ(ラベル)】

(10秒)

「2曲目」

〈演奏開始30秒後，5秒間でフェイドアウトする。〉

【♪歌曲集「冬の旅」より菩提樹(シューベルト)】

(10秒)

「3曲目」

〈演奏開始30秒後，5秒間でフェイドアウトする。〉

【♪歌劇「椿姫」より乾杯の歌(ヴェルディ)】

(10秒)

「4曲目」

〈演奏開始30秒後，5秒間でフェイドアウトする。〉

【♪ヴァイオリン協奏曲(メンデルスゾーン)】

(10秒)

「5曲目」

〈演奏開始30秒後，5秒間でフェイドアウトする。〉

【♪ジュピター(モーツァルト)】

(10秒)

以上でリスニング問題を終わります。

(☆☆☆◎◎)

【2】次の【楽譜1】～【楽譜5】について，下の問いに答えなさい。

【楽譜1】

問1　楽譜1の曲名を答えなさい。

問2　楽譜1の作詞者名を漢字で答えなさい。

問3　楽譜1の冒頭4小節の歌詞を書きなさい。ただし，歌詞は1番とする。

【楽譜2】

問4　楽譜2の冒頭部分のような小節内の第1拍(強拍)以外の拍から始まっていることを何と言うか答えなさい。

問5　楽譜2は何分の何拍子か答えなさい。

問6　楽譜2の拍子の種類を答えなさい。

【楽譜3】

問7　楽譜3の曲名を答えなさい。

問8　楽譜3にある記号[A]の速度標語の読み方と意味を答えなさい。

問9　楽譜3の曲を指定された速さにより46小節演奏したときの演奏時間を答えなさい。ただし，テンポルバートやリタルダンドなど途中で速度は変えないこととする。

【楽譜4】

問10　楽譜4の作曲者名をカタカナで答えなさい。

問11　楽譜4の曲など，歌唱を中心とする舞台劇を何と言うか答えなさい。

問12　楽譜4の A の8小節及び B の8小節は，それぞれ何調か答えなさい。

問13　楽譜4の A の部分(8小節)を長2度上の調に調号を用いて移調して書きなさい。

【楽譜5】

問14　楽譜5は，1797年にウィーンで生まれた作曲家の「野ばら」という曲である。この曲の作詞者名と作曲者名をカタカナで答えなさい。

問15　楽譜5の作曲者が作曲した代表的な連作歌曲集をひとつ答えなさい。

問16　楽譜5の冒頭4小節の旋律を書きなさい。ただし，テヌート，スラー，ブレス記号は書かなくてもよいこととする。

(☆☆☆○○○)

【3】次の文章は，日本の音楽教育の歩み(略史)について述べられたものである。(　　　)内に適語を入れなさい。

　明治維新後，明治4年に文部省が設置されると翌5年には「学制」が制定された。学制では下等小学校の(　①　)，下等中学校の(　②　)の科目が，「当分之ヲ欠ク」とされた。

　文部省は明治12年に(　③　)を設置し，伊沢修二を御用係に任命した。翌13年には，ボストンの音楽教育家(　④　)が招聘され，東京女子師範学校等で(　①　)を教えた。また，(　④　)の助力を得て，(　③　)では伝習生の教育，音楽教材の編集などを推進した。

　(　③　)は音楽書の出版や楽器の試作，改良等も行い，明治20年に(　⑤　)という学校になった。

(☆☆☆◎◎◎)

【4】日本の民謡と伝統音楽について，次の問いに答えなさい。
　問1　次の日本の民謡が伝承されてきた都道府県名を答えなさい。
　　(1)　ソーラン節

　　(2)　こきりこ節

　問2　次の説明は，日本の伝統音楽について書かれている。何について述べているか答えなさい。
　　(1)　仏教の儀式などに用いられ仏教の経典を唱える音楽。
　　(2)　平家物語を琵琶の伴奏で語る音楽。
　　(3)　江戸時代に能とともに発達し，能と同じ舞台で交互に演じられる喜劇。

272

(4)　竹で作られている日本の管楽器。普化宗の虚無僧が演奏した楽器。

問3　箏について次の問いに答えなさい。

(1)　下の文の①〜⑦までの(　　)に入る言葉をA群より選び，記号で書きなさい。

(2)　下の文中下線部の「為」「巾」の読み方をそれぞれ答えなさい。

A群

(ア)　世阿弥	(イ)　八橋検校	(ウ)　5	(エ)　3
(オ)　生田	(カ)　山田	(キ)　13	(ク)　11
(ケ)　12	(コ)　六段の調べ	(サ)　春の海	(シ)　メリ
(ス)　引き色	(セ)　突き色	(ソ)　カリ	

　　箏は奈良時代に日本に渡来し，楽箏となった。江戸時代に入り，(　①　)により今日の箏曲の基礎が作られた。箏の流派は関西を中心に発達し，角爪を使用する(　②　)流と，江戸で創始された丸爪を使う(　③　)流がある。箏は糸と呼ばれる(　④　)本の弦を張り，奏者の向こう側から手前に向かって，一，二，三…斗，<u>為，巾</u>と呼ぶ。

　　楽譜6は(　①　)作曲の(　⑤　)である。この曲では柱の左側の弦を左手でつまみ，弦を弾いた後に右の方に引いて音をわずかに低める(　⑥　)，弦を弾いた後に，左手で瞬間的に突くように後押しをしてすぐに離す(　⑦　)などの奏法を用いて演奏される。

【楽譜6】

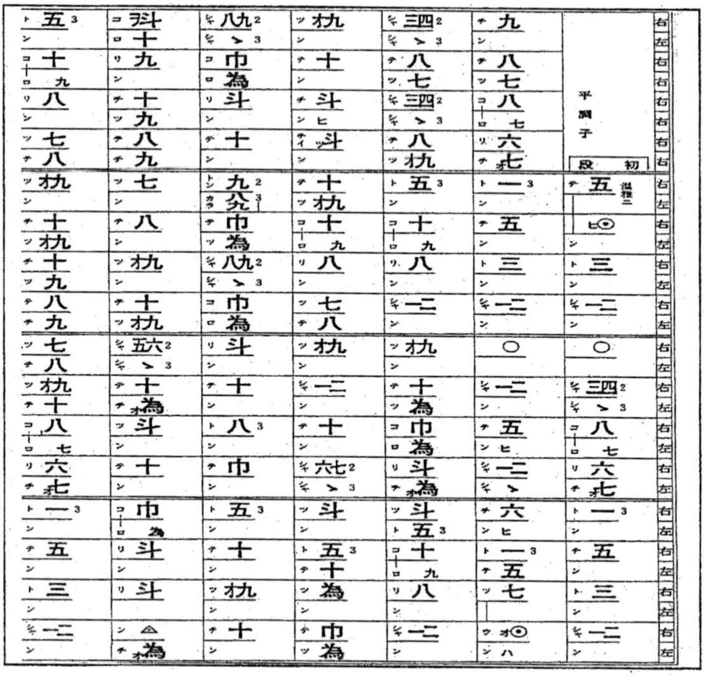

(3)　次の(ア)～(ウ)に示された箏の各部の名称をB群から選び，記号で答えなさい。

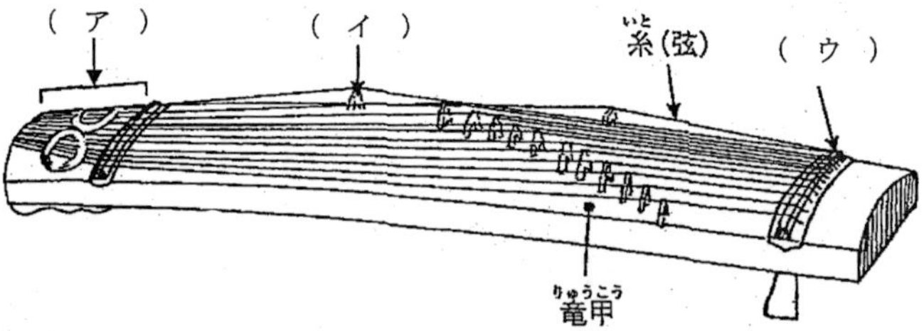

B群

①　竜尾　　②　雲角　　③　竜角　　④　竜頭　　⑤　磯
⑥　竜口　　⑦　爪　　⑧　柱

問4　次のア～エの中で日本の伝統音楽である「長唄」について述べ
　　ているものはどれか，記号で答えなさい。

　　ア　三味線・尺八・箏と融合して発達した音楽。主に盲人奏者によ
　　　　って伝承された。

　　イ　大衆音楽として行われてきた三味線音楽である。主に太棹三味
　　　　線を使い，東北地方で発達した。

　　ウ　外来の音楽が日本化され，平安時代に大成した。宮廷や寺社の
　　　　行事で行われた。

　　エ　歌舞伎の伴奏音楽として誕生し，地唄，浄瑠璃などの歌詞や旋
　　　　律を取り入れた。細棹の三味線と鳴物によって演奏される。

（☆☆☆◎◎◎◎）

【5】次の曲はミュージカルの中で歌われる楽曲である。ミュージカルの
　　タイトルをカタカナで答えなさい。

　(1)　「トゥナイト」　　「マリア」

　(2)　「メモリー」　　「ジェリクルソング」

　(3)　「民衆の歌」　　「夢やぶれて」

　(4)　「サークルオブライフ」　　「早く王様になりたい」

（☆☆☆◎◎◎）

【6】次の文に該当する作曲家，又は事柄を答えなさい。

　問1　バロック時代に活躍した作曲家で，主にオペラを作曲して認め
　　　られ人気を得た。J. S. バッハと同じ年に生まれ，「メサイア」など
　　　のオラトリオを作曲した。

　問2　バロック音楽独特の低声部の記譜法。ゲネラルバス，数字付低
　　　音ともいわれる。低声部に構成和音を示す数字が付されており，伴
　　　奏者はこれに基づきながら即興的に上声を埋めていく。

　問3　日本を代表する作曲家の一人。〈ノヴェンバー・ステップス〉
　　　〈弦楽のためのレクイエム〉などの代表作がある。

　問4　ロマン派時代に活躍したハンガリーの作曲家。ウィーンでピア
　　　ノをチェルニーに，作曲をサリエリに学び，10歳でピアニストとし

てデビューした。ベルリオーズの標題音楽を一歩進め，交響詩を完成させた。ピアノ曲「超絶技巧練習曲」や「ハンガリー狂詩曲」などを作曲した。

問5　フランスの作曲家。パリ音楽院卒業後はオルガン奏者となり，その技巧と即興で有名だった。「死の舞踏」「動物の謝肉祭」など絵画的な交響詩も作曲している。

問6　20世紀の作曲家。ロシアで生まれアメリカに亡命したが，後に帰国し古典的構成の中でロシア的抒情性にみちた現代的な作品を残した。「ピーターと狼」「ロメオとジュリエット」などの代表作がある。

問7　アメリカの現代作曲家。偶然性・不確定性の音楽を提唱し，大きな反響を起こした。1952年に「4分33秒」を発表した。

問8　古典派時代に生まれた主題提示部・主題展開部・主題再現部からなる「ソナタ形式」を用いた，管弦楽で演奏される4楽章からなる楽曲。

問9　シェーンベルクが，無調音楽に新たな秩序を求めて提唱した作曲技法。ベルクとヴェーベルンがこの作曲技法を受け継いだ。

(☆☆◎◎◎◎)

【7】次の楽譜7を見て，あとの問いに答えなさい。

【楽譜7】

問1　楽譜7の曲名，作曲者名を答えなさい。

問2　(ア)の中に入る楽器名を答えなさい。

問3　(イ)のように1つの旋律に対して独立して動くほかの旋律のことを何というか。

問4　楽譜7のVaのパートで使われている音部記号の名称を答えなさい。

(☆☆◎◎◎)

【8】次の音楽や楽器と関係の深い国の国名を答えなさい。

① ケチャ　　　② ホーミー　　　③ シャンソン

④ カンツォーネ　⑤ タンゴ　　　⑥ フラメンコ

⑦ シタール　　⑧ 胡弓　　　　⑨ ツィンバロム

⑩ バラライカ

(☆☆☆◎◎◎◎)

【9】次の曲をアルトリコーダーで演奏する場合について，下の問いに答えなさい。

問1　①～⑤の運指を図示しなさい。楽器はバロック式(イギリス式)とする。ただし，①の音のみ1オクターブ上の音の運指を図示しなさい。

なお次の例に示す運指は，五線譜の第3間のC音である。

277

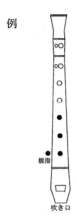

例

∅　サミングについてはこのよう
に記入すること

問2　この曲を音楽Ⅰ「器楽」の授業で取り扱う場合，指導において
生徒が運指をより確実に覚え，かつ積極的に活動させるためには，
どのようなことに留意して指導を行ったらよいか，ポイントを2つ
書きなさい。

(☆☆☆○○○○)

【10】次の①〜⑩の楽器名をA群から選んで書き，それぞれを金管楽器，
木管楽器，弦楽器，打楽器に分類して書きなさい。

A群

ヴァイオリン	バスクラリネット	マンドリン	チェロ
スネアドラム	コントラバス	フルート	クラリネット
サクソフォン	オーボエ	トランペット	ホルン
トロンボーン	シンバル	クラベス	ティンパニ
ギター	トムトム	ドラ	ファゴット
ボンゴ	コンガ	バスドラム	ハープ
ピッコロ			

①

②

③

④

⑤

⑥

⑦

⑧

⑨

⑩

(☆☆◎◎)

【11】平成23年度　静岡県教員採用選考試験　高校音楽　の実技試験について

1　声楽と伴奏(弾き歌い)

「Believe」(杉本竜一/作詞・作曲)の1番をピアノで伴奏しながら歌う。

(1)　使用する楽譜は特に指定しない。

(2)　声域に合わせて移調して演奏してもよい。

(3)　楽譜を見て演奏してもよい。

2　教育楽器による初見演奏

アルト・リコーダーでヘ長調，4分の4拍子，8小節の旋律を初見演奏する。

(1)　予見時間は1分30秒とする。

(2)　楽器は各自で持参することとし，バロック式またはジャーマン式のどちらを使用してもよい。

(3)　課題の楽譜は実音譜である。

3　任意の楽曲演奏

(1)　任意の1曲を演奏する。なお，伴奏はなしとする。ただし，声楽は自分で伴奏をしてもよいこととする。

(2)　楽器を演奏する場合は，各自で持参する。ピアノについては会場で準備する。なお，電気を使用する楽器は認めない。

(3)　演奏時間は2分以上3分以内とする。

(4)　音出し(ピアノを除く)の場所は，当日指示する。試験演奏直前の音出しは短時間で行う。

初見演奏課題A

初見演奏課題B

初見演奏課題C

(☆☆☆○○○)

解答・解説

【中学校】

【1】1曲目　ゲーテ　　2曲目　チェコ　　3曲目　六段の調(六段，六段の調べでも可)　　4曲目　ビゼー(G.ビゼー，ジョルジュ・ビゼー，Georges Bizet でも可)　　5曲目　ピアノ協奏曲(ピアノ・コンチェルトでも可)

〈解説〉放送される5曲を聴いて「次に示す事柄」について答えよという設問である。ここでは公開解答から放送された曲名などを予想してみたい。1曲目〈作詞者・ゲーテ〉とあるので，放送された曲名は「魔王」あるいは「野ばら」であろう。両者とも作曲者はシューベルトである。2曲目〈出身国名・チェコ〉とあるので，スメタナの交響詩「モルダウ(ブルタヴァ)」あるいは，ドヴォルジャークの交響曲第9番(新世界より)の一部とも考えられる。　3曲目〈曲名・六段の調〉とあ

るので，八橋検校作曲の独奏「六段の調」が放送で流れたもの。
4曲目〈作曲者名・ビゼー〉とあるので，組曲「アルルの女」あるい
は歌劇「カルメン」の一部であろう。　5曲目〈独奏楽器と楽曲形
式・ピアノ協奏曲〉とあるが，ピアノ協奏曲は数限りなく多いのでこ
れだけでは作曲者は不明。グリーグ，チャイコフスキー，ショパン，
ベートーヴェン(5曲)，モーツァルト(約30曲)などの中から放送された
であろう。

【2】1曲目　D　　2曲目　J　　3曲目　A　　4曲目　C　　5曲目　E
〈解説〉放送される5曲を聴いて音楽の種類や民族楽器名などを，A～Jの
　　10から選ぶ出題である。広く多種の音楽に興味をもつことが正答につ
　　ながる。　1曲目　雅楽の代表的な曲(管絃の「越天楽」など)の演奏で
　　あろう。　2曲目　Jのシタールは北インドの撥弦楽器で古典音楽の独
　　奏楽器。7本の演奏弦と十数本の共鳴弦があり，針金製ピックで弾く。
　　3曲目　Aのオルティンドーはモンゴルの〈長い歌〉と呼ばれるゆるや
　　かなリズムの民謡。　4曲目　Cの長唄は歌舞伎の音楽であり多岐多様
　　である。約20年前の鑑賞共通教材曲では，長唄「勧進帳」の一部が指
　　定されていた。　5曲目　Eのピーパーとは中国の4弦の琵琶。現在の
　　中国では胴面のフレットが増えて25個くらいあり，バチではなく義爪
　　で弾く。

【3】(1)　ア　音楽を形づくっている要素　　イ　構造　　ウ　曲想
　　(2)　根拠をもって批評する(学習活動)　　(3)　Cさん　(例)　初めの
　　「ダダダダーン」を聴いて，どんな感じがしたのかな。「ダダダダーン」
　　が何回も繰り返されていると，どんな感じがしたかな。　Dさん　(例)
　　「恐ろしい」「すごかった」「やさしい」と感じたのは，曲のどのよう
　　な特徴(要素)からそう感じたのか，関連づけて書いてみよう。曲の途
　　中から柔らかい雰囲気に変わったと感じたのは，曲のどのような特徴
　　(要素)からそう感じたのかな。
〈解説〉鑑賞の授業においてベートーヴェンの第5交響曲を指導する事例

と，学習指導要領に示されている指導事項を結び付けた実践的な出題である。　(1)　学習指導要領の〈鑑賞の(1)〉のアに示されたそのままが正答となる。アは「音楽を形づくっている要素」，イは「構造」，ウは「曲想」である。アについてはこの設問にはないが，〔共通事項〕に次のように示している。→「音色，リズム，速度，旋律，テクスチュア，強弱，形式，構成」など。　(2)　学習指導要領〈鑑賞の第2～3学年の(1)〉アに示されている。→「根拠をもって批評する」など。
(3)　(2)と関連付けて生徒C，Dに，学習活動をさらに深める支援の言葉かけを答える設問である。多岐にわたる解答が考えられるが，(1)の「音楽を形づくっている要素」の聴き取りと関連させた言葉かけがより具体的でよいであろう。公開解答例のDさんにある「曲のどのような要素(特徴)から」を考えさせ，深めていく指導である。

【4】(1)　作詞者名：林古溪　　作曲者名：成田為三　　(2)　B
(3)　c　　(4)　解答略
〈解説〉歌唱共通教材曲「浜辺の歌」についての出題で，(1)～(3)の設問はこの名曲を愛唱したり，この曲が載っている教科書をよく調べたりしておくことで正答が得られる。(4)の授業2時間の構想では，授業実習での経験をもとに，教師の立場からの学習活動や支援・留意点などを考えたい。「速度」と「強弱」に音楽を形づくっている要素から絞って学習活動の展開をする。また，③の生徒の実態にどう対処し指導の工夫をするかの記述が重要である。

【5】

楽器名：ビオラ(ヴィオラ)
〈解説〉ヴィヴァルディの「四季」より『春』の5段に分かれた弦楽合奏譜からの出題。5段の楽譜の1段めはソロ・ヴァイオリン，2～3段めはヴァイオリンⅠ・Ⅱ，4段めのハ音記号(アルト記号)はヴィオラ，5段め

はチェロである。本問のアルト記号は，五線の第3線がハ音となるのでト音譜表に書き替えるのもそれを知っていればすぐにできる。なお，ヴィオラのことをフランス語ではアルト(alto)と呼んでいる。

【6】曲のイメージ：(例)　燃えさかる炎　　創作上の工夫：(例)　シンコペーションを用いたり，最後に両手打ちを入れたりして，炎の激しさを表現する。

(例)

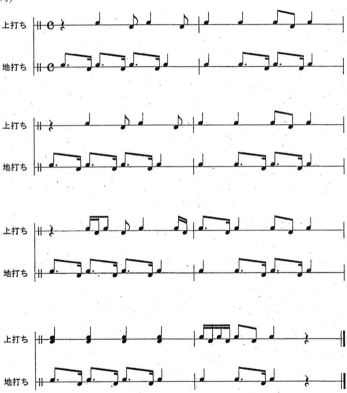

〈解説〉締太鼓の地打ち(基本的なリズム)に乗って，鋲打太鼓(鋲留太鼓)の8小節のリズムを条件を入れて書き，「曲のイメージ」及び「創作上のイメージ」を答えよという出題である。〈条件〉の②に2小節ずつのリズムの基本，反復，変化，終止感が指示されており，重要なヒントと創作上の工夫につながる。解答例がよい参考になるが，これ以外にもいろいろなイメージを設定し，リズム創作を実践したい。

【高等学校】

【1】1曲目　曲名：ボレロ　　作曲者名：ラヴェル　　2曲目　曲名：菩提樹(冬の旅より菩提樹)　　作曲者名：シューベルト　　3曲目　曲名：乾杯の歌(椿姫より乾杯の歌)　　作曲者名：ヴェルディ(ベルディ)　4曲目　曲名：ヴァイオリン協奏曲(ヴァイオリンコンチェルト)　作曲者名：メンデルスゾーン　　5曲目　曲名：交響曲第41番K551「ジュピター」　　作曲者名：モーツアルト

〈解説〉放送で流れる5曲を1回聴いて，曲名と作曲者名を答える出題。いずれも西洋音楽の名曲であるが，正答のためには平常から多くの曲に耳を傾けたいもの。

【2】問1　椰子の実　　問2　島崎藤村

問3

（なもしらぬとおきしまよりながれよるやしのみひとつ）

問4　弱起(アウフタクト)　　問5　8分の6拍子　　問6　複合拍子　問7　翼をください　　問8　読み方：モデラート　　意味：中くらいの速さで　　問9　2分(120秒)　　問10　ビゼー　　問11　オペラ(歌劇)　　問12　$\boxed{A}$　f moll(ヘ短調)　　$\boxed{B}$　F dur(ヘ長調)

問13

問14　作詞者：ゲーテ　　作曲者：シューベルト

問15　「冬の旅」　　「美しき水車小屋の娘」　　「白鳥の歌」

問16

〈解説〉楽譜1は名曲として親しまれる大中寅二作曲「椰子の実」で，問2
　　の島崎藤村の名詩と問3の歌詞は知らなければならないもの。

　　楽譜2は中学校の歌唱共通曲「浜辺の歌」で，問5〜6は$\frac{6}{8}$拍子が$\frac{3}{8}$

　　×2で，単純拍子の3拍子と複合した拍子である設問である。

　　楽譜3は中・高校生によく歌われる「翼をください」(山上路夫作詞・

　　村井邦彦作曲)である。問9は4拍子×46小節＝184拍，$\frac{60}{92}$×184＝

　　119.999……で120秒となる。

　　楽譜4の A ・ B は，ビゼーの歌劇「カルメン」の「闘牛士の歌」の旋

　　律である。

　　楽譜5はゲーテの詩にシューベルトが曲をつけた「野ばら」の伴奏譜

　　である。問16の主旋律は多くの人が知っている曲。問15のシューベル

　　トの連作歌曲集は「冬の旅」，「美しき水車小屋の娘」，「白鳥の歌」の

　　いずれかをあげる。

【3】①　唱歌　　②　奏楽　　③　音楽取調掛　　④　メイソン(メー

　　ソン)　　⑤　東京音楽学校

〈解説〉日本の近代音楽教育の基礎となった1879(明治12)年・音楽取調掛

　　の設置を中心とした頃の略史である。適語を答える①〜⑤の設問で難

しいのは，②の「奏楽」であろう。①の「唱歌」科から始まったことや④のメーソンの名も覚えておきたい。

【4】問1　(1)　北海道　　(2)　富山県　　問2　(1)　声明　　(2)　平曲　(3)　狂言　　(4)　尺八　　問3　(1)　①　イ　　②　オ　　③　カ　④　キ　　⑤　コ　　⑥　ス　　⑦　セ　　(2)　為　い　　巾　きん　(3)　(ア)　①　　(イ)　⑧　　(ウ)　③　　問4　エ

〈解説〉問1　(1)(2)とも全国的に知られた民謡である。　問2　(1)～(4)は日本伝統音楽の歴史の古い順に並べられている。(1)声明は奈良時代に伝来，(2)平曲(平家琵琶)は鎌倉時代が起源，(3)狂言の名称は14世紀中頃(南北朝末)といわれる。(4)の普化尺八は読経の代わりに法器として尺八を奏し，一般人の尺八使用は禁止されていた。1871(明治4)年普化宗の廃止により尺八は楽器として一般に用いられるようになった。

問3　箏についての問いで(1)の①～⑦の選択は，箏の実演初歩者でも解答できる設問である。⑥と⑦は左手の奏法でこれ以外にも「押し手」「後押し」「押し放し」「揺り色」「消し爪」などが，右手の奏法には「スクイ爪」「かき爪」「合せ爪」「流し爪」「引き連」「すり爪」「かけ爪」「割り爪」その他があるので調べておきたい。(2)斗為巾(といきん)の絃名や(3)箏を竜に見立てた各部の名称も知っておきたい。

問4　正答はエで，アは三曲(合奏)のこと，イは津軽三味線がその代表，ウは雅楽の説明である。

【5】(1)　ウエスト・サイド・ストーリー(ウエスト・サイド物語)(2)　キャッツ　　(3)　レ・ミゼラブル　　(4)　ライオンキング

〈解説〉ミュージカルの中の代表曲からそのタイトルを答える設問で，広範囲の音楽に興味をもっていないとすぐには正答できない。日頃からさまざまなジャンルに関心をもっていたい。

【6】問1　ヘンデル　　問2　通奏低音　　問3　武満徹　　問4　リスト
問5　サン＝サーンス　　問6　プロコフィエフ　　問7　ジョン・ケ
ージ　　問8　交響曲　　問9　十二音技法

〈解説〉西洋音楽に関する作曲家名や事柄を答える出題で，問2・8・9以
外は人名であり難問ではない。問2はバロック音楽が通奏低音の時代
ともいわれるもの。問7はジョン・ケージで，聴衆の前でピアニスト
が鍵盤に手を触れず座ったままの音楽など，反響が大きかった。

【7】問1　曲名：交響曲第9番「合唱」付　　作曲者名：ベートーヴェン
問2　ファゴット(バスーン)　　問3　対旋律(オブリガート)
問4　ハ音記号(アルト記号)

〈解説〉問1　楽譜7はベートーヴェンの第9交響曲・第4楽章で，よく知ら
れる「歓喜の歌」の旋律が，Vc(チェロ)とDB(ダブルベース)で奏され
る。　問2，3　オーケストラ総譜を略した楽譜になっているため，
Vn(ヴァイオリン)のパートが無い。(ア)はBn(バスーン)のパート譜で，
Va(ヴィオラ)とVc(チェロ)の奏する主旋律と対旋律(オブリガート)にな
っている。　問4　Va(ヴィオラ)はアルト記号が用いられている。イタ
リア語や英語ではViolaであるが，フランス語ではaltoと呼んでいる。

【8】①　インドネシア　　②　モンゴル　　③　フランス　　④　イタ
リア　　⑤　アルゼンチン　　⑥　スペイン　　⑦　インド
⑧　中国　　⑨　ハンガリー　　⑩　ロシア

〈解説〉①のケチャはインドネシアのバリ島の男声合唱。②のホーミーは
モンゴルの特殊な発声(1人で2種類の声を同時に出す)の民謡。⑦のシ
タールは北インドの撥弦楽器で古典音楽の独奏に用いられる。⑧の胡
弓は日本の擦弦楽器であるが，明治以降は使用されることが少ないこ
ともあり，公開解答では中国になっている。中国では胡琴(フーチン)
という胡弓に似たものがあり，その種類が多く，二胡(アルフー)もそ
の一つであるため混同されている。⑨のツィンバロムはダルシマーと
も呼ばれ，ハンガリーのジプシー音楽で多く用いられる。

【9】問1

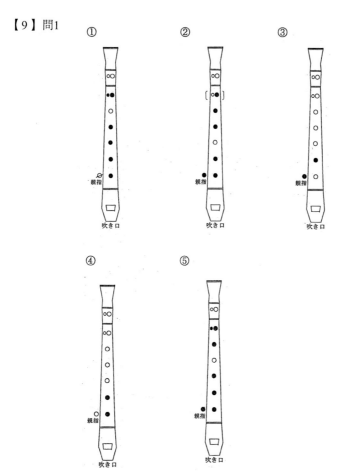

① ② ③

④ ⑤

問2　・友人同士で運指を確認するよう促すなど，生徒の活動内容を
記述すること。　・教師が正しい運指を，生徒に一つずつ確認させな
がら，板書等により示すなど，運指を覚える為の指導方法を具体的に
記述すること。

〈解説〉問1　アルトリコーダーの運指①〜⑤を図示する設問である。解
答用紙に示したハ(2点ハ)音を左手指すべてを閉じた運指(0123)とする
ということは，実音式運指で示せということである。アルトリコーダの

　最低実音はヘ(1点ヘ)音であるがソプラノリコーダーとの合奏楽譜など
の例では，ソプラノとアルト共に実音式ではなくオクターヴ高い記譜
が使用されることがあるからである。示された楽譜はJ.S.バッハの「G
線上のアリア」の一部である。リコーダーの設問では運指の図示が最
も多い。リコーダーの実技練習と共に図示になれる学習をしておきた
い。

【10】　①　楽器名：シンバル　　分類：打楽器　　②　楽器名：フルート
　　分類：木管楽器　　③　楽器名：スネアドラム　　分類：打楽器
　　④　楽器名：オーボエ　　分類：木管楽器　　⑤　楽器名：チェロ
　　分類：弦楽器　　⑥　楽器名：ホルン　　分類：金管楽器　　⑦　楽
　　器名：コンガ　　分類：打楽器　　⑧　楽器名：トロンボーン
　　分類：金管楽器　　⑨　楽器名：コントラバス(ダブルベース)
　　分類：弦楽器　　⑩　楽器名：サクソフォン　　分類：木管楽器
〈解説〉①～⑩の楽器図から楽器名と弦・木管・金管・打楽器の分類を選
　　ぶ出題で正答はやさしい。⑤や⑨の図もヴィオラと誤らぬよう選択肢
　　から除かれている。④を誤ってクラリネットとしないよう，⑩はアル
　　トサクソフォンらしいが，アルトやテナーの違いはやはり選択肢にな
　　い。⑦のコンガを共にキューバで生まれたボンゴと間違えないよう留
　　意したい。

【11】　略

2010年度　実施問題

【中学校】

【1】放送による問題

(1)　これから中学校の歌唱共通教材を4曲流します。それぞれの曲の
作詞者をⅠ群，作曲者をⅡ群から選び，記号で書きなさい。

Ⅰ群

A　三木露風　　B　土井晩翠　　C　吉丸一昌　　D　江間章子

E　武島羽衣　　F　林　古溪　　G　高野辰之

Ⅱ群

ア　中田喜直　　イ　滝廉太郎　　ウ　岡野貞一

エ　成田為三　　オ　山田耕筰　　カ　中田　章

キ　團伊玖磨

(2)　これから日本の民謡を4曲流します。それぞれの曲名をⅢ群，県
名をⅣ群から選び，記号で書きなさい。

Ⅲ群

A　ソーラン節　　B　安来節　　C　江差追分　　D　斎太郎節

E　花笠踊り　　F　草津節　　G　秩父音頭　　H　佐渡おけさ

I　大漁節　　J　かりぼし切り歌　　K　黒田節

L　五木の子守歌

Ⅳ群

ア　宮崎県　　イ　福岡県　　ウ　北海道　　エ　群馬県

オ　山形県　　カ　埼玉県　　キ　島根県　　ク　宮城県

ケ　新潟県　　コ　静岡県　　サ　千葉県　　シ　熊本県

(3)　これからAからDの世界の名曲4曲を流します。4曲を時代の古い
順に左から記号で書きなさい。また，AとDの曲の作曲者を答えな
さい。

(☆☆☆☆◎◎◎)

291

【2】学習指導要領解説音楽編(平成11年9月)，第1学年の表現の内容(1)に，ア「歌詞の内容や曲想を感じ取って歌唱表現を工夫すること」，イ「曲種に応じた発声により，言葉の表現に気を付けて歌うこと」とある。A先生はこれを踏まえ，「夏の思い出」を教材として第1学年の授業を行った。次の楽譜を参考にして，下の問いに答えなさい。

(1)　「曲種に応じた発声で歌う」ということを指導するに当たり，指導者として重視したいことは何か。学習指導要領解説音楽編を踏まえて説明しなさい。

(2)　この曲の前半の曲想を感じ取った生徒から「ゆったりと流れるような感じ」という感想が出された。これは音楽のどの諸要素の，どのような特徴によるものと考えられるか。二つの要素を挙げて答えなさい。

(3)　新学習指導要領(平成20年3月告示)では，この曲を含め全部で何曲の歌唱共通教材が示されているか。また，各学年において何曲以上を取り扱うよう指示されているか答えなさい。

(☆☆☆☆◎◎)

【3】第2学年において，「バロック時代の多声音楽に親しもう」という単元名で，全2時間の授業を行う。構想にあたって，主に扱う音楽の要素を「楽器の音色」と「音楽の仕組み」の二つに絞り，教材として「フーガ　ト短調」を選ぶこととした。

(1)　教材「フーガ　ト短調」について，次の問いに答えなさい。

　　ア　この曲の作曲者名を，フルネームで答えなさい。

　　イ　この曲は何声で構成されているか答えなさい。

　　ウ　この曲を演奏する楽器名を答えなさい。

　エ　ウの楽器において，音色を変化させるための装置(ボタン)の名称を答えなさい。

(2)　多声音楽について学習する中で，生徒から「これまでに学習した輪唱とフーガとは，音楽の形式上どう違うのか。」という疑問が生まれると予想される。このことについて，生徒に分かりやすく説明しなさい。

(3)　単元の目標を「楽器の音色を聴き，音楽の仕組みを理解することにより，楽曲全体から生み出される壮大さを感じ取って聴く」と設定した上で，第1時は主に「楽器の音色」について学習した。本単元のまとめでもある第2時の主な学習内容を，「音楽の仕組み」としたときの授業を構想しなさい。

　　ただし，次の《生徒の実態》のエに示した生徒が，意欲的に取り組めるような指導の工夫を必ず一つ以上含めるものとし，☆印をつけて示すこと。

《生徒の実態》

ア　これまでの学習で，パートナーソングや輪唱などを通して，複数の旋律が重なり合うことによって生まれる響きの楽しさや美しさを感じ取る活動を数多く経験している。

イ　反復や変化など，基本的な音楽の仕組みについての学習は，これまでも表現や鑑賞の活動を通して積み重ねてきている。

ウ　鑑賞の学習を楽しみにしている生徒が多い。

エ　「鑑賞の授業は，音楽を聴いて感想を書くだけの学習である」と思っている生徒が5～6人いる。

(☆☆☆◎◎)

【4】次の楽譜はクラリネットの譜面(B♭楽器)である。

Clarinet　inB♭

(1)　調号と拍子記号を付けて実音で記しなさい。

(2)　最初の1小節の階名を移動ドで書きなさい。

(☆☆☆◎◎)

【5】第3学年の創作の授業で，ジャズ風のアドリブに挑戦させようと考え，まず，授業者が自分でつくった旋律を例示することにした。次の問いに答えなさい。

(1)　第3学年の発達段階を考慮し，条件ア，イに合う4小節の旋律をつくりなさい。

〈条件〉

ア　下記の伴奏の最初の4小節に合う旋律をつくること。

イ　旋律は次の5音の中から音を選んでつくること。

(2)　(1)の旋律をもとに，あなたがアドリブで生徒に聞かせる旋律を楽譜に表しなさい。その際，アドリブはすべての小節で行い，条件イに合う音でつくること。

(☆☆☆◎◎)

【高等学校】

【1】日本の歌について，次の問いに答えなさい。

問1　山田耕筰作曲の「この道」について，次の問いに答えなさい。

(1)　歌詞の「このみちは　いつかきたみち」のメロディーを五線譜に音符で書きなさい。ただし拍子記号は書くこととし，強弱記号，テヌートおよびブレス記号は書かなくても良いこととする。

(2)　この曲の作詞者名を漢字で書きなさい。

(3) この曲を授業で指導する場合，望ましくないものを次の文から選び記号で答えなさい。

ア　楽譜に書かれている強弱に関する記号に注意しながら指導する。

イ　冒頭に指定されているテンポを厳格に守り，速度の変化を付けないように指導する。

ウ　日本語の発音に注意し，鼻濁音や子音について的確に指導する。

問2　中田喜直作曲の「夏の思い出」について，次の問いに答えなさい。

(1) 歌詞の「みずばしょうのはながさいている　ゆめみてさいているみずのほとり」のメロディーを五線譜に音符で書きなさい。ただし強弱記号，テヌートおよびスラーは書かなくても良いこととする。

(2) この曲の作詞者名を漢字で書きなさい。

(3) 中田喜直が作曲した曲を，次の語群から2つ選び記号で答えなさい。

語群

ア　浜辺の歌　　イ　待ちぼうけ　　ウ　めだかの学校

エ　夏は来ぬ　　オ　ふるさと　　　カ　雪の降る町を

キ　椰子の実

(☆☆☆☆◎◎◎)

【2】次の【楽譜1】～【楽譜6】について，あとの問いに答えなさい。

【楽譜1】

問1　この曲の曲名を答えなさい。

問2　この曲の作曲者名をカタカナで答えなさい。

問3　grazioso の意味を答えなさい。

【楽譜2】

問4　この曲の作曲者名をカタカナで答えなさい。

問5　この曲が含まれている歌曲集の名前を答えなさい。

【楽譜3】

問6　この曲の作曲者名をカタカナで答えなさい。

問7　C7sus4，C7，Fadd9 のコードの構成音を全音符で答えなさい。

【楽譜4】

問8　この曲の曲名を答えなさい。

問9　この曲の曲名はある唱法の名前でもあるが，その唱法とはどの
　　ように歌うのか答えなさい。

問10　この曲の作曲者名をカタカナで答えなさい。

【楽譜5】

問11　この曲の曲名を答えなさい。

問12　この曲の作曲者名をカタカナで答えなさい。

問13　tranquillo の意味を答えなさい。

【楽譜6】

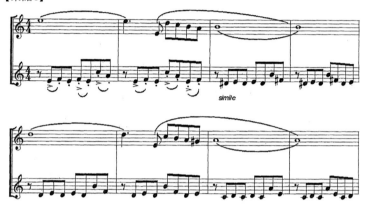

問14　この曲の作曲者名をカタカナで答えなさい。

問15　この曲の作曲者は，ある楽器の奏者でもある。その楽器名を答えなさい。

(☆☆☆☆◎◎◎)

【3】日本の民謡と伝統音楽について，次の問いに答えなさい。

問1　鎌倉時代から江戸時代までの日本音楽史について，文中①〜⑭にあてはまる語句をあとの語群から選び記号で答えなさい。

　　　貴族文化の衰退に伴い，武家文化，地方文化が台頭してくると，日本独自の音楽様式が生まれてきた。「平家物語」を(　①　)の伴奏で語る(　②　)が鎌倉時代に成立し，広く人々に親しまれた。猿楽や田楽の中でも演奏性の強い部分は，猿楽能や田楽能として発展した。特に猿楽能は足利義満の庇護のもと，(　③　)，(　④　)父子によって芸術的に高められ，武家社会で愛好されるようになった。今日でいう(　⑤　)とは，この猿楽能のことである。このほか室町時代から安土・桃山時代にかけて，江戸時代に大流行する(　⑥　)

の祖型や,（　⑦　）などが生まれた。また琉球経由で伝来した中国のサンシエン(三弦)は,（　①　）の影響のもとに改造され,（　⑧　）となった。

　江戸時代には鎖国によって外来文化の影響がほとんどなくなり,自国文化の熟成が続いた。文化の担い手は町人となり,（　⑧　）音楽が特に発展した。（　⑧　）音楽は「歌い物」と「語り物」に大別される。「歌い物」は旋律やリズムの音楽的な流れを重視したもので,（　⑧　）組歌,地唄,小唄,端唄,そして(　⑨　)と結び付いて発展した(　⑩　)などがある。「語り物」は歌詞を話し言葉に近い形で物語るもので,（　⑪　）に代表される各種の（　⑥　）などがある。（　⑥　）は操り人形芝居と結び付いて発展した。また(　⑫　)や(　⑬　)の音楽も盛んになり,それぞれに流派が生まれた。各流派はその長である(　⑭　)を中心に,唱歌(しょうが：奏法などを擬音的に唱えること)などによって独自の奏法や曲目を伝承した。

　語群

ア　歌舞伎	イ　三味線	ウ　琵琶	エ　世阿弥
オ　家元	カ　尺八	キ　能(能楽)	ク　義太夫節
ケ　箏曲	コ　長唄	サ　平曲	シ　筑紫箏
ス　浄瑠璃	セ　観阿弥		

問2　次の日本の民謡が伝承されてきた道府県名を下の語群から選び記号で答えなさい。

①　金毘羅船々　　②　小諸馬子唄　　③　おてもやん

④　安来節　　⑤　佐渡おけさ　　⑥　越中おわら節

⑦　よさこい節　　⑧　花笠踊り　　⑨　河内音頭

⑩　江差追分

　語群

ア　熊本県	イ　福岡県	ウ　山形県	エ　香川県
オ　三重県	カ　新潟県	キ　大阪府	ク　静岡県
ケ　北海道	コ　富山県	サ　沖縄県	シ　島根県
ス　高知県	セ　岡山県	ソ　長野県	

問3　次の楽器の名称をひらがなで答えなさい。

① 篳篥　　② 和琴　　③ 笏拍子　　④ 鞨鼓　　⑤ 胡弓

⑥ 鉦鼓　　⑦ 鈸

(☆☆☆◎◎◎◎)

【4】ギターとリコーダーについて，次の問いに答えなさい。

問1　ギターの通常の調弦の音を，次に示された第6弦の音を基準として，第5弦から第1弦までの音を全音符で書きなさい。

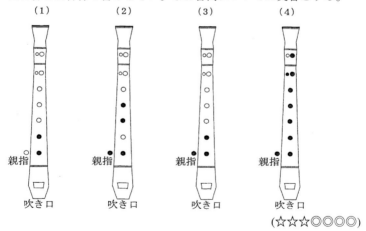

問2　アルト・リコーダーを次の図に示された運指で演奏した場合に出る音を全音符で書きなさい。なお音高については実音とする。

(☆☆☆◎◎◎◎)

【5】次の(1)～(8)の文に該当する作曲家名をカタカナで答えなさい。

(1)　ヴェネツィアのピエタ養育院に勤めていたヴァイオリンの名手で，500曲以上の協奏曲を作曲した。

(2)　ベルギーで生まれフランスで活躍した作曲家で，オルガニストと

しても卓越した技術を持っていた。代表作に交響曲ニ短調がある。

(3)　バッハ，ベートーヴェンと並び，「ドイツ三大B」のひとりと称され，ドイツ古典派音楽の伝統を尊重した。

(4)　祖国を愛し，新たな国民音楽の創造を決意して，コダーイらと民謡の録音や採譜を長年にわたって続け，その研究は創作の源泉となった。

(5)　ロマン派音楽の標題性を開拓した作曲家であり，標題音楽にふさわしい色彩感あふれる管弦楽法を生み出した。

(6)　古典派音楽の基礎を築いた作曲家で，100曲以上の交響曲を作曲した。「交響曲の父」とも呼ばれ，代表作にオラトリオ「天地創造」がある。

(7)　西洋の伝統的な作曲技法とロシアの民族性を融合させた作曲家で，交響曲第6番は最後の作品となった。

(8)　「近代ギター音楽の父」とも呼ばれている卓越したスペインのギター奏者であり，作曲家でもある。

(☆☆☆◎◎◎◎)

【6】次の問いに答えなさい。

問1　古典派時代に完成された交響曲の特徴について，簡潔に説明しなさい。

問2　交響詩について，簡潔に説明しなさい。

問3　次の文は楽劇についての説明文であるが，文中のア～ウに適語を入れなさい。

　　（　ア　）によって創始されたオペラ様式の一つ。レチタティーヴォ～アリアを中心とするイタリア風ナンバー・オペラに対する反動・批判として生じたもので，「オペラを構成する諸要素を，ひとつの融合体としている。また，劇の一貫した流れを阻害しないよう（　イ　）を導入し，（　ウ　）の採用によって劇の進行を助長しようとするものである。

(☆☆☆◎◎)

【7】次の問いに答えなさい。

問1　次の(1)～(3)の音階の名称を，下の語群から選んで書きなさい。

（1）

（2）

（3）

語群

スコットランド音階　　都節音階　　ロマ音階　　沖縄音階

問2　次の(1)～(5)の楽曲の内容を，下の説明文から選び記号で答えなさい。

(1)　トッカータ

(2)　パッサカリア

(3)　フーガ

(4)　オラトリオ

(5)　マドリガル

説明文

ア　ミサ曲のうち，「死者のためのミサ」の典礼文を歌詞としたもの

イ　同じ旋律が複数の声部によって繰り返され，転調などを経て発展する曲

ウ　異なる楽想を挟みながら主題が何度も反復される器楽曲。快速な楽想をもつものが多い。

エ　16～17世紀前半に多く作られた多声的な声楽曲

オ　低声部に現れる主題が何度も反復される，変奏曲形式の器楽曲

カ　ドイツ・プロテスタント教会の礼拝で，一般会衆が歌う賛美歌

キ　新約聖書の福音書に記されたキリストの受難の部分を題材にした楽曲

ク　16～18世紀に多く作られた，自由な様式をもつ鍵盤楽器の曲

ケ　おおむね宗教的なテーマによる劇音楽。演奏会形式で上演される。

（☆☆☆☆◎◎）

【8】次の楽譜はJ.S.バッハ作曲「マタイ受難曲」BWV244の第54曲「コラール」である。ソプラノ，アルト，テノールのパートを，それぞれクラリネット，アルト・サクソフォン，ホルンで演奏できるように楽譜を書き換えなさい。なお，調号を用いずに臨時記号を用いて書くこととする。

（☆☆☆◎◎◎）

302

解答・解説

【中学校】

【1】(1) 1曲目 E・イ　　2曲目 F・エ　　3曲目 C・カ
4曲目 D・キ　(2) 1曲目 D・ク　2曲目 J・ア　3曲目 E・オ
4曲目 K・イ　(3) C→A→D→B　A モーツァルト　D チャ
イコフスキー

〈解説〉教科書に取り上げられている曲は，必ずすべて鑑賞し把握してお
きたい。演奏とそれぞれの語句がすぐに一致するくらい慣れておく方
が望ましい。

【2】(1) それぞれの楽曲をすべて同一の発声ではなく，生徒自身が楽
曲にふさわしいと感じる音色やその発声方法を考えて表現すること。
(2) (要素・特徴) 旋律・なめらかな順次進行で流れており，旋律線
が2小節ごとに起伏の小さな山を作っている。 リズム・8分音符を中
心とした2小節のリズムパターンを交互に繰り返し使用している。 形
式(構成)・4小節の問いと答えによるまとまりのある旋律が反復されて
いる。 速度・歌詞の表す心情に合ったお緩やかなテンポが設定され
ている。 など　　(3) 共通教材：7曲　各学年：1曲以上

〈解説〉(1) 発声の方法を教えるだけでなく，音色や体の使い方を自ら
気付くように指導することが大切である。　(2) 各要素にあてはまる
内容を，他の曲に対しても同様に表せるようにしておきたい。
(3) 内容の取扱いにあげられている曲は次の通りである。「赤とんぼ」
「荒城の月」「早春賦」「夏の思い出」「花」「花の街」「浜辺の歌」(我が
国のよき音楽文化を世代を超えて受け継がれるようにする観点)

【3】(1) ア ヨハン・セバスティアン・バッハ(J.S.バッハ，セバスチャ
ンも可)　イ 四声　ウ パイプオルガン(オルガン)　　エ スト
ップ(音栓)　(2) 同じ旋律を他のパートが時間をおいてそのままの

形で模倣していく輪唱に対して，フーガは同じ旋律(主題)がさまざまな調や音の高さで模倣し繰り返しながら発展していく形式である。

(3)　解説参照

〈解説〉(1)(2)　フーガやバッハ，オルガンの基礎知識は知っておくべきである。　(3)《生徒の実態》ア～ウまでは，フーガについて理解していることが前提になっているので，生徒が活動・表現する場面を設定し，個人またはグループで取り組み，発表するなどの計画を立てたい。

【4】(1)

(2)　ラミレドレミ

〈解説〉(1)　クラリネットB管の実音は，記譜音より長2度下になる。したがって変ロ長調(ト短調)の調号を用いて長2度下で記譜する。

(2)　変ロがドになる。

【5】(1)　(例)

(2)　(例)

〈解説〉(1)　Dをルート音とした，ジャズのDマイナーペンタトニックスケール(ブルース・ペンタトニックスケール)である。基本形はシンプルなリズムを使いたい。慣れない場合はできるかぎり順次進行を使いたい。　(2)　アドリブは，各拍で基本形と同じ音を使う必要はないが，解答例をはじめさまざまなジャズやポピュラー曲を研究し，もとの音

形の変化のさせ方を知っていくことが望ましい。

【高等学校】

【1】問1　(1)

(2)　北原白秋　　(3)　イ

問2　(1)

(2)　江間章子　　(3)　ウ・カ

〈解説〉共通教材について，作詞者・作曲者・速度・諸記号・調性・拍子・伴奏・曲の背景・他の作品などをまとめたり練習して身につけておきたい。歌曲は表現が一番重要なので，速度は目安である。

【2】問1　愛の喜び(Piacer d'amor)　　問2　ヨハン・パウル・エギーディウス・マルティーニ　　問3　優雅に　優美に　　問4　フランツ・シューベルト　　問5　白鳥の歌　　問6　アラン・メンケン
問7

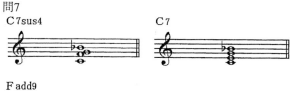

問8　ヴォカリーズ　　問9　歌詞を用いず母音のみで歌う
問10　セルゲイ・ラフマニノフ　　問11　歌の翼に(Auf Flugeln des Gesanges)　　問12　フェーリスク・メンデルスゾーン　　問13　静かに
問14　アストル・ピアソラ　　問15　バンドネオン
〈解説〉教科書の解説は最低限まとめておくべきである。さらに関連した

内容を知っておくことが望ましい。「愛の喜び」は，ドイツに生まれ
フランスで活動した作曲家マルティーニが曲をつけた作品。アラン・
メンケンはアメリカの作曲家。舞台音楽とディズニー映画の映画音楽
で特に知られる。「白鳥の歌」はシューベルトの死後，出版社や友人
によりまとめられた14曲からなる歌曲集。「ヴォカリーズ」はフラン
ス語の動詞 vocaliser(声にする，声だけで歌う)の命令形 vocalise に由来
する。母音唱法とも呼ばれる。主に発声練習の際に用いられるが，ラ
フマニノフの作品が最も有名だと言われる。ヴォカリーズによって歌
うことを指定した声楽作品として，ラフマニノフ，プロコフィエフ，
メシアン等の作品がある。「歌の翼に」は，歌曲集「6つの歌 作品34」
の第2曲。ピアソラはクラシックやジャズの要素を取り入れ，5重奏団
などで演奏活動をしていた。周囲からは認められなかったものの，タ
ンゴを世に広めた重要な人物である。問7 sus4は，第3音を短2度上げ
ること。add9は，ルート(根音)より9度(1オクターブと長2度)上の音を
加えた4和音。

【3】問1　① ウ　② サ　③ セ　④ エ　⑤ キ　⑥ ス
　　　⑦ シ　⑧ イ　⑨ ア　⑩ コ　⑪ ク　⑫ ケ
　　　⑬ カ　⑭ オ　問2　① エ　② ソ　③ ア　④ シ
　　　⑤ カ　⑥ コ　⑦ ス　⑧ ウ　⑨ キ　⑩ ケ
　　　問3　① ひちりき　② わごん　③ しゃくびょうし
　　　④ かっこ　⑤ こきゅう　⑥ しょうこ　⑦ はち
〈解説〉日本の伝統音楽に関する問題は出題頻度が高い。歴史的変化や地
　　域を代表する作品，伝統楽器の名称・奏法・材質・調性など要素ごと
　　にまとめておくべきである。また，代表的な音楽の演奏を聴いて，特
　　徴を把握しておくことが望ましい。

【4】問1　第5弦から第1弦に順に，「イ・一点ニ・一点ト・一点ロ・二点ホ」を全音符で記す。

問2　次の各音符を全音符で記す。　(1)　嬰二点ヘ　　(2)　変二点ホ
(3)　二点ニ　　(4)　嬰一点ヘ

〈解説〉ギターに関して，各部の名称やタブ譜と通常の楽譜の関係の出題も見られるので，研究しておきたい。アルト・リコーダーは半音階での運指を把握しておきたい。

【5】(1)　アントニオ・ヴィヴァルディ　　(2)　セザール・フランク
(3)　ヨハネス・ブラームス　　(4)　ベーラ・バルトーク　　(5)　エクトル・ベルリオーズ　　(6)　ヨーゼフ・ハイドン　　(7)　ピョートル・イリイチ・チャイコフスキー　　(8)　フランシスコ・タレガ
〈解説〉鑑賞教材に扱われる主な作曲家と作品以外に，各作曲家の生い立ちや時代の位置付け，音楽的特徴(時代を考慮した作風)，また楽曲の鑑賞を行っておきたい。

【6】問1　管弦楽によって演奏される多楽章の曲で，通常4つの楽章からなる。第1楽章もしくは第1楽章と第4楽章はソナタ形式でできている。
問2　管弦楽によって詩的あるいは絵画的内容を表そうとするもので，標題音楽の一種。19世紀半ばに起こり，リストによってこの言葉が使われ始めた。一楽章形式　　問3　(ア)　ワーグナー　　(イ)　無限旋律
(ウ)　示導動機
〈解説〉問1　ギリシャ語のsym(ともに)-phonia(響き)に由来する。当初は「音楽」という感覚で，各種声楽曲や間奏曲などにも用いられた。18

307

世紀中頃から，10名前後のバイオリン楽団を擁するようになったドイツ各地の宮廷で人気曲種となり，言葉が定着していった。バイオリン奏者の不足により，土着の管楽器が加えられ，現在の編成より小規模な形態で演奏されていた。しかし，宮廷で楽団の維持が困難になり，市内の劇場などで次第に規模を大きくしながら演奏されるようになっていった。　問2　標題付きの管弦楽曲はすでに1700年前後にみられるが，交響詩という語が使われたのは，リストの『タッソー』のワイマールにおける演奏(1854)が最初である。リストは，ベルリオーズが『幻想交響曲』などの標題交響曲で用いた固定楽想の手法を用いて発展させ，文学的・絵画的内容を一定の楽想を用いて暗示するとともに，曲に変化と統一を与える要素として活用した。リスト以後，交響詩は国民主義と結び付いて，スメタナの連作交響詩『わが祖国』に代表されるように，自国の歴史や風土が内容となった。　問3　(ア)　楽劇の概念は1833年にムントによって提唱された。それまでの音楽劇(音楽を間奏曲として扱う)と区別して扱われ，モンテベルディやグルックなどにもその思想がうかがえるが，実践的に追及したのはワーグナーであった。　(イ)　明確な段落や終止感をもたずに発展しつづける旋律のことである。　(ウ)　楽劇のなかでしばしば登場する主題ないし動機で，特定の人物，事物などを象徴する機能をもつが，場合に応じて変形され，楽劇の発展を担ってゆく。後年ウォルツォゲンのワーグナー研究で初めて使用された言葉である。

【7】問1　(1)　沖縄音階　　(2)　ロマ音階　　(3)　スコットランド音階
問2　(1)　ク　　(2)　オ　　(3)　イ　　(4)　ケ　　(5)　エ
〈解説〉問1　世界中の民族が持つ音階，音律は様々で，その概念などと併せて知っておきたい。ロマはもともとジプシーと呼ばれていた移動生活を行う民族のこと。　　問2　各語句の意味は，選択肢の解説で簡潔にまとめられているので，そのまま覚えておきたい。
(1)　toccare(触れる)を語源とし，16世紀リュートや鍵盤楽器の調子を確かめる即興的な前奏曲と同義語であった。　(2)　バロック時代に様

式化された。遅い3拍子で，4〜8小節の主題が全曲を通じて反復され
る変奏曲形式をとる。主題は固執低音としてバスに置かれるが，上声
部に移されることもある。　(3)　共通した特徴として，「主題と一定
数(3〜4)の声部による模倣を基礎にした対位法様式」で書かれている。
全体は主題提示部と間奏部の交代からなる。　(4)　一般的には宗教的
な題材に基づく壮大な叙事的楽曲で，独唱・合唱・管弦楽を用いるが，
通常は演技・背景・衣装を伴わない。合唱に重点が置かれている。
(5)　イタリア・イギリスで16〜17世紀に広まった多声歌曲のことであ
る。初期はホモフォニーでの4声曲が多かったが，16世紀半ば以降は
ポリフォニーによる5声曲が多くなり，歌詞と音楽の結びつきが強く
なった。

【8】

〈解説〉クラリネット(指示がなければ通常B♭管)への記譜は，ト音譜表で原調の長2度上に記譜する。Fdurの長2上，Gdurにする。アルトサクソフォンは記譜音の長6度下が実音であるが，慣例として他のサクソフォンも含めト音譜表上で記されている。アルトサクソフォンの記譜は，短3度下で表すのでDdurにする。ホルンはF・B♭管(シングル・ダブルのタイプがある)が通常用いられるが，どちらの調性の管でも記譜はF管用で行う。完全4度下のCdurで記譜する。

2009年度　実施問題

【中学校】

【1】今から五つの協奏曲を放送します。それぞれの協奏曲の独奏楽器名と作曲者名を記入しなさい。

　　＜放送問題＞

(☆☆☆◎◎)

【2】これから放送する世界の音楽を聴いて，下記の問いに答えなさい。

　　＜放送問題＞

(1)　雅楽で使用する三つの楽器の音を聴いて，楽器名をA群の中から選び記号で答えなさい。

　　A群

　　ア　鞨鼓　　イ　笙　　ウ　楽箏　　エ　龍笛　　オ　鉦鼓

　　カ　篳篥　　キ　楽太鼓　　ク　楽琵琶

(2)　次の楽曲の中で演奏されている2種類の独奏楽器名を書きなさい。

(3)　次の3曲は世界の諸民族の音楽です。使用楽器名をB群，国名をC群の中から選び記号で答えなさい。ただし，演奏している使用楽器が複数の場合は，旋律を演奏している楽器名を答えなさい。

　　B群

　　A　ズルナ　　　　B　シタール　　　C　チャランゴ

　　D　ツィンバロム　E　ピーパー　　　F　ケーン

　　G　サントゥール　H　バグパイプ　　I　バーンスリー

　　C群

　　A　韓国　　　　B　タイ　　C　ハンガリー　　D　イギリス

　　E　ボリビア　　F　トルコ　G　中国　　　　　H　イラン

　　I　インド

(☆☆☆◎◎)

【３】A先生は，生徒が豊かな表現活動を行うためには，基礎的な能力が必要と考え，発声練習とソルフェージュ指導のため10時間の単元を構想しました。ところが，それを見ていたB先生は，本当にそれでよいのかと感じ，音楽を形作っている諸要素(表現要素，構成要素)との関連が必要なのではないかと考えました。このことについて，下記の問いに答えなさい。

(1)　表現要素と構成要素について具体的な要素を二つずつ書きなさい。

(2)　「音楽活動の基礎的な能力」について，「表現要素」と「構成要素」という言葉を用いて簡潔に述べなさい。その際，中学校学習指導要領解説音楽編(平成11年5月)をふまえて記述すること。

(☆☆☆☆◎◎◎◎)

【４】付けたい力を「和楽器を用いて，日本の伝統音楽を生き生きと表現する力」ととらえ，「日本音楽を楽しもう」という単元を1年生の年間計画に設定しました。このことについて次の問いに答えなさい。

(1)　単元の導入として，尺八と箏の曲を鑑賞することにしました。それぞれの楽器の特徴的な奏法，奏法の説明，演奏効果について，表の①～⑧に入る適切な言葉を書きなさい。

	奏　法	奏　法　の　説　明	演　奏　効　果
尺	メ　リ	①	②
八	ガ　リ	③	④
箏	⑤	柱の左側を押す	⑥
	⑦	柱の左側をつまんで柱のほうに引き寄せ、力を抜いて戻す	⑧

(2)　和楽器を用いて器楽指導を行う際，学習効果を高め充実させていくために配慮すべき点を二つ書きなさい。

(3)　箏曲「さくら　さくら」を教材として，実際に演奏を体験することができ，生徒が意欲的に取り組めるような授業構想を考え，2時

間分の学習の流れを簡潔にまとめなさい。条件として，下記の点を考慮すること。

＜条件＞

① 指導する学級の生徒の人数は30人である。

② 箏は備品として6面用意できる。

③ 生徒たちは，全員小学校で箏を使って「かごめかごめ」などの2〜3曲のわらべうたの演奏活動を経験している。

④ 音楽の授業に対して意欲的な集団であるが，数人の生徒は関心が低い。

(☆☆☆○○○)

【5】次の楽譜はサックス三重奏(アルト，テナー，バリトン)の一部分です。下の問いに答えなさい。

(1) この楽譜のアルトサックス，テナーサックス，バリトンサックスのパートをそれぞれソプラノリコーダー1，ソプラノリコーダー2，アルトリコーダーのパートに書き替え，リコーダー三重奏の楽譜を作りなさい。その際，生徒の学習に無理のない音域になるように配慮しなさい。

(2) 譜面中のアで示した部分の和音をコードネームで答えなさい。

(☆☆☆○○○)

【6】次の楽譜は，「少年時代」の冒頭の部分です。この旋律を混声三部合唱にしようと考えました。実施にあたり，あとの三つの条件を満たすように編曲しなさい。

<楽譜>

なつがすぎ　かぜあざみ　だれのあこがれに　さまよう

あおぞらに　のこされた　わたしのこころは　なつもよう

<条件>

① 中学1年生に適した編曲であること。特に男子の変声期に対応していること。

② 指定されたコード進行であること。

③ 3パートそれぞれの旋律の中に，ハミングやスキャット(歌詞ではなくラララやダバダバなどの意味のない音)を1小節以上入れること。

※ ハミングにはHum.を，歌詞やスキャットの部分には歌詞等を書き入れること。

(☆☆☆◎◎◎)

【高等学校】

【1】次の【楽譜1】～【楽譜5】について，(ア)～(コ)に入る適語をあとの語群から選んで答えなさい。

【楽譜1】

　曲名は(ア)であり，作曲したディ・カープアはイタリアの(イ)で生まれた。恋人を太陽にたとえて，おおらかに明るく歌われるこの曲は1898年に行われたピエディグロッタ音楽祭で発表されて以来，世界中で歌われるようになった。(イ)方言の詞による歌曲の傑作である。

【楽譜2】

　曲名は(　ウ　)である。この曲を作曲した(　エ　)は，イタリアの(　イ　)で生まれ，多くのオペラを作曲した。現在ではその作品のほとんどが演奏されなくなってしまったが，この曲は代表的なイタリア古典歌曲の一つとして今日も歌われ続けている。

【楽譜3】

　曲名は(　オ　)である。朝鮮半島の代表的な民謡の一つで(　オ　)という歌詞が繰り返される部分を持つ民謡は，朝鮮半島各地にいろいろなものが伝わっている。この旋律は(　カ　)を中心とした京畿道(キョンギド)地方の節回しを使っている。

【楽譜4】

　曲名は(　キ　)であり1957年に初演，1961年に映画化されたミュージカル「(　ク　)」の中でマリアの住む路地裏のアパートの非常階段上で歌われる。

【楽譜5】

　曲名は(　ケ　)であり1992年に制作されたアニメーション映画

「（　コ　）」の主題歌である。主人公が魔法のじゅうたんに乗って夜空を駆け巡るシーンで歌われる。

　　語群

　　エーデルワイス　　　北京　　　ジョルダーニ　　　アラジン

　　カーロ・ミオ・ベン　　　ピノキオ　　　トゥナイト　　　ラロ

　　ウエスト・サイド物語　　　ナポリ　　　ホール・ニュー・ワールド

　　アリラン　　　オー・ソレ・ミオ　　　ヴェルナー　　　星に願いを

　　イエスタデイ　　　王様と私　　　エルガー　　　ソウル

　　マイ・フェア・レディ　　　レノン　　　てぃんさぐぬ花

（☆☆☆◎◎◎◎）

【２】次の記述は，日本歌曲に関する説明文である。下の問いに答えなさい。

　　日本人によって作られた歌曲作品は西洋音楽の模倣から始まり，（　ア　）の特性と伝統的な感覚の表出を求め，今日まで幾多の経験を経て変化・発展を遂げてきた。1900年(明治33年)ごろに作られた滝廉太郎の「（　イ　）」を含む組歌「四季」や「（　ウ　）」は，その第一歩を記した作品である。日本の歌曲が本格化したのは，a山田耕筰と信時潔の業績が大きい。特に山田耕筰は，近代の西洋音楽の技法を駆使しながら日本語の（　エ　）から導き出した旋律法を開拓し，芸術性の高い多数の歌曲を作り上げた。山田耕筰と同じ世代の本居長世，中山晋平，弘田龍太郎，（　オ　）らは，当時の童謡運動や新日本音楽運動に関連して優れた作品を生み出し，日本の声楽曲の発展に寄与した。次いでフランス印象主義の影響を受けた橋本国彦，民謡を基礎とした作風の平井康三郎などが多くの歌曲を作った。第二次世界大戦後は，團伊玖磨やb中田喜直をはじめ多くの作曲家が優れた歌曲を発表している。現代では，調性を重視した伝統的な作品から実験的な作品まで多様化しつつ発展を続けている。

問1　（　ア　）〜（　オ　）に入る適語をあとの語群から選んで答えなさい。

316

問2　下線aの代表的な歌曲の作品名を一つ答えなさい。

問3　(オ)の代表的な歌曲「浜辺の歌」の歌い出し4小節の旋律をFdur
で書きなさい。

問4　下線bの父である中田　章の代表的な歌曲の作品名を一つ答えな
さい。

語群

雅楽　　リズム　　民謡　　抑揚　　椰子の実　　日本語

荒城の月　　花　　成田為三　　ふるさと　　芥川也寸志

（☆☆◎◎◎）

【3】日本の民謡について，次の問いに答えなさい。

問1　次の【楽譜1】～【楽譜3】について，曲名と歌い継がれてきた
県名をそれぞれ答えなさい。

【楽譜1】

【楽譜2】

【楽譜3】

（☆☆☆☆◎◎◎）

【4】次の記述は，日本の伝統音楽に関する説明文である。（　ア　）～
（　コ　）に入る適語をあとの語群から選んで答えなさい。

能の声楽は「謡」と呼ばれ，旋律的な「フシ」と，台詞に相当する
「コトバ」からなっている。能の発声法は，観阿弥，（　ア　）の登場

317

(六百数十年前)以前から伝わってきた，日本の歌を伴う多くの芸能の
影響を受けて，現在の形になった。

　能の声楽の分野(パート)はシテ，ワキ，狂言の人たちが担当し，み
なそれぞれの分野にふさわしい発声法を確立している。また，各分野
の流儀によっても発声に微妙な違いがあるが，発声の基本は世界の多
くの声楽がそうであるように(　イ　)で謡われる。

　西洋音楽の声楽曲との一番の違いは，絶対音が存在しないことであ
る。すなわち，上演曲が西洋音楽のような調性の概念がなく，各役を
演じる役者(シテ，ワキ，狂言)の得意な音高が，その日の上演曲の各
パートの基本の音高になる。しかし，おおむね静かな悲しい曲は少し
低めに，華やかでにぎやかな曲は少し高く音高をとる。

　「謡」の発声法(謡い方)には大きく分けて(　ウ　)，(　エ　)の二種
類がある。(　ウ　)は(　ア　)の時代から伝わる比較的柔らかな発声で，
メロディの動きの幅が広いのが特徴である。(　エ　)は強さや喜びを
伝える謡い方で，メロディはあえて音高を広く取らず一本調子のよう
に謡うが，声の強い息づかいと気迫を伝える場面で効果を発揮する。

　三味線は，(　オ　)から(　カ　)を経て16世紀中頃に日本へ伝わった
楽器が改良されたものである。(　キ　)時代に，人形浄瑠璃や(　ク　)
の伴奏をはじめさまざまな三味線音楽が隆盛し，今日に至っている。
太棹(義太夫，津軽三味線など)から細棹(長唄，小唄など)まで多様なも
のがあり，ジャンルによって使い分けられているほか，駒の大きさや
構造，撥の形なども用途に応じて使い分けられる。

　一の糸は上駒に乗っておらず，サワリ山に触れさせることによりビ
ーンという独特の共鳴音が生み出される仕掛けになっている。この仕
掛けは(　オ　)のサンシェン(三弦)や(　カ　)の三線にはない。近年，
ねじによって調節できるものも使われている。

　主な特殊奏法には撥を上にすくい上げるスクイや左手の指で弦をは
じくハジキ，左手をスライドさせる(　ケ　)，撥で弾かずに左手の指
で打つウチなどがある。

　箏は，奈良時代に(　オ　)から伝わった楽器で，雅楽の中で使われ

た。(キ)時代になって八橋検校により今日の箏曲の基礎が形づくられた。日本の伝統音楽では，おもに記録のための楽譜はあったが，学習にあたっては「唱歌」という方法によっていた。これはリズムや奏法などを擬音化して唱えるもので，箏では「ツン・ツン・テーン」のように唱えながら演奏を伝承してきた。伝統的な楽譜では弦名を記すなどの奏法譜が一般的であったが，(コ)以降，五線譜のリズムの書き方を参考にしたものも使われるようになった。

語群

歌舞伎　中国　スリ　明治　弱吟　世阿弥　腹式呼吸
沖縄　江戸　強吟

(☆☆☆◎◎◎◎)

【5】世界の民族音楽について，次の問いに答えなさい。

問1　次の語に関係する国名を答えなさい。

(1) ホーミー(発声法)

(2) カンテレ(民族楽器)

(3) タブラー(民族楽器)

(4) チャールダーシュ(民族舞曲)

問2　次の舞曲の主な拍子と起源の国名を答えなさい。

(1) ポルカ

(2) メヌエット

(3) アルマンド

(☆☆☆☆◎◎◎)

【6】次の問1〜問4の運指図に示された指づかいで出る音を五線譜に書きなさい。なお，楽器はバロック式ソプラノ・リコーダーとする。

問1　　　　　　問2　　　　　　　問3　　　　　　　問4

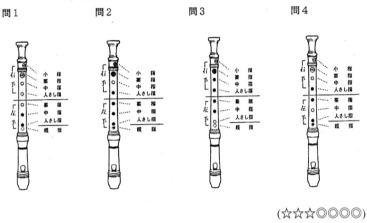

(☆☆☆◎◎◎)

【7】下の問1〜問3のコード・ネームの構成音を五線譜に書くとともに，ギター(通常の調弦による)で弾くためのダイヤグラムを次の例にならって記入しなさい。

例　　D_m

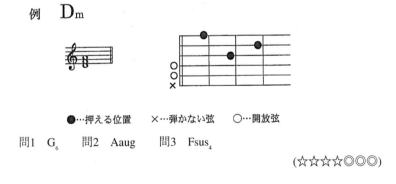

●…押える位置　　×…弾かない弦　　○…開放弦

問1　G_6　　問2　Aaug　　問3　$Fsus_4$

(☆☆☆☆◎◎)

【8】次の記述は，西洋音楽史に関する説明文である。下の問いに答えなさい。

【バロックの音楽】

　宮廷や教会に仕えた絶対君主時代の音楽家たちのもとでオペラが誕生し，協奏曲や組曲など，a(ア)曲がさらに発展した。鍵盤楽器奏者が楽譜の低音部に記された数字をもとに和音を演奏する(イ)が考案され，(ウ)に代わって，長調と短調の(エ)が確立した。

【古典派の音楽】

　この時代，音楽は宮廷(貴族)から(オ)へと広がっていき，作曲家たちはしだいに自立し，自由な芸術家として活躍するようになった。主要な様式は多声音楽から(カ)に変化した。b(キ)形式の確立によって(ア)曲は著しく発展し，c(ク)編成の拡大やピアノの発達によって，よりダイナミックな表現が可能になった。

問1　(ア)〜(ク)に入る適語を答えなさい。

問2　下線aについて，ヴァイオリン族の完成によるところが大きいが，ヴァイオリン族の楽器をすべて答えなさい。

問3　下線bはどのような形式か，簡単に説明しなさい。

問4　下線cについて，ハイドンによって定型とされるようになった古典派の(ク)の編成規模の名称を答えなさい。

(☆☆☆○○○)

【9】次の【楽譜1】〜【楽譜4】について，下の問いに答えなさい。

【楽譜1】

問1　曲名を答えなさい。

問2　作曲者は別名，何の王と呼ばれるか答えなさい。

【楽譜2】

問3　曲名を答えなさい。

問4　作曲者名を答えなさい。

【楽譜3】

問5　作曲者名を答えなさい。

問6　この曲の第1楽章冒頭部分には，古典派時代の他のオーソドックスな協奏曲とは異なる特徴が見られる。その特徴とはどのようなものか，簡潔に答えなさい。

【楽譜4】

問7　作曲者名を答えなさい。

問8この曲はソネットが記されていることで有名である。ソネットとは何か答えなさい。

(☆☆☆◎◎◎)

【10】次の楽語の意味を答えなさい。

問1　grave

問2　stringendo

問3　ma non troppo

問4　capriccioso

問5　con garazia

(☆☆☆◎◎◎◎)

【11】次の楽譜はドミトリー・カバレフスキー作曲，組曲「道化師」作品
26第7曲「叙情的小シーン」冒頭の4小節である。下の問1〜問3に答え
なさい。

問1　クラリネットのメロディをオーボエで演奏するための楽譜を書
きなさい。

問2　クラリネットのメロディをフレンチ・ホルンで演奏するための
楽譜を書きなさい。

問3　スコアのヴァイオリン(Violini)，ヴィオラ(Viole)，チェロ
(Violoncelli)のパートをそれぞれアルト・サクソフォン，テナー・サ
クソフォン，バリトン・サクソフォンで演奏するための楽譜に書き
替えなさい。

※ただし，オクターヴの違いについては任意とする。また，調号を
用いず臨時記号を用いて書くこととする。

(☆☆☆◎◎◎◎)

解答・解説

【中学校】

【1】(1)　独奏楽器　ピアノ　　作曲者　チャイコフスキー　　(2)　独奏楽器　ヴァイオリン　　作曲者　メンデルスゾーン　　(3)　独奏楽器　チェロ　　作曲者　ドヴォルザーク　　(4)　独奏楽器　トランペット　作曲者　ハイドン　　(5)　独奏楽器　フルート　　作曲者　モーツァルト

〈解説〉独奏楽器＋オーケストラの協奏曲の5曲を聴き，独奏楽器名と作曲者を答える出題である。比較的よく知られた名曲であり，日常からクラシック音楽に親しんでいる場合は易しく答えられるであろう。

【2】(1)　①　カ　　②　ク　　③　ア　　(2)　琵琶　　尺八
(3)　①　楽器名　F　　国名　B　　②　楽器名　D　　国名　C
③　楽器名　A　　国名　F

〈解説〉(1)　雅楽の3つの楽器を答えるもの。　①　ひちりきは管楽器で主として主旋律を奏する。　②　楽琵琶は絃楽器でリズムの役割
③　鞨鼓はリズムと指揮者のようなリーダー役を受けもつ打楽器で，演奏の始終やテンポを決める役割をつとめる。　(2)　2種類の楽器名を答えるもの。「琵琶」は楽琵琶ではなく，薩摩琵琶あるいは筑前琵琶などと思われる。「尺八」は琴古流，都山流が一般に多い。
(3)　民族楽器を聞いて楽器名と国名を選ぶ設問である。楽器名と国名を答える出題は全国的にも多いが，放送で聴いてそれを問う設問は少ないだけに難問といえよう。　①　ケーンはラオスやタイで用いられる笙の仲間。　②　ツィンバロムはハンガリーや中欧の打弦楽器で，平板な胴に張った弦を小さな木づちで打つ。ダルシマーとも呼ぶ。
③　ズルナはトルコのダブルリードの管楽器(オーボエの仲間)。円錐形で先端がラッパ状になっている。

【3】(1) 表現要素　速度，強弱など　　構成要素　音色，リズム，旋律，和声，形式など　　(2)「音楽活動の基礎的な能力」とは，音楽を形作っている諸要素すなわち(1)の①と②を感受する能力である。①と②による「A構造的側面」に加えて，③雰囲気，曲想，美しさ，豊かさなどの「B感性的側面」が音楽固有のものとしてあり，AとBは互いにかかわり合って成立しているのが音楽である。音楽を形作っている諸要素を感受する能力とは，①と②の「A」を知覚し，それらの働きによって生まれる「B」を，イメージをもって感じ取る能力である。それが「基礎的な能力」になる。

〈解説〉学習指導要領の「教科の目標」の解説を学習すべきである。

【4】(1) ①　あごを引いて吹く　　②　音高(音程)が下がる
③　あごを出して吹く　　④　音高(音程)が上がる　　⑤　押し手
⑥　音高(音程)が上がる　　⑦　引き色　　⑧　音高(音程)が上がってもどる(下がる)　　(2)　・郷土の伝統音楽や伝統芸能を取り入れる。　・歌唱や創作，鑑賞との関連を図る。　・学校や生徒の実態に応じた指導を行う。　・地域人材を積極的に取り入れる。　・環境整備に配慮する。　・背景となる文化を理解させる。　※これらに関連した具体的な手だてがあれば正解とする。　(3)　＜採点の観点＞　①付けたい力を意識した学習内容であるか。②2時間の授業が成立する流れであるか。③ただ音楽を聴いたり楽器にさわったりするだけでなく，器楽指導としての活動が見られるか。④生徒が意欲的に活動できるような発問，学習形態，手だてが工夫されているか。

〈解説〉(1)　尺八の奏法のメリ，カリや箏の押し手，引き色の奏法などは基本的なものでその他にも何種かある。それらも学習しておきたい。
(2)　公開の解答例は6項目，これらに関連した具体的な対処を記述したいもの。　(3)　教師の立場からの実践的な出題である。6面の箏を用いて30人の生徒に「さくらさくら」を教材として，平調子をもとに，どのように授業(2時間)を進めるかをまとめたい。

【5】(1)

ソプラノリコーダー1

ソプラノリコーダー2

アルトリコーダー

(2)　B♭

〈解説〉(1)　アルトとバリトンサックスはE♭管の移調楽器であり，実音
　　に対して長6度上に記譜する。アルトサックスが主旋律であり，D dur
　　の長6度下の(あるいは短3度上の)F durがリコーダーにとっても鳴りが
　　良く適切であると判断することが第1の要点である。したがってソプ
　　ラノリコーダー1とアルトリコーダーはヘ長調に移調する。次にテナ
　　ーサックスはB♭管の移調楽器で実音の長2度上に記譜する。したがって，
　　G durの楽譜を長2度下のF durに移調する。　　(2)　(1)で述べた移調楽器
　　を実音にしてみると，アルトサックスはF音，テナーサックスの実音
　　がB♭，バリトンサックスがD音であり，コードネームはB♭である。

【6】解説参照
〈解説〉8小節の主旋律をもとに，指定のコード進行で混三合唱に編曲し，
　　各3パートの中に1小節以上のHum.やスキャットを入れよという出題で
　　ある。8小節という短い旋律の中で各パートにHum.やスキャットを入
　　れるのはやりにくいであろうが，コード進行が複雑ではなく，旋律も
　　aa′の簡易な形式なのであまり時間をかけずに仕上げたい。

【高等学校】

【1】ア　オー・ソレ・ミオ　　イ　ナポリ　　ウ　カーロ・ミオ・ベン
　　エ　ジョルダーニ　オ　アリラン　　カ　ソウル　　キ　トゥナイト
　　ク　ウエスト・サイド物語　　ケ　ホール・ニュー・ワールド
　　コ　アラジン

〈解説〉楽譜5を除く多の4曲は，教科書にもよく載っている知られたもの。楽譜5はアニメの主題歌という現代もの。楽譜3の「アリラン」は朝鮮半島の有名な民謡なので知っておきたい。

【2】問1　ア　日本語　　イ　花　　ウ　荒城の月　　エ　抑揚　オ　成田為三　　問2　待ちぼうけ　　この道　　赤とんぼ　　からたちの花
問3

問4　早春賦

〈解説〉1900年頃からの日本の歌曲の歴史に関する記述で，問1は冷静に文を読んで選ぶ語を考えれば易しく正答できる。　問2は公開の解答以外にも，「ペチカ」，「砂山」，「かやの木山の」などがある。　問3・4は中学校教科書に載っている曲である。

【3】楽譜1　曲名　南部牛追歌　　県名　岩手　　楽譜2　曲名　こきりこ節　県名　富山　　楽譜3　曲名　谷茶前　　県名　沖縄

〈解説〉楽譜から日本民謡の曲名と県名を答える出題。3曲とも割に知られている民謡であるが，いずれも速度が示されておらず(楽譜1には拍子も書いてないがこの曲は2拍子で示されている場合もある)，これらの民謡を知っているかどうかが解答につながる。楽譜3の「谷茶前(たんちゃめ)」も2拍子で出版されている楽譜もある。

【4】ア　世阿弥　　イ　腹式呼吸　　ウ　弱吟　　エ　強吟　　オ　中国　カ　沖縄　　キ　江戸　　ク　歌舞伎　　ケ　スリ　　コ　明治

〈解説〉能(謡)，三味線，箏の歴史や演奏法に関する文章に入る適語を選ぶ設問であるが，おちついて適語を考えれば難問ではない。選ぶ語群がすべて正答につながり，答の数に合っているのがやりやすい。

【5】問1　(1)　モンゴル　　(2)　フィンランド　　(3)　インド
(4)　ハンガリー　　問2　(1)　2拍子　　国名　チェコ　　(2)　3拍子
国名　フランス　　(3)　4拍子　　国名　ドイツ

〈解説〉問1　(1)　ホーミーはモンゴルの特殊な発声で有名になった民謡。
ひとりで同時に2つの声を発する。　　(2)　カンテラはフィンランドの
コトの仲間。身近な楽器とはいえないので難問である。　　(3)　タブラー
はインドの片面太鼓。バーヤ(b ay a)という太鼓と一対にして打つ。

(4)　チャールダッシュはジプシー民族発祥のハンガリー舞曲，緩やか
な導入部と急速なシンコペーションのリズム，2拍子。　　問2　(1)　ポ
ルカはボヘミア(チェコ)の速い2拍子の舞曲。　　(2)　メヌエットはフラ
ンスのルイ14世の宮廷で17世紀に流行した3拍子の舞曲。ソナタや交
響曲の1つの楽章としてつかわれた。　　(3)　アルマンドとは〈ドイツ
舞曲〉の意味で2拍子系の舞曲。バッハの時代には組曲の第1曲(4拍子)
として用いられた。

【6】

問1	問2	問3	問4

〈解説〉リコーダーの運指の設問は平常から実技になれている必要がある。
本問はジャーマン(ドイツ)式ではなく，バロック(イギリス)式のソプラ
ノリコーダーであること(問2のみがジャーマン式とは運指が違うこと)
に留意したい。

【7】 問1

問2

問3

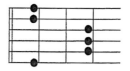

〈解説〉示されたコードネームの和音を書き，ギターとダイヤグラムを記
　入する設問であるが，コードネームは転回すると他のコードネームに
　なってしまうことがあり，ダイヤグラムも数限りなく多いので留意し
　たい。　問1　G_6のコードを転回していくと，Em_7と同じコードになる。
　この場合のダイヤグラムはG_6とEm_7は同じものである。　　問2　Aaug
　（A・$C^\sharp$・$E^\sharp$）はF_{+5}（F・A・$C^\sharp$）と同じコードになる。公開の解答のダイ

ヤグラムだけをギターの得意な人が見たらF$_{+5}$と答えるであろう。つまり，Aaugのダイヤグラムはあまり使われず，F$_{+5}$を用いることが多いということである。

【8】問1　ア　器楽　　イ　通奏低音　　ウ　教会旋法　　エ　調性
　　オ　市民　　カ　和声音楽　　キ　ソナタ　　ク　管弦楽
　　問2　ヴァイオリン，ヴィオラ，チェロ　　問3　提示部，展開部，再現部から成る　　問4　2管編成
〈解説〉西洋音楽史に関する設問。問1の(ア)〜(ク)の適語を誤って答えると，問2〜4にも誤った設問になってしまうので留意したい。問1の説明文は難しいものではないが，(エ)の〈調性〉の答は〈音階〉も正答ではないかと思われる。

【9】問1　菩提樹　　問2　歌曲の王　リートの王　　問3　パリのアメリカ人　　問4　ガーシュイン　　問5　ベートーヴェン　　問6　(提示部及び再現部の)主題の提示に先立ち，独奏ピアノによるカデンツァ風の序奏が置かれている。　　問7　ヴィヴァルディ　　問8　詩
〈解説〉楽譜1　「ぼだい樹」はシューベルトの連作歌曲「冬の旅」の第5曲。　楽譜2　「パリのアメリカ人」は狂詩曲ふうの管弦楽曲。
　　楽譜3　ベートーヴェンのピアノ協奏曲第5番「皇帝」第1楽章で，この曲はこの楽譜(第1主題)の前の冒頭が，ピアノ独奏による華やかなカデンツァから始まる。　　楽譜4　ヴィヴァルディの「四季」(和声と創意の試みより)の「秋」の冒頭のテーマ。「四季」は全曲にソネットと呼ばれる短い詩が付いている。

【10】問1　重々しくゆるやかに　　問2　だんだんせきこんで
　　問3　しかしはなはだしくなく　　問4　気まぐれに　　問5　優雅に，優美に
〈解説〉音楽用語は集中して覚えたいもの。　　問5　con graziaと意味が同じなのはgraziosoである。

【11】 問1

〈解説〉問1　クラリネットin La(A管)は，実音の短3度上に記譜されている。したがってオーボエやフルート(C管)では，短3度下に記譜すればよい。　問2　ホルン(F管)は実音の完全5度上に記譜する。問1の楽譜を完全5度上に記譜すればよい。　問3　アルト・サクソフォン(E♭管)は実音の長6度上に記譜する。テナー・サクソフォン(B♭管)は実音の長9度上に記譜する。バリトン・サクソフォン(E♭管)は実音のオクターヴ＋長6度上(長13度上)に記譜する。すべて調号でなく臨時記号を用いることに留意したい。

●書籍内容の訂正等について

　弊社では教員採用試験対策シリーズ（参考書，過去問，全国まるごと過去問題集），公務員試験対策シリーズ，公立幼稚園・保育士試験対策シリーズ，会社別就職試験対策シリーズについて，正誤表をホームページ（https://www.kyodo-s.jp）に掲載いたします。内容に訂正等，疑問点がございましたら，まずホームページをご確認ください。もし，正誤表に掲載されていない訂正等，疑問点がございましたら，下記項目をご記入の上，以下の送付先までお送りいただくようお願いいたします。

> ① **書籍名，都道府県（学校）名，年度**
>   （例：教員採用試験過去問シリーズ　小学校教諭 過去問　2025年度版）
> ② **ページ数**（書籍に記載されているページ数をご記入ください。）
> ③ **訂正等，疑問点**（内容は具体的にご記入ください。）
>   （例：問題文では"ア～オの中から選べ"とあるが，選択肢はエまでしかない）

〔ご注意〕

○ 電話での質問や相談等につきましては，受付けておりません。ご注意ください。

○ 正誤表の更新は適宜行います。

○ いただいた疑問点につきましては，当社編集制作部で検討の上，正誤表への反映を決定させていただきます（個別回答は，原則行いませんのであしからずご了承ください）。

●情報提供のお願い

　協同教育研究会では，これから教員採用試験を受験される方々に，より正確な問題を，より多くご提供できるよう情報の収集を行っております。つきましては，教員採用試験に関する次の項目の情報を，以下の送付先までお送りいただけますと幸いでございます。お送りいただきました方には謝礼を差し上げます。

（情報量があまりに少ない場合は，謝礼をご用意できかねる場合があります）。

◆あなたの受験された面接試験，論作文試験の実施方法や質問内容

◆教員採用試験の受験体験記

- -

送付先	○電子メール：edit@kyodo-s.jp
	○FAX：03-3233-1233（協同出版株式会社　編集制作部 行）
	○郵送：〒101-0054　東京都千代田区神田錦町2-5
	協同出版株式会社　編集制作部 行
	○HP：https://kyodo-s.jp/provision（右記のQRコードからもアクセスできます）

　※謝礼をお送りする関係から，いずれの方法でお送りいただく際にも，「お名前」「ご住所」は，必ず明記いただきますよう，よろしくお願い申し上げます。

教員採用試験「過去問」シリーズ

静岡県・静岡市・浜松市の
音楽科 過去問

編　集　　Ⓒ 協同教育研究会
発　行　　令和5年11月25日
発行者　　小貫　輝雄
発行所　　協同出版株式会社
　　　　　〒101-0054　東京都千代田区神田錦町2‐5
　　　　　電話　03－3295－1341
　　　　　振替　東京00190－4－94061
印刷所　　協同出版・POD工場

　　　　　落丁・乱丁はお取り替えいたします。